南アメリカの街角にて

青春随想録

和田 進
Susumu Wada

東洋出版

青春随想録　南アメリカの街角にて

<扉写真>レシーフェ市内の教会

ドナ・アイルダの涙

愛憎入り混じる南アメリカ、そしてブラジルへの思い

今でも、まるで昨日のことのようにあの時のことを思い出す。それは切ない別れの日のことであった。リオデジャネイロで一年間お世話になった下宿先のドナ・アイルダが、これからドイツ、スイス、オランダ、デンマークとヨーロッパ各国を回って日本へ帰国する私を見送りにガレオン国際空港まで一緒にやって来たのである。

「ブラジルとは違ってヨーロッパは寒いだろうから風邪など引かないようにね」といつもの優しい笑顔でニコニコしていた彼女の皺だらけの表情がふいにゆがんだように見えた。すると、見る見るうちに大粒の涙が溢れ、「あなたはもう私の息子だよ、必ずまた帰ってきて」と絶句したまま私を強く抱きしめ、しばらく肩をふるわせ泣いていた。日本へ帰る嬉しさとこの国を離れる名残惜しさとが入り混じった複雑な思いが急にこみ上げてきて、私はその時「さようなら、ドナ・アイルダ」と言うのが精一杯であった。そして、いよいよ別れの時がやって来た。一度だけ後ろを振り向いて大きく手を振っただけで私はもうそれ以上振り返ることもできずこみ上げてくるものを押し殺しながらそのまま出発ゲートへと向かった。

あの日以来、再びブラジルを訪れることもなく、またドナ・アイルダと再会する機会もないままずいぶん長い歳月が流れてしまった。しかし、あのブラジルや南アメリカは今も私には身近な懐かしい思い出の地であり、様々な情景が脳裏に浮かんで来る。

多くの日本人にとってブラジルという国、そして南アメリカという大陸はやはり本当に遠い見知らぬ世界であるに違いない。それは単に地

理的に遠いということだけではなく、日本においてはその社会や文化に接することが極端に少ないということも原因のひとつかと思われる。また、さらにブラジルや南アメリカに関する情報が日本では音楽やサッカー、あるいはアマゾン川やインカ帝国などと言った特定の分野に限られた断片的なものが大半であり、いうなれば生活者としての視点から見た等身大の現実社会にまつわる情報が少ないということも関係しているのかも知れない。そのため、日本においては日頃からブラジルや南アメリカに一般的な関心を持っているような人はほとんどいないし、アジア諸国や欧米諸国の場合のようにブラジルや南アメリカのことが日常的な話題になることもまずない。ところが、その一方で皮肉なことに南アメリカには日本に強い関心を抱き、日本に対して熱い思いを寄せる“片思い”の国々が少なくはないのである。

かつてブラジルに暮らし南アメリカ社会の空気に触れる機会に恵まれた私はいつの日かこの不思議で魅惑的な南アメリカという世界を自分なりの切り口で描き、その素顔を多くの人に伝えたいと思っていた。それは、実は私のライフワークとでも言うべき長年の夢でもあった。ようやく今こうしてその機会が巡ってきたのである。

誰もが寝静まった週末の深夜、自分の部屋で一人机に向かうのが習慣になってからもうかれこれ二年近くになる。秒針を刻む時計の音しか聞こえない深夜の静寂の中で夜更けの孤独な作業に没頭することは少しも苦にはならなかった。その知的な空間に身を置き記憶を辿ったり、思索を巡らしたりすることはむしろ充実感を覚える週末の楽しみであった。こうして書き上げたこの本が目指したものは一般的な旅行記や生活体験記でもなければ、もとより学術的な専門書や研究論文でもない。日々の生活の中で見たブラジル社会や一人気ままに旅した南アメリカ諸国について見たり、聞いたり、考えたりしたことをまとめた個人的な観察記録であり、いうなれば私なりの南アメリカ論とでも言うべき備忘録である。

この本はそもそも当時、思い付いては書き留めた日記風のメモや定期的に会社へ送った現地報告を材料に整理、編集したものがその土台になっている。そして、その後自分なりに勉強を続けて得た様々な新しい知見を織り込みながら大幅に加筆修正して出来上がったものである。しかしながら、基本的に四半世紀以上も前の時代環境が舞台であるだけに現在の南アメリカ諸国の状況とは多くの点で様相が大きく異なっているに違いない。また、ひとえに勉強不足という弁明の余地のない事実に加えて記憶違いや事実誤認からくる間違いや誤解も数多く含まれているであろうことが正直なところ気懸りである。

それでも、こうした内容を活字にしたいと思ったのは南アメリカ世界での得がたい体験や見聞を自分がかつてその地に生きたことの証として、そしてまた自分史の１ページとして記録に残しておきたいという個人的な願望からである。さらにまた、もうひとつは日本人にはそれほど馴染みのないこの地球の裏側に存在する遠い南アメリカという大陸にはどのような人々がどのように生きているのかを私なりの個人的な解説で世に語りかけてみたいという思いからでもある。

ところが、そうした思いとは裏腹に正直な心情としては南アメリカという社会、その中でもとりわけブラジルという国が私は嫌いである。だがしかし、その一方で好きでもある。この愛憎入り混じった思いが実はこのような本を執筆しようと思った本当の動機なのかも知れない。今でもブラジルという国やブラジル人について私は時として辛辣な批判や悪口を口にする。しかし、それでいて自分以外の第三者がこの国のことを少しでも悪く言おうものなら私はいつも腹立たしい思いで強く反発するのである。南アメリカという社会、そしてブラジルという国は、結局のところ私にとってはそうしたいつも気になる世界なのである。

ペルナンブコ大学・法学部旧校舎

青春随想録　南アメリカの街角にて

◎目 次◎

左（上から）：ブラジル ペルナンブコ州カルアルーの日曜市／アルゼンチン バリローチェ市内／ペルナンブコ大学経済学部校舎／ブラジル オウロプレット市内／右：ウルグアイ モンテビデオ・サルボ宮殿

青春随想録

南アメリカの街角にて

南アメリカ全図

メキシコ湾
カリブ海
大西洋
太平洋
赤道
マラカイボ
カラカス
シウダーグアヤナ
カルタヘナ
ガイアナ
ジョージタウン
スリナム
ベネズエラ
パラマリボ
メデジン
フランス領ギアナ
コロンビア
ボゴタ
カリ
ボアヴィスタ
マカパ
サンルイース
エクアドル
キト
アマゾン川
マナウス
ベレン
フォルタレザ
ガラパゴス諸島
マチャラ
サンタレン
テレジーナ
ナターウ
トルヒーヨ
リオブランコ
ポルトヴェリョ
レシーフェ
ペルー
ブラジル
アンデス山脈
クスコ
サウヴァドール
リマ
アラカジュ
クイアバ
ラパス
ブラジリア
ボリビア
ゴイアニア
スクレ
ベロオリゾンテ
サンタクルスデラシエラ
ヴィトリア
サンパウロ
アントファガスタ
クリチーバ
リオデジャネイロ
チリ
サンミゲルデトゥクマン
アスンシオン
コルドバ
ポルトアレグレ
パラグアイ
バルパライソ
ロサリオ
ウルグアイ
サンティアゴ
モンテビデオ
ブエノスアイレス
コンセプシオン
マルデルプラタ
アルゼンチン
オソルノ
サンアントニオオエステ
コモドロリバダビア
リオガジェゴス
フォークランド諸島
ウスアイア

プロローグ

あれから もう30年余

その昔、ヒットした森田公一の「青春時代」という曲の一節に「青春時代が夢なんてあとからほのぼの思うもの……」という歌詞がある。過ぎ去った若き日の思い出とはそういうものなのであろう。どうやら私もその意味するところが実感として納得できる年代になってしまったのかも知れない。嬉しかったことや、悲しかったこと、あるいは辛かったことなど青春とは若さゆえの初々しい思い出に満ちている。今振り返ってみると、青春時代の一時期とも言える日々を過ごしたあのブラジルでの思い出にはまさにそうした若き日の思いや出来事がいっぱい詰まっている。

思い出というフィルターを通して眺める過去の歳月はやはり郷愁や感傷に包まれて、とかく美化されてしまうものなのであろう。目を閉じればセピア色の淡い風景として、あの頃の日々が懐かしくよみがえり、走馬灯のように脳裏に浮かんでは消えて行く。思えば、遠い異国の地で体験したあの日々は懐かしい思い出であると同時に生活体験を通して異文化に触れ、自分を発見する学びの旅でもあった。異国の地に一人暮らし、出会い、遊び、そして多くを学んだ。

それにしても、あれからもう30年余。いつしか歳月が流れ、今や遥かかなたの遠い日々となってしまった。その青春の足跡をひとつの時代に生きた証として何か書き残そうと密かに決意してから一体どれほどの時が過ぎてしまったことだろうか。しかし、今こうしてやっとその思い出の復元作業が完了し、あの遠い日々の中で見たり、聞いたり、考えたりしたことがまるで古いアルバムのページをめくりながら昔の写真でも眺めるかのようにふたたびよみがえってきた。

今でこそ日本人にとっては海外旅行を楽しむことも、海外で生活することも何ら珍しいことではなく、多くの人たちが日々、世界の隅々まで気楽に出かけて行く時代である。しかし、今から30年以上前は海外へ出て行くということはやはりまだそれほど日常的な出来事ではなく、海外渡航という言葉にそれなりの特別な実感が込められていた。成田空港もまだ存在せず、海外へ向かう人たちは羽田空港から出発するという時代であった。

水盃を交わし、万歳の歓呼に見送られて外国へ旅立ったという先人たちの海外渡航ほどではないにしても、日本から一番遠い地球の裏側に当たるブラジルへ赴任するということは当時としてはやはり周囲の話題になるような出来事であり、私も家族や少なからぬ友人、知人たちの盛大な見送りを受けて羽田空港を旅立ったものである。今にして思えばまさに今昔の感がある。

勤務する会社がたまたまブラジルで造船事業をやっていた関係でブラジルへ赴任することになったわけであるが、当時は旅行にせよ出張にせよ、日本からブラジルへ出かける人というのはまだ限られており、一般の日本人にとっては文字通り地球の裏側の遠い国であった。明治41年に始まった日本人のブラジル移民の歴史はあるもののブラジルという国は日本にとって政治的にも経済的にもつながりの深い国ではなく、しかも日本人にとってはあまり馴染みのない異質の文化圏である。そのため、恐らく多くの日本人にとってブラジルという国は今でもそれほど身近な国という感覚はないものと思われる。実際、私自身にしてもブラジルという国については特別な関心もなく、またこれといった予備知識があるわけでもなかった。従って、思いもかけず体験することになったブラジルという未知の国での生活はまさにカルチャーショックとともに始まったのである。

毎日の生活の中で見聞するブラジル社会の実像は新鮮な驚きと新たな発見の連続であった。ところが、やがて日々の生活に特別な違和感や好奇心を感じなくなり、知らず知らずのうちに私はすっかりブラジル社会に溶け込み始めていた。しかも、最初の一年はこれといった任務や役割が決まっているわけではなく、いわば"遊学生"として自由な立場でブラジル人やブラジル社会と接する機会に恵まれていた。それだけに、まるでスポンジが水でも吸うかのごとく体も心もこの国のすべてを吸収し始めていた。美しいものは美しいままに、醜いものは醜いままにブラジルという国のあるがままの姿を心に刻んでいったのである。

その上、休暇を利用しては隣国のアルゼンチンをはじめ、他の南アメリカ各国にも足を伸ばして気ままな一人旅を体験したことから、南アメリカ大陸全体の空気に触れることもできた。そして、南アメリカ各国それぞれの素顔に接しながら、ブラジルとの相違点あるいは南アメリカ各国全般に共通する特性などを自分なりに観察し、知ることができた。それは結局、文化や人種構成、あるいは自然環境の違いによる各国それぞれの多様性であったり、また同じラテンの伝統を基盤とする共通性でもあった。

白い砂浜に寄せては打ち返す波が、さんさんと照りつける陽光に輝いている。ここはブラジル東北部、レシーフェのボアビアージャンの海岸。目の前には広大な大西洋が果てしなく広がっている。“ボアビアージャン”とはポルトガル語で“安全な航海を！”という意味であり、その昔多くの様々な人たちがこの海岸から船出して行ったのだという。家族や仲間との別れ、そして新天地への旅立ちと色々な人生のドラマが交錯する特別な場所であったのである。この別離と希望とを乗せた船出の海岸、そうした場所を舞台に私の異国での新しい生活が始まった。

はじめて見る大西洋の遠い水平線を私はまぶしく眺めていた。椰子の木立を吹き抜けてくる潮風が降り注ぐ南国の日差しを和らげ、心地よく肌をなでて行く。人影もまばらな昼下がりの海辺は波の音しか聞こえず妙に静まり返っている。海岸に沿って続く石畳の遊歩道のベンチに腰を下ろし、一人ぼんやりと今日までの日々を思い出していた。ブラジルへ行くことが決まってからこの３ヶ月間というもの本当にあわただしい毎日の連続であった。

ある朝、突然に

それは１月のある日の朝だった。出勤し席に着いたばかりの私は職場の上司に呼ばれ、突然、事もなげにこう告げられた。

「今度、君にブラジルへ行ってもらうことになった。期間は二年間、最初の一年は現地の大学で語学研修、二年目はリオデジャネイロのISHIBRAS勤務。出発は今のところ４月上旬くらいを予定している。来週から毎日、会社でポルトガル語の個人レッスンを受けてもらうので仕事の方は誰かに引き継ぐように。詳しいことは後日また説明する」

ということで、本当に唐突で事務的な海外赴任の内示であった。

私の会社は日本企業の本格的な海外進出第一号として昭和30年代にブラジルのリオデジャネイロに「ISHIBRAS」という南アメリカ最大の造船所を建設して、現地で造船事業を行っており、当時すでに200名以上の社員が派遣されていた。従って、この会社に入社して以来いずれ自分にもブラジルへ行く機会があるのかも知れないと漠然とは予想していたので上司の話にそれほど驚きはしなかった。ただ、はじめての海外生活であり、しかも日本からは一番遠い地球の裏側に当たる国だけにどのような生活が待っているのか、期待と不安とが交じり合った複雑な心境ではあった。

１週間後、早速、渡航のための手続が始まった。人事部での説明会をかわきりに諸々の社内手続、長期滞在ビザの申請、健康診断、現地事情の勉強などチェックリストに従って所定の手続が進められていく。一方、その合間を縫ってポルトガル語の集中特訓も始まった。勉強のための語学ではないので文法の解説などはそこそこにいきなり会話を中心とする実践的訓練である。生まれてはじめて耳にするポルトガル語の響きはまるで天から聞こえてくる神様のつぶやきのようにさえ思えたものである。毎日、時間を見つけてはテープから流れるポルトガル語に神経を集中させ、はじめて出合ったこの異国の言葉を一日も早く覚えるために私はお経でも唱えるようにテープレコーダーのポルトガル語を鸚鵡返しに繰り返していた。出発までに残された時間はもうわずか。追い込まれるようにポルトガル語との格闘の日々が続いた。

この海外派遣はブラジルの専門家を育て将来のISHIBRASの幹部要員を確保しようというのが目的で三年前から始まった制度であった。その３期生として選抜された仲間の２名とともにブラジルへ派遣されることになったわけである。私の一年目の赴任地はブラジル東北部の中心都市、レシーフェと決まった。そのレシーフェ郊外にある国立ペルナンブコ大学経済学部が私の研修の場であった。そして、二年目からはいわばブラジルに関するエキスパートとしてリオデジャネイロのISHIBRASで研修の成果を発揮して大いに活躍してもらうというのがどうやら建前として会社が目論んだシナリオのようであった。しかし、考えてみるとそれはいささか期待過剰の計画であり、一年後にそのような立派な“お礼奉公”ができるほど研修の成果が身につくものやらはなはだ心もとない限りであった。

出発の日が迫ってくるにつけ、生活用品や衣類、さらにはラジオ、カメラ、テープレコーダー、書籍類など現地へ携行する荷物の手配や準備に追われ、あわただしい毎日であった。取りあえず二年間は現地で不自由なく過ごせるだけの生活に必要な品々をすべて持って行くことにしたため結局、荷物は途方もない量と重さになってしまった。一方、夜は夜でほぼ連日、送別会という名目のもとに会社関係者やら学生時代の仲間などとの飲み会が続き、ネオンの巷で際限のない酔態を繰り返していた。

こうして、渡航準備やら送別会などで昼、夜となく忙しい毎日が続いたため出発を前に私はもう完全に疲れ果てていた。未知の国での新しい生活に対する期待や抱負に思いを馳せるような気持の余裕など少しもないまま正直なところ毎日ただ眠いだけであった。ともあれ、出発の準備はなんとか整いつつあったものの問題のポルトガル語だけは勉強の途中で睡魔とともに夢の世界へ消えて行くことが多く、予定通りに進んでいるとは言えなかった。荷物でふくらんだ特大のスーツケースを横に寝床の中で聞くテープレコーダーから流れるポルトガル語はさながら子守唄のようなものであった。しかし、現地へ行けば何とかなる、根拠もなくそう自分で自分に言い聞かせ勝手に納得するほかはなかった。

やがてあわただしい毎日もやっと終わり、出発の前夜、久し振りに家族と取り止めのない語らいに時を過ごしながら、いつしか夜も更けていった。これから始まる異国での未知の生活に対する夢を語るでもなく、別離の寂しさに心が沈むわけでもなく、むしろこれでやっとすべての準備が終わったとほっとしながら、私は静かに解放感に浸っていた。

はじめて目にするリオデジャネイロ

明けて4月3日の朝、いよいよ出発の時がきた。これで暮らし慣れた日常ともしばらくはお別れである。しかし、不思議にも取り立ててこれといった感慨もなく、空港では見送りの家族や友人、知人たちに簡単な別れを告げるや、そそくさと私は機上の人となった。離陸した飛行機は一路ブラジルを目指して高度を上げ始めた。窓の下には当分見ることのない東京の街並がまるで箱庭のように広がっていた。

本当に長い道中であった。途中、アメリカ西海岸のロスとペルーのリマを経由して、バリグブラジル航空機は30時間近い長旅を終え、ようやく地球の裏側に当たるリオデジャネイロのガレオン国際空港に到着した。機外に出てタラップに立つなり、強烈な日差しと湿った熱風に包まれ、一瞬にして南国の地に来たことを実感させられた。そして、ブラジルの大地に最初の一歩を印すや、たちまち汗が吹き出してきた。その上、妙に甘酸っぱいような匂いが鼻をつく。これはブラジルの匂いなのであろうか。恐らくどの国にもその国特有の匂いがあり、それは違う国から来た外国人だけが感ずるものなのであろう。

長旅の疲れもありいささか重い足取りで入国手続に向かう。周囲から聞こえてくるのは紛れもなくあのポルトガル語であり、空港内を行き交う人々もみなブラジル人である。しかし、耳に飛び込んでくる言葉の響きがどうも少し違う。今まで勉強してきたはずのポルトガル語となぜ様子が違うのか一瞬戸惑いを覚えたが、はたとその理由に気がついた。まわりから聞こえてくるポルトガル語はまさに人間が話す生きた言葉であり、日本で連日耳にして聞き慣れたはずのあのポルトガル語とは、考えてみればテープレコーダーという機械が発するただの音声であったのだ。言葉というのは何語であれ、やはり表情や動作など感情を伴った人間の口から発せられてこそはじめて生きた本物の言葉として人の耳に響くものなのであろう。

ブラジルに到着してはじめてポルトガル語を使う場面がついにやってきた。税関の検査官は無情にも一度開けたら収拾がつかなくなるであろう私の特大のスーツケースを開けろと言う。中は生活用品だけで特に不審なものはないと覚束ないポルトガル語で懸命に主張するが、やはりそれは無駄な抵抗であった。スーツケースが開けられ、びっしり詰まった衣類や生活用品が次から次と引っ張り出された。疑わしい物などあろうはずもなく荷物検査は終わった。そして検査台に散乱するスーツケースの中身を大汗をかきながら詰め終わると検査官はOKという表情で出口を指差した。聞いていた通り、ずいぶん時間がかかったが、入国審査、税関検査と所定の手続を終えて空港のロビーに出るとISHIBRASの関係者がにこやかな笑顔で待ち構えていた。

“お疲れ様”の言葉を聞いてほっとしたのか本当に生き返ったような気分で全身の力が抜けてしまいそうであった。挨拶もそこそこに特大の重いスーツケースを迎えの車に載せ、足早に空港を後にした。

はじめて目にするリオデジャネイロの街並は抜けるような青空の下、林立するビルの谷間を沢山の車が行き交う大都会であった。有名なコパカバーナの海岸やコルコバードの丘のキリスト像など写真でしか見たことのないリオデジャネイロの街中を今、車は走っている。外の景色を眺めながらいつのまにか長旅の疲れも忘れ、私は浮き浮きした気分で心は弾んでいた。ほどなくサンクリストーバンという地区にあるISHIBRASの宿舎に着き、あてがわれた部屋でやっと旅装を解くことになった。取りあえず、今日から10日間ほどリオデジャネイロに滞在し、これから始まるブラジルでの生活のための諸々の手続を行うとともに、あらためて本物のブラジル人の先生によるポルトガル語の集中特訓を受けることになったのである。

日本から着いたばかりの我々三人の若者を歓迎するその夜の夕食会では長旅の疲れもどこへやら、それぞれに今後の抱負や決意を語り合いながら時間が経つのも忘れていた。なぜかまだブラジルへやって来たという実感がわかない。

翌朝、ブラジルでの最初の朝を迎え、すでに強い日差しがさす中を全員寝ぼけ眼で迎えの車に乗り込んでISHIBRASへ向かった。リオデジャネイロも朝はやはり通勤ラッシュなのか道路は車で溢れかえっていた。

観光旅行や出張などの短期滞在でない限り、一定期間であれブラジル社会の一員として暮らすとなると、予想外に多くの手続がこの国では必要であった。早速、人事課で日系二世の担当者からこれから必要となる手続について詳細な説明を受け、言われるままにまずは関係の役所を回って歩くことになった。この国に限ったことではないのかも知れないが、ブラジルでは誰もが最初に求められるのは身分証明という個人に対する公的な存在証明である。この国に暮らす以上は大人であれ子供であれ、また男であれ女であれ誰もが自分の身分証明書を発行してもらい常にそれを携行していなければならないという。内容もよく判らないまま数枚の書類を役所の窓口に提出してほどなくその身分証明書が発行された。

こうして、まずはブラジル社会に暮らす一員として正式に認められたのである。今日からはこのカード型の小さな身分証明書がこの国に暮らす証であり、生きていく上での大切なお守りである。一方、色々な手続の合間に先輩たちから聞かされる貴重な経験談はこれからの生活を考えると本当にいい勉強であった。それはいわばブラジル生活に関する実践的なオリエンテーションとでも言うべきものであった。そうした貴重な経験談に耳を傾けながら、しだいにこの国で暮らす心構えができ始めていた。やはり、現地へ行けばなんとかなる、それが実感であった。

一方、ポルトガル語の方は日本での特訓の成果も空しく、やはり惨憺たる有様であった。たどたどしく話すことはできても聞き取りが十分できないため満足な会話にならない。ブラジル人の先生による本場のポルトガル語のレッスンは厳しく、容赦のない質問攻めにいささか自信を失ってしまった。やはりポルトガル語はそう甘くはなかった。さすがにこれはまずいと反省しながら、レシーフェへ行ったら最初からしっかり勉強し直そうとあらためて心に誓っていた。

レシーフェへの遠き道のり

リオデジャネイロでの10日間は瞬く間に過ぎてしまった。そして、いよいよ目的地のレシーフェへ向かう日がやってきた。ありがたいことにISHIBRASの人事課長がレシーフェまで同行してくれるという。同じブラジル国内とはいえレシーフェはリオデジャネイロから1000キロ以上も離れた赤道に近い所に位置する街であり、また長い空の旅である。果たしてどのような人々が、そしてどのような生活が待っているのであろうか。リオデジャネイロでの10日間をともに過ごした二人の仲間もそれぞれの赴任地であるブラジル中央部の街、ジュイスデフォーラと南部の中心都市、ポルトアレグレへ向かうことになった。一年後にリオデジャネイロで再会することをお互いに約束して、私は一足先に旅立つことになった。絵葉書のように美しいリオデジャネイロの街並を眼下に眺めながらバリグ国内便は一路ブラジル東北部の街を目指して飛び立った。

いつしか寝入っていたらしい。どれほどの時間が経ったのであろう。やがて飛行機はグアララペス空港の焼け付いた滑走路に予定通り舞い降りた。こうして、とうとうレシーフェへやって来たのである。空港ビルの白い建物が抜けるような青空と椰子の緑に映え、レシーフェという街はまさに南国情緒に溢れていた。それにしても赤道に近いだけにさすがに外は暑い。重い荷物がなんともうらめしいが、これから始まる一人暮らしの生活用品一式が詰まっているのだからいたしかたない。空港を出てタクシーで人事課長とともに街の中心部にあるホテルへ向かった。レシーフェでの住まいが決まるまで当分はこのホテルが仮の住まいである。

翌日から早速、この街での活動を開始した。在留邦人の一人として在レシーフェ日本総領事館への挨拶、また研修の場であるペルナンブコ大学経済学部で担当のオタビオ教授との面談などと、それなりに忙しい一日であった。そして、あわただしいまま夕刻、リオデジャネイロへ戻る人事課長を空港まで送ることになったが、これで本当に一人になってしまうのかと考えると急に心細い思いがこみ上げてきた。見知らぬ異郷でたった一人の生活がいよいよ今日から始まるのである。

「一年後にまたリオデジャネイロで会おう。じゃ、元気で」と言い残して人事課長は立ち去って行った。まるで置き去りにされた子供のように泣き出したいくらいの心境であった。当然、覚悟はしていたはずなのに何とも情けない話であった。

翌日、私はあてもなく一人ボアビアージャンの海岸へ向かった。そして、ベンチに腰を降ろして目の前に広がる大西洋の大海原を眺めながら、今日までの出来事を取りとめもなく思い出していたのである。

コルコバードの丘の頂上のキリスト像
リオデジャネイロ

左（上から）：イグアスの滝／レシーフェ市内の教会／アマゾンのインディオ集落で出会ったインディオ一家／ブラジル リオグランデドスール州リオグランデの風景／右（上から）：サンパウロ市内／ペルー クスコのインカ道／レシーフェの中心部を流れるカピバリベ川

南アメリカなるもの

多様な自然環境

いくつもの顔を持つ大陸

ラテンアメリカの多様な自然環境

いわゆる「ラテンアメリカ」と総称される地域の全体像をまず自然環境の面から眺めてみることにしたい。ちなみに、ラテンアメリカと呼ばれる地域には通常、メキシコやそれ以南のパナマに至るまでの中央アメリカ地域、キューバ、ドミニカなどのカリブ海諸国それにブラジルやアルゼンチンなど10カ国からなる南アメリカ大陸が含まれ、それら地域全体を指してラテンアメリカと呼んでいる。その総面積は約2000万平方キロとされ日本の国土の約57倍に相当し、全世界の陸地面積の約14パーセントを占めている。また、人口はブラジルの約1億9400万人を筆頭に、メキシコの約1億人、コロンビアの約4400万人など地域全体で5億人を超えており、これは地球上の総人口の約8パーセントに当たる。しかも、この地域の多くの国では今も人口は増え続けている。考えてみると、地域全体の陸地面積にしても人口にしても、いずれもかなり大きな数字であり、世界に占めるラテンアメリカの地政学的な位置付けは決して小さくはない。しかしながら、日本人にとってラテンアメリカという地域は地理的に遠く離れている上、異質の文化圏でもあることからその存在感は薄い。また、アメリカやアジア諸国などと違い日本にとって直接的な利害関係があまりないため、身近な関心の対象とはなりにくく、ラテンアメリカについての認識の度合いは低いというのが実態であろう。従って、ラテンアメリカといえば、例えば、ブラジルであればサッカーにカーニバル、あるいはコーヒーの国、はたまたラテン音楽ファンであればサンバにボサノバ、あるいはアルゼンチンタンゴやアンデスのフォークローレなどといったイメージであり、あとはせいぜいアマゾン川やアンデス山脈、あるいはインカの遺跡といった連想が思い浮かぶ程度であろう。正直なところ、日本ではそうしたステレオタイプ的な認識が一般的なラテンアメリカ観かと思われる。それは、ちょうど欧米諸国の人々がかつて日本という国に抱いていた“フジヤマ、ゲイシャ”式の認識やイメージと同じ類のものと言える。

ところが、現実のラテンアメリカという地域は到底、ひと括りでは語ることのできない実に多くの顔を持ったバラエテイーに富む世界である。とりわけ、本書が対象とする南アメリカ大陸の自然は極めて変化に富んでおり、自然環境の多様性において他に類を見ないほどである。実際、南アメリカ大陸には地球上のすべての自然環境や気候帯が存在していると言っても過言ではない。アマゾン川流域に代表される高温多湿な熱帯雨林地帯のような地域を始め、パタゴニア平原からフェーゴ諸島に至る南アメリカ大陸南端部のような酷寒の氷河地帯、さらにはチリ北部に広がるアタカマ砂漠のような乾燥と不毛の砂漠地帯まで多種多様な自然環境が広がっている。その上、地理的区分からいえば大陸全体が沿岸部、内陸部、山岳部に別れており、それぞれに特徴的な気候帯を形成している。そのため、自然環境がより一層複雑なものになっている。ことに国土の広大なブラジルの場合は、そうした様々な自然環境や気候帯がほぼそのままひとつの国の中に分布しているため自然環境や気候が北部と南部、あるいは東部と西部とではまったく異なる様相を呈している。

アマゾン川流域の熱帯雨林地帯

アマゾン川流域を中心に赤道直下一帯に広がる地域は典型的な熱帯雨林地帯で、年間降雨量が2000ミリ以上に達し、うっそうたる密林が広がっている。その範囲は赤道を挟んで南北に広がるブラジル西北部、ベネズエラ南部、コロンビア南部そしてアンデス山脈を越えてペルーやエクアドルの東部などの広範な地域に及ぶ。この一帯は年間の平均気温が26度を超えるような地域で、暑さと高い湿度とで人間生活には不向きな環境とされている。とはいえ、熱帯特有の蒸暑さが一年中毎日続いているわけではなく、一日のうち夕方から夜明けにかけてはむしろしのぎやすい気温となる。ことに、ほぼ毎日やって来るスコールと呼ばれる滝のような集中的降雨のあがった後などは快適な気温となり、涼しいほどである。密林に降るスコールはやがてアマゾン川の源流や支流に注ぎ込み、しだいに大きな流れとなって密林の中を蛇行しながら河口へ向かう。ちなみに、アマゾン川流域全体の水量は全世界の淡水の約半分に相当するほどの量だという。実際、世界の長大な河川ベスト20のうちその半数をこのアマゾン川流域の支流が占めている。また、この地域一帯の密林は森が生み出す膨大な量の酸素により地球最大の酸素供給源になっていると言われている。当然ながら、水や酸素がなければ生物は存在しえない。その意味で、このアマゾン川流域一帯を中心とする熱帯雨林地帯というのは、いうなれば地球の生態系や人類の生存を支える重要な役割を担った生命の森であり、「地球の肺」であるとも言えるのである。

一方、この地域一帯は一年を通してほぼ毎日、ただ炎暑と降雨の繰り返しが続くだけで四季の変化はなく、せいぜい雨季と乾季の区別があるのみである。こうした変化に乏しい単調な気候風土は、やはり人間にとっては必ずしも好適な環境条件とはいい難い。その上、自然の変化や自然の驚異がもたらす様々な刺激や困難などに直面することも少なく、文明的な発展を促す必然性に欠けるためか、これまで高度な文明社会の形成を見ることはなかった。しかし、それでもこの特殊な自然環境の下で生きる人々は、物質的な豊かさや便利さなどとは無縁ながらも古来より巧みにその条件に適合した生活様式を生み出し、それなりに合理的な生活を営んできている。灼熱の太陽も、滝のようなスコールも、ここでは生活を律するリズムであり、ましてやうっそうとした密林は貴重な自然の恵みをもたらし人々の日々の糧を保証するかけがえのない生活の舞台なのである。ところで、熱帯の密林というと、ともすれば猛獣や大蛇がばっこする恐ろしい緑の地獄を想起しがちである。しかも、昔からジャングル探検記や冒険記の多くは主人公が様々な危険や困難に遭遇しながらも決死的な行動で危機を脱出する、というような類の物語が一般的である。そのため、想像の中の密林はまさに人間を寄せ付けぬ緑の魔境というイメージになってしまう。ところが、アマゾン川流域一帯に広がる密林の場合、実際には“オンサ”と呼ばれるヒョウの種類以外、大型の肉食猛獣は生息していない。また、大蛇や毒蛇にしても、それほどしばしば人間と出会うわけではない。ましてや恐ろしい未知の怪獣に襲われるなどというようなことはあるはずもなく、手に汗をにぎるような冒険記の類は空想の世界の産物にしか過ぎない。この一帯の密林には、もちろん多種多様な動物が生息してはいるが、一般的には各種のサルや鹿、“カピパラ”という世界最大のねずみや、“アンタ”と呼ばれるアマゾン特有のバクの種類など草食性の動物の方がむしろ多い。外部からの侵入者である人間が不用意に密林の秩序や平穏を乱さない限り、アマゾンの密林には必ずしもそれほど多くの危険が潜んでいるわけではない。熱帯の密林はむしろ美しく神秘的な世界である。極彩色のオウムなど珍しい鳥類や、見る角度によって青い羽根の色が変幻自在に変化し、妖しく輝く“ボルボレータ・アズール”という蝶などのように美しくあでやかな蝶類も多く、それらが密林の中を飛び交う様は幻想的な絵画でも見るような思いがする。また、昼でも薄暗い密林に所々差し込む淡い木漏れ日は樹海に灯る道しるべの灯りのようで、それを辿って行くと、どこかで“森の精”にでも出会うかのような錯覚にとらわれるのである。実際、密林に生きる人々は森の精霊の存在を信じており、今もなお密林から得られる収穫に対する感謝や日々の平穏に対する祈りを欠かさないという。人間にとって密林もまたある意味では美しく豊な世界なのである。

酷寒の地、パタゴニア平原、チリ南部

他方、そうした熱帯雨林地帯とはまったく対照的に、南アメリカ大陸の南端部に広がるアルゼンチンのパタゴニア平原や、南アメリカ大陸西岸の太平洋に沿って細長く続くチリの南部などは烈風の吹きすさぶ酷寒の地で、最南端部には万年雪に覆われた氷河地帯も点在している。氷河は大きなものになると、高さが800メートル、幅が10キロ、長さが30キロというような途方もないスケールになるという。氷河は常に陸地側から海へ向かって押し出されるようにゆっくりと動いており、海に向かってそそり立つ氷壁から時折、数10トンもの氷塊が崩れ落ち、大音響とともに巨大な水柱が上がる。周囲を揺るがすような轟音がとどろき、水柱が同心円状の輪を描きながら広がって津波のような高波が氷壁を直撃する。そして、その衝撃で氷壁に亀裂が入る。すると、亀裂は瞬く間に広がり、氷壁からまた、家1戸分くらいの大きさの氷塊がきしむような音を立てながら、ゆっくり崩れるように冷たい海へ落下して行く。氷河の日常活動はこうしていつ果てるともなく、そして誰に見守られることもなく太古の昔より繰り返されているのである。

この一帯は広大な、しかし風と氷だけの荒涼とした大地が果てしなく広がっているだけである。過酷といえばあまりにも過酷な気候風土のため、この地域では農作物がほとんど生育せず、牛や羊の放牧による大規模な牧畜や、豊富な水産資源に恵まれた漁業だけが主要産業として人々の生活基盤となっている。しかし、人影もまばらで、風の音以外すべてがひっそりと静まり返ったこの大地に生活の喧騒はどこにも見られない。この大地の最南端部にチリのプンタアレナスという街がある。この地域最大の中心都市であり、地球上で最も南に位置する最果ての港町のひとつである。だがしかし、この街にしてもなぜこのような場所に存在しなければならないのかと思うほどすべてが静寂と沈黙に包まれ、わずかに人が行き交う中心街を通り過ぎるとすぐに人通りは途絶えてしまう。また、この地域は緑に憩う季節も本当に束の間で、足早に秋がやって来ると冬はもう目の前である。そして、雪と氷に閉ざされた長い冬の生活が始まるのである。極寒の厳しい自然環境とはいえ、その汚れも穢れもない冷涼な大気はあくまでも清々しく澄みきっている。ひっそりと寄り添いながら、しかし健気に力強くこの大地に生きる人々を見ていると肌を刺す冷たい澄んだ空気こそが彼らの心を引き締め、そして日々の精気と活力とを生み出しているのかも知れないと思われた。この南アメリカ大陸の最南端部は今から約500年ほど前、マゼランが率いる帆船がはじめてこの海峡を発見したことからその名を取って付けられたというマゼラン海峡に面している。そして、太平洋と大西洋とがこの入り組んだ海峡で合流している。その海峡を挟んでさらに南には、かつて先人たちが多数の野火を見て“火の大地”と呼んだフェーゴ諸島が一年中、強い風に吹きさらされながら広がっている。このあたりは一日として穏やかに晴れる日はなく、絶えず激しい嵐が吹きすさぶ世界最悪の場所とされている。そして、島々の中で最も南に位置するホーン島には船乗りなら、その名を聞くだけで泣く子も黙るというかの悪名高い魔のホーン岬がある。この荒れ狂う凶暴な海域は海の難所として昔から海の男たちに恐れられてきた。今もなお、船の墓場としてその海底には数知れぬ難破船が横たわっているという。そして、この荒れ狂う海の向こうはドレーク海峡を挟んでもう南極大陸が目の前である。

広大な砂漠地帯、乾燥地帯

さらにまた、多様な自然環境を象徴するもうひとつの例として、南アメリカ大陸には広大な砂漠地帯や乾燥地帯が存在する。例えば、“セラード”と呼ばれるブラジル東北部の内陸地帯などは年間の平均気温が28度を超え、降水量も年間平均300から500ミリ程度で、いうなれば半砂漠地帯である。ここは土地がやせている上、昔からしばしば干ばつの被害を受ける地域であるため多くの農民が今もなお貧困から解放されることはない。また、チリの北部やペルーの東部、南部などに広がる地域一帯も典型的な乾燥気候帯で、一年中ほとんど雨の降らない不毛の大地である。ことに、チリ北部のアタカマ砂漠などは世界で最も乾燥した地域とされ、過去400年間、一滴の雨も降らないという実に驚くべき記録を持った地域さえあるという。年間を通して降水量が極端に少ない乾燥地帯というのは一方で、一日の気温差が極めて大きく、昼と夜とでは同じ場所とは思えないほどに気温が大きく変化する。アタカマ砂漠の場合も、燃えるような太陽が容赦なく照りつけ日中は40度を超える気温が、朝晩には0度近くまで下がるという。地面を焦がすような灼熱の太陽が沈み、夜のとばりが下りると今度は一気に凍えるような寒気があたりを包むのである。砂漠とは、やはり容易ならざる自然環境である。その上、どちらを見ても周囲はただ風化して赤茶けた岩石だらけの殺伐とした景色で、生命を感じさせるものは何もない。その荒涼とした大地はあまりにも無残な光景で地球上のものとは思えないほどである。とはいえ、アタカマ砂漠は一方で、様々な地下資源に恵まれており、チリの経済発展に少なからぬ貢献をしていることも事実である。代表的な鉱物資源としては銅、銀、硝石、岩塩などが有名であり、特に銅は世界最大級の露天掘り銅山で採掘され、海外へ輸出されている。また、この砂漠に連なる北部のアタカマ高地には塩水をたたえた、いわゆる塩湖がいくつか点在しており、周辺のうっすら雪が積もったような白い大地を削り取り、岩塩の産出が大規模に行われている。塩湖の多くは標高2500メートル以上の高地にあり、青く神秘的な湖面が美しい風景画のように広がっている。そのひとつであるチュンガラ湖と呼ばれる塩湖は標高4500メートルの地点にあり、世界で最も高い場所にある湖とされている。これほどの高所になると空気が薄い上に、寒さが厳しいことから岩塩の産地とはいえさすがに労働に従事することは難しい。人影もない湖面は野鳥の天国であり、ガンやカモ、さらにはフラミンゴの姿なども望見できる。

ところで、砂漠といえばアラビア半島やアフリカ北部、あるいは中央アジアに広がる広漠とした砂の大地がよく知られており、ラクダを連ねた隊商が砂丘を越えて行くような叙情的場面が思い浮かぶ。しかしながら、実際の砂漠は、とりわけ南アメリカ大陸の砂漠はすでに見た通りロマンチックな世界とはほど遠く、いうなれば常に死と隣り合わせの極限の大地である。そのほとんどが、見渡す限り焼け付いた砂と岩石がどこまでも続く単調で荒涼とした風景が広がっているだけである。この砂漠という不毛の大地は、その極端な灼熱と乾燥とが生命の存在すら許容しないという意味で、人間にとっては密林が繁茂する熱帯雨林地帯や氷河が点在する酷寒地帯よりもさらに過酷な自然環境と言えるかも知れない。実際、正常な人間の生活など不可能であり、調査や探検以外にこの無人の荒地に足を踏み入れ、生活の場とするような者はいない。

人間生活に最適な気候帯

その一方で、南アメリカ大陸には特別な自然環境下の地域ばかりではなく、規則正しい季節の変化を持った地域や、明確な四季はないまでも一年を通して温暖で快適な気候に恵まれた地域も当然ながら数多く存在する。とりわけ、南回帰線以南の海岸線一帯や内陸部の高原地帯、それにアンデス山脈の山麓部などは人間生活に最適な気候帯であり、南アメリカ大陸の人口の大半がそうした地域に集中している。また、南アメリカ大陸の主要な大都市の多くもそうした地域に位置している。例えば、アルゼンチンの首都で、南アメリカのパリと讃えられるブエノスアイレスはその美しい街並と落着いたたたずまいとが訪れる者の旅情をかきたててやまない。季節の変化に恵まれたこの街は四季折々の美しい彩りを見せてくれる。春の陽射しが人々の冬仕度を解き放つ頃、街路も公園も清新な生命の息吹に満ち溢れ、一年で一番清々しくさわやかな季節がこの街に到来する。ブエノスアイレスの繁華街、フロリダ通りなどは心地よい気候に誘われて買い物や散歩を楽しむ市民で一杯となる。そして夏ともなると、今度は市民の多くが海や山へと繰り出していくため、ブエノスアイレスの街は閑散とした季節を迎える。都会の蒸し暑さを避けて多くの人たちが海辺の保養地などで思い思いのバカンスを楽しむのである。特に、アルゼンチン最大の保養地、マルデルプラタの海岸などは夏の太陽を求める人々でこの季節は大変な賑わいを見せる。しかし、夏も過ぎ去り、長いバカンスが終わると街はまた人々で賑わい始め、街路樹のマロニエが色付く秋を迎える。街並に街路樹の美しさが映え、ブエノスアイレスがひときわ魅惑的な装いを見せる季節である。肩越しに吹き抜ける風に肌寒さを覚える夕暮れ、街には毛皮のコートを身にまとった女性の姿が急に多くなる。そうした毛皮のコート姿の女性たちが枯葉を踏みしめながら目抜き通りをそぞろ歩く情景はさながら映画の一シーンでも見るかのような思いである。だがしかし、6月に入ると寒風が落ち葉を吹き散らし、また冬が巡り来る。そして、ビルのあちらこちらから立ち上る暖炉の煙が鉛色の冬空をさらに重く、暗く塗りこめていく。7月ともなると寒さは一段と厳しさを増し、ブエノスアイレスは街中が凍てついてしまうのである。

ちなみに、南アメリカ大陸は赤道以北のベネズエラやコロンビアなどを除けば、すべての国が南半球に属するため季節がちょうど北半球とは逆になる。つまり、9月、10月、11月が春、12月、1月、2月が夏、3月、4月、5月が秋、そして6月、7月、8月が冬である。そもそも世界は北半球を中心に展開しているため、季節が逆の南半球では時として思いもよらぬ珍現象や不都合が生じる。例えば、クリスマスなどもそのひとつかも知れない。南半球でも12月25日が一応、クリスマスであるから多くの地域で季節的にはまさに最も暑い夏の盛りにクリスマスを迎えることになる。そのため、例えばブラジルなどではクリスマスの時期を迎えると、照りつける真夏の太陽の下、水着姿で賑わうリオデジャネイロのコパカバーナの海岸にもジングルベルが流れ、繁華街のショーウインドーにはそれらしくクリスマスツリーが飾られる。また、サンタクロースも汗まみれになりながら赤い三角帽子に赤い服を着て、プレゼントを配っては子供たちに愛嬌を振りまいて歩く。強い陽射しをあびながら完全装備でクリスマスの主役を務めなければならないサンタクロースにとって年に一度のクリスマスはブラジルでは難行苦行の受難の日ということになるのである。もっとも、サンタクロースがトナカイならぬ水上スキーに乗って登場したりするのはいかに真夏のクリスマスとはいえ、脱線し過ぎでいささか興ざめの感がする。

ユニークでスケールの大きな自然環境

ところで、南アメリカ大陸はこれまで見てきたように変化に富んだ自然環境の多様性が大きな特徴であるが、また同時に自然環境のユニークさやスケールの大きさにも特徴がある。すなわち、南アメリカ大陸には他の大陸では見られないような天然の造形物や大自然の景観が点在しているのである。例えば、南アメリカ大陸の背骨とも言うべき世界一長いアンデス山脈の峰々を始め、太古の地球の地殻変動によって形成されたギアナ高地の断崖絶壁、地球の生命維持装置である広大なアマゾン流域、南アメリカ大陸全体の調整池として乾季と雨季とで様相が大きく変化するパンタナールの大湿原、さらには世界最大の滝、イグアスなど、その例は枚挙にいとまがないほどである。そこで、この大陸に大自然が創造した壮大なランドスケープの代表的な実例として数々ある中でやはり世界最大という言い方が少しも誇張ではないアマゾンの大河と、世界一の規模と水量を誇るイグアスの滝を挙げ、その姿を概観してみたい。

全長 6700 キロの大蛇

アマゾン川は全長約 6700 キロ、流域面積は約 700 万平方キロに及ぶという途方もない規模の大河である。ちなみに、このアマゾン流域の総面積より広い国土を持つ国というのはブラジルを含め世界にわずか 6 カ国しかない。この事実ひとつを取ってみても、アマゾン川がいかに巨大な大河であるかがよく判る。ところで、アマゾン川は一体どこから始まっているのであろうか。アマゾン川はその流域面積が広大であるだけに源流部分も複雑に分岐しており、実際は水源をひとつに特定するのは難しいとされている。現に、コロンビア、ペルー、ボリビアなどいくつかの地点でアマゾン川の始まりとされる水源が確認されており、いずれも直接、あるいは支流を経てアマゾン本流へと注ぎ込んでいる。しかし、アマゾン川の全長の基点となる河口部から最も遠い場所にある水源を正式なアマゾン源流とするならば、はるかペルー領のアンデス山脈北東部にたどり着く。標高 4000 メートルを超えるアンデスの山々が連なる一角に地元民がミスミ山と呼ぶ人跡未踏の幻の山があり、アマゾン川はその山麓の雪解け水を水源にしているのだという。真偽のほどは別にして、その水源を出発した一筋の水の流れは、途中いくつもの支流と合流し、複雑に蛇行しながらしだいに川幅を大きく広げて、やがてアマゾン川本流へと姿を変えていく。そして、6000 キロ以上の長い旅路を経てこの大河の流れは最後に河口のベレンで大西洋へと注ぐのである。最下流に当たる河口部はその幅が約 250 キロもあり、当然ながら対岸を見渡すことなどできるはずもない。まるで海のようなこの河口部にはいくつかの島が点在するが、その中でも一番大きなマラジョー島という島はわが国の九州とほぼ同じくらいの大きさである。アマゾン川からすれば、そのマラジョー島とてまさに河口に浮かぶ島々のうちのひとつという存在にしか過ぎないが、九州と同じくらいの大きさの大地がただの島であるという感覚はさすがに我々、日本人には想像を絶するものがある。日本は日本列島と呼ばれる通り、まさに島々から成る小さな島国であるという紛れもない事実を今更ながら再認識させられる思いである。これは、やはり島国に生きる日本人の尺度で大陸という世界を眺めると往々にして“木を見て、森を見ず”という結果を招くことになる例証のひとつかも知れない。アマゾン川の河口に位置するこの地方の中心都市がベレンである。その港から眼前に広がる果てしない褐色の水面を眺めていると、そもそも「川」とは一体なんであろうかと、そんな不思議な思いにさえとらわれるのである。例えば、まったく予備知識もないままアマゾン川の一部を地上から見れば、それが川であるなどとは誰も気がつかないであろう。上空彼方から、まるで緑の大地に横たわる黒い大蛇のような姿を眺め、その全貌が把握できてはじめて、それが大きな川であることを知るに違いない。日本の河川のようにたとえ長大な大河であっても対岸が遠望でき、水面の流れを見ることができるのが「川」だとすれば、アマゾン川は「川」という概念を超越した別次元の自然景観であるように思われるのである。そう考えてみると、悠久の太古からこの大地に存在したアマゾンの大河を、この大河とともに生きてきた密林の先人たちは果たしてどのように認識していたのであろうか。彼らにとって、この大河は単に生活の糧を得る豊かな漁場であるだけでなく、遠い見知らぬ世界につながる水上のシルクロードのような存在でもあったのではあるまいか。密林に開けた大海原は水上交通路として物資の輸送や情報の伝達に重要な役割を果たしていたかも知れない。見渡す限り褐色に淀んだ水面はまさに大きく広い海であるかのようにはるか彼方の水平線まで果てしなく広がっている。

　アマゾン川は内陸交易路として南アメリカ大陸の北部を東西に結ぶ重要な大動脈でもあり、河口のベレン港を基点に数多くの貨物船や貨客船が絶え間なく行き交っている。ベレンから約1500キロほど上流にさかのぼると、アマゾン川中流域の中心都市であるマナウスに至る。現在は自由貿易特区として賑わうこの都市はその昔、アマゾン地域でのゴム栽培が空前の大ブームとなり、その集散地として繁栄を極めた時代がある。その時代に造られた「アマゾナス劇場」と呼ばれる贅を尽くした豪華なオペラ劇場をはじめとして、市内に残るいくつかの歴史的な建造物が今も当時の栄華の記憶を伝えている。このマナウスまでは1万トンクラスの船が就航しており、河口から1500キロもさかのぼった場所であることを考えると河川港としては世界有数の規模であると思われる。この水上交通路はさらにアマゾン川上流へと続いており、奥地へ向かう貨物はここで3000トンクラスの船に積み替えられてアマゾン源流部に近いペルー領のイキトスへと向かう。河口のベレンからは約3800キロもの上流に当たる地点である。定期航路の貨物船がこれほど上流までさかのぼって就航しているような河川は世界中どこにもないと思われる。例えば、日本列島は北は北海道から南は沖縄まで、その総延長が約2000キロほどであることを考えると、それ以上の3800キロもの距離を行き来する河川航路が存在する川というのはいかに桁外れな規模であるかがよく判る。やはり、アマゾン川とは「川」という概念を越えた大河であり、いうなれば南アメリカ大陸という広大な大地を切り裂き、大西洋と太平洋側とを結ぶ天然の巨大運河のような存在であると言えるかも知れない。

世界最大規模、イグアスの滝

南アメリカ大陸を代表するもうひとつの壮大な自然景観として、大陸の南部を流れるパラナ川に注ぐ世界最大規模のイグアスの滝を見てみたい。“イグアス”とは原住民族であるグアラニー族の言葉で“イグ”は“水”を、そして“アス”は“大きなものに対する驚き”を意味しているという。このイグアスの滝は、滝を含む周辺一体がまるで緩衝地帯の役目を果たすかのようにアルゼンチン、ブラジルそしてパラグアイの3カ国の国境が交差する場所に位置している。従って、その3カ国のいずれからもアクセスすることができる。そのためイグアスの滝は事実上、3カ国共有の国立公園として共同管理の下にあると言ってもいいほどで、それぞれ互いに外貨獲得に寄与する貴重な観光基地となっている。アルゼンチン側からブラジル側へ向かって流れ落ちる大小300もの滝が約4キロに渡って続き、その最大落差は約100メートルという巨大な滝である。落下する水量も全体で1秒間に約6万5000トンにも及び、滝としては世界一の水量と言われている。そして、この落下する水量をエネルギーに換算すると1時間当り800万馬力に相当するのではないかという説がある。しかし、いくら具体的な数字を挙げたところで実際に現場を見ない限り、この滝がどれほどの規模を誇るものであるかを実感として想像するのは難しいと思われる。また、たとえいかなる感嘆の言葉を並べたとしてもこの滝の凄さを迫力ある臨場感で適確かつ十分に描写し、説明することは不可能であろう。かつてこの地を訪れ、イグアスの滝を見物したアメリカのルーズベルト大統領夫人は、その桁外れな巨大さと圧倒的な迫力に驚き「我々のナイアガラの滝はなんと哀れなことでしょう……」と嘆息したという。かの有名なナイアガラの滝にしてもイグアスの滝を前にしてはどうやら脱帽のほかないようである。イグアスの滝をブラジル側から訪れる観光客はイグアス川に沿って設置された遊歩道を進み、途中ところどころ川にせり出した展望ステージから滝を見上げることになる。川面にたたきつけられた滝の水しぶきが舞い上がり、あたり一面は常に霧雨に包まれたような状態で雨合羽でも用意していなければ全身びしょ濡れになってしまう。その上、メガネやカメラのレンズなども水滴で曇ってしまい、ともすれば曇ったレンズをふき取ることに気を取られ眼前に広がる肝心の大パノラマを見過ごしてしまうというようなことにもなりかねない。滝の周辺から上空にかけては舞い上がる水しぶきのため、常に霧がかかったような状態で太陽が出ている限りはいつもどこかに七色の虹が美しい弧を描いている。遊歩道は、ちょうどV字形に滝が奥まった場所の近くまで続いており、その行き止まりにせり出した展望ステージからはイグアスの滝で一番有名な「悪魔ののど」と呼ばれる滝をまじかに眺めることができる。まるで崩れ落ちる壁のように滝の流れが絶え間なく落下していく様はスローモーションの映像でも見ているかのような光景である。落下する水の壁は真っ白な水煙に包まれているが、川面に落ちるや茶褐色の泥水に変身し、渦巻く怒涛となって下流へ流れ去って行く。水の壁をじっと眺めていると、それは落下する水の流れというよりはまるで意思を持った生き物が怒り狂って身をくねらせているかのような錯覚にとらわれる。そしてまた、まじかに見るこの滝のとてつもない激しさはまさに怒涛のようなエネルギーの爆発であり、思わず息を呑む。複雑にうねりながら次から次へと途切れなく落下して行く滝の動きに視線を据えていると、思わず目まいを感じてくらくらしてくる。そして、なぜかまるで見えざる力に引かれて、そのままふいに奈落の底へ吸い込まれてしまいそうな言い知れぬ恐怖感さえ覚えるのである。底知れぬ滝つぼの奥にはイグアスの滝を支配する魔物でも住み着いているのであろうか。崩れ落ちるように落下する水の壁は激しく川面をたたき、その衝撃が周囲の空気を絶えず振動させてピリピリと肌に感じるほどである。また、川面に激突する衝撃音は幾重にも反響し合って耳をつんざくばかりの轟音をとどろかせ、周囲のあらゆる音を完全に掻き消している。大地を揺るがすような轟音のため、滝の周辺では耳元で大声を出さなければ話し声は聞き取れない。この轟音はイグアスの滝から25キロくらい離れた場所でも不気味な地鳴りのように重く、低く聞こえてくるという。

ところで、イグアスの滝を取り囲むように広がる周辺の森はアマゾン川流域の密林と同じように蝶類の世界的な宝庫として知られ、多種多様な蝶が生息している。全世界の蝶類の半分以上は南アメリカ大陸に生息すると言われているが、とりわけイグアスの滝周辺は種類が多く、蝶の収集家や学者の間では有名な場所である。極彩色の美しい蝶が熱帯性の花々が散在する森の中を飛び交い、乱舞する情景はやはり幻想的であり、神秘的でさえある。このイグアスの滝周辺一帯になぜ蝶類が多数生息するのかその原因は定かではない。滝の存在そのもの、あるいは滝の影響によって生み出される周辺の自然環境や自然条件が何らかの形で関係しているのかも知れない。それとも、滝の上に弧を描く虹の精の化身が美しい蝶になって辺りを飛び交っているのであろうか。

歴史の夜明け

植民地支配からの独立

スペイン、ポルトガルによる「ラテンアメリカ」の形成

前章でも触れた通り、中南米地域全体を総称して「ラテンアメリカ」という呼び方が一般的に定着しているが、この呼称の由来については意外と知られていない。この呼称はかつてこの地域一帯を植民地として支配していたスペインやポルトガルが名付けたものと思われがちであるが、実はこの新大陸に領土的野心を抱いていたフランスが政治的に命名したものである。それまではスペインのアメリカ大陸という意味で「イスパノアメリカ」とか「イベロアメリカ」などと呼ばれていた時期もある。しかし、18世紀半ば、メキシコへの進出を果たしてさらにこの新大陸へ南下することを密かに画策していたフランスが同じラテンの系譜を受け継ぐ者の新天地という意味を込めて「ラテンアメリカ」と名付けたのである。ちょうどその頃、この新大陸では本国のスペインやポルトガルからの独立を求める運動が広がり、次々と新生ラテンアメリカ諸国が誕生し始めていた。そして独立を果たした新しい国々は本国であるスペインやポルトガルのあるイベリア半島とのつながりを想起させるような呼び名を嫌い、自分たちの新しい世界を表現するのにふさわしい地域の名称を求める気運にあったのである。そうした時代背景の下で、この「ラテンアメリカ」という新しい呼称はいつしか自然と人々に受け入れられ、しだいに定着していったのである。ともあれ、新領土を獲得し植民地支配に参入することを目論んでいたあらたな覇権国家の深慮遠謀から付けられた呼び名がこうしていつしか自らの呼称として言い習わされるようになったわけである。考えてみるとこれはまさに歴史の皮肉というものかも知れな

い。

スペインもしくはポルトガルを宗主国とし、歴史上、両国と直接的な係わりのある国をラテンアメリカ諸国と定義するなら北のメキシコから南のチリ、アルゼンチンまで17ヶ国を数えることができる。そのうち南アメリカ大陸に限ると独立国家として存在するのは10ヶ国である。ポルトガル語を母国語とするブラジルと、スペイン語を母国語とするその他の9ヶ国である。それでは、南アメリカ大陸においてなぜポルトガル語を母国語とするブラジルとスペイン語を母国語とするそれ以外の国々とに別れたのであろうか。そしてまた、どのようにしてそれぞれの領土や国境が決まったのであろうか。その歴史的経緯を知るためにはイベリア半島の新興勢力であった当時のスペインとポルトガルが、この未知の新大陸に富と領土を求めて互いに覇権を争った15世紀の時代にまで遡らなければならない。

当時、ヨーロッパではイギリスとフランスの百年戦争をはじめ、ドイツやイタリアにおいても封建体制の下、群雄割拠の状態が続いて統一国家の成立さえ見られず、まさに混沌とした時代状況にあった。それは、いうなれば中世から近世へ歴史が転換する大変動の時代でもあった。そうしたヨーロッパ諸国の混乱に乗じて、しだいに世界の交易の主導権を握り始めていた新興国家のスペインとポルトガルは未知の世界へ目を向け、互いに権益の拡大にしのぎを削っていたのである。そして、ほぼ時を同じくして現在の南アメリカ大陸に到達した両国はこの新大陸での金銀財宝を獲得するため先住民族の生活や文化を破壊しながら領土争奪や権益争いを繰り広げていく。やがて、それら一連の覇権争いは時のローマ法王の介入を招くところとなり、頻発する両国の紛争の解決を当時、絶対的権威を背景に時代の頂点に君臨していた法王の裁定に委ねることになったのである。

ローマ法王の裁定

時の法王、アレキサンダー6世は収拾策として南アメリカ大陸の上に南北を結ぶ人為的な線を引き、その東側全体をポルトガルの占有地とし、西側全体をスペインの占有地とする裁定を下したのである。1494年6月のことであった。これが、ラテンアメリカ史上有名なトルデシーリャス条約境界線といわれるもので、ほぼ西経50度、すなわちアマゾン河口のマラジョー島と現在のブラジルのサンタカタリーナ州およびリオグランデドスール州の州境近くの地点を南北に一直線に結ぶ線である。この線の東側がそのまま現在のブラジルとなり、そして西側はいずれも同じスペイン語を母国語としながらも、現在のベネズエラ、コロンビア、ペルー、エクアドル、ボリビア、チリ、パラグアイ、アルゼンチン、ウルグアイの各国に分かれたのである。その後、幾多の歴史的変遷があり現在の国境線は必ずしも当時の境界線通りではないが、このトルデシーリャス条約境界線がおおむね現在の南アメリカ諸国の領土を形成する役割を果たしたのである。

この新大陸の境界線を決めることになるローマ法王の裁定が下った場所がトルデシーリャスという町であり、そのためこの条約をトルデシーリャス条約と呼んでいるのである。トルデシーリャスはスペイン中部の旧カステイーリャ地方にある何の変哲もない小さな田舎町に過ぎない。だが、この町は南アメリカ大陸のその後の運命を決めることになる歴史的な場所であると同時に、一方でもうひとつの歴史ドラマの舞台としてスペイン史の１ページに記憶を留める町でもあった。この地を舞台に繰り広げられたその様々な人間模様は不思議な歴史の因縁を感じさせ、南アメリカ諸国誕生の前史として誠に興味は尽きない。

狂女王ファナの悲劇

この町には、数奇な運命のもとに薄幸の生涯を閉じた一人のスペイン王国女王にまつわる歴史が刻まれている。それは運命の悪戯に呪われたひとりの女の物語でもある。悲運の主人公の名をファナ・ロカ、“狂女王ファナ”という。彼女はスペインを統一したカステイーリャ王国女王、イサベルとアラゴン国王フェルナンドの次女として生まれ、姉のイサベル、兄のファンに次ぐ第三番目のスペイン王国王位継承権者であった。そのファナが17歳の時、彼女はフランドルの地に居城を構える名門ハプッスブルグ家の当主にして神聖ローマ帝国皇帝でもあるマクシミリアン一世の長男、フィリップのもとへ嫁ぐことになる。これは、当時のヨーロッパの勢力図からして、いうなれば政略結婚であった。夫となるフィリップは美男の誉れ高く、その上乗馬や武術を得意とする活動的な王子であったという。本人の意思に係わりなく決められる政略結婚の場合、ともすれば意にそぐわぬ相手との生活を強いられることが多く、そのため不幸な人生を嘆き、自分の運命を呪う悲劇のヒロインなど歴史上、決して珍しくはない。ところが、ファナの場合は幸運にも、フィリップは愛することのできる夫であった。故国スペインを一人離れ、遠いフランドルの地へ嫁いだファナにやがて待望の長男、カルロスが誕生し、ファナはフィリップ妃として異国の地で幸福な日々を送っていた。しかし、運命の悪戯なのかそうした幸福もそれほど長くは続かなかった。愛する夫、フィリップの浮気による裏切りに加え、小さい頃から病弱であった兄、ファンが早世したのに続いて、なんと優しかった姉のイサベルまでが突然この世を去ってしまったのである。生家であるスペイン王室を襲ったこの突然の異変により、ファナは予想もしていなかったスペイン王国の第一位王位継承権者の立場となった。だが、打ち続く身内の不幸や夫、フィリップへの不信など心労が重なりその頃、ファナは心身ともに疲れきっていた。ましてスペイン王国の女王の座に就くことなど思いもよらないことであった。ところが、1504年11月のことであった。傷心のファナにまさに追い討ちをかけるかのように今度は彼女の母であり、スペイン女王であるイサベルの死去の知らせが届いたのである。その結果、ファナは夫のフィリップとともに急きょ、故国スペインへ呼び戻され、第一位王位継承権者としてスペイン王国の王位を継承することになるのである。

だがしかし、彼女の悲劇はさらに続く。母、イサベル女王の死という悲しみにまだ心が癒えぬ頃、ある日突然、今度は夫のフィリップまでが原因不明のまま急死してしまうのである。その時、ファナはまだ27歳であった。しかも、後の神聖ローマ帝国皇帝カール5世となる5番目の子供に続き、彼女はフィリップとの間の6番目の子供を宿していた。こうして、母、イサベルの死、そしてさらに夫、フィリップの急死と、思いもよらぬ不幸がたて続けにファナを襲う。身に降りかかる不幸の連続を嘆き、悲しむ日々の中でファナはしだいに冷静さを失い、いつしか焦点の定まらぬ視線をあたりに走らせながら常軌を逸した言動を取ることが多くなっていた。明らかに、ファナは心に変調をきたしていた。彼女にはもう狂うこと以外にこうした絶望と悲しみから逃れるすべはなかったのであろう。やがて彼女は狂気のおもむくままに、さらに奇妙な行動を始める。葬儀も終わりすでに埋葬された夫、フィリップの遺骸を掘り起こすよう命じたのである。そして、ファナは周囲の反対にもかかわらずスペイン王国女王の身分のまま夫の遺骸の入った棺を担ぐわずかな従者と僧侶を従え、王宮を後にして放浪の旅に出ていくのである。棺を担いだ黒装束の行列が粛々とアルランソン川に沿ってカステイーリャ地方の荒野を行く。還るはずもない夫の棺に寄り添いながら、虚ろな表情であてもなく荒野をさまよい歩く女の姿には鬼気迫るものがあったに違いない。ファナは狂気の為すがままに祖国の荒野をさまよいながらも亡き夫への愛憎の念だけはいつまでも消えることなく彼女の胸中を去来していたのであろう。まさに女の情念がこうした行動に彼女を駆り立てていたのかも知れない。遺骸の入った棺とともに荒野をさまよう不気味な一団のことが人々の噂になるにつれ、スペイン女王の体面を汚す行状としてその奇怪な行動を止めるためファナはとうとう捕らえられてしまう。そして、無情にもそのまま彼女はトルデシーリャスの丘の上にあるうらぶれた修道院の奥深く幽閉されてしまうのである。荒野に寒風が吹きすさぶ1509年2月のことであったという。それ以来、46年間ファナは死ぬまでついに一度もそこを出ることはなかった。すでに女王の面影はなくいつしか薄汚れた身なりの老女に成り果てたファナは冷たい石造りの部屋の窓からいつも外の世界をじっと眺めていたという。精神に異常をきたした狂女とはいえ実の娘であり、そして実の母であるファナを死ぬまでトルデシーリャスのうらぶれた修道院に幽閉したのは他ならぬ父のフェルナンド王であり、息子のカール5世であった。

現在のブラジル成立への道程

今日の南アメリカ諸国がそれぞれどのような変遷を経て成立したのか、ここでその誕生までの歩みについて簡単に見ていくことにする。新大陸としての南アメリカ大陸発見以降を南アメリカの歴史と認識するなら、その歴史はかの有名なコロンブスによる新大陸の発見に始まる。それは1492年10月のことであった。現在のバハマ諸島サンサルバドル島に上陸したコロンブスはその大地が当時アジアを意味するインド大陸であると信じ、そこが実は南アメリカ大陸への入り口であることに彼は終生気がつかなかったという。そのため現地で初めて接触した原住民族をインド人と認識し、それ以後この新大陸の原住民族すべてがインデイオと総称されるようになったのである。

それでは最初に、ブラジルの歴史を駆け足で振り返ってみたい。ブラジルの場合、その歴史の流れを簡単に見ていくためには、それぞれの時代ごとに基盤となった主要産業の変遷と、それを担った人種構成の移り変わりを時系列で追っていくことが早道かと思われる。そうすることでこの国が辿って来た歴史と、それぞれの時代の特徴が浮かび上がってくるはずである。まず、各時代ごとの主要産業の変遷を眺めてみると、この国の歴史はパウ・ブラジルと呼ばれる赤い染料を取るための木材を伐採し、それをヨーロッパへ輸出する時代から始まる。いわば、ブラジルの曙と呼ぶべき開拓時代である。そして、次に大農園制度の下、奴隷労働によるサトウキビ栽培の時代を迎える。現在のブラジル社会の風俗習慣はその大半がこの時代に形成されたものであり、この時代が今日のブラジルという国の骨格を作り上げたと言える。それから、次にこの国は内陸部での金鉱脈の発見によるゴールドラッシュという狂乱の時代を経験する。その一攫千金の夢が終わったあとは今日に至るコーヒー栽培の時代へと続くのである。このように、ブラジルの場合はそれぞれの時代ごとに栄えた主要産業の変遷によって歴史を大きく区分することができる。では、次にそれぞれの時代ごとの主要産業を担った人種の移り変わりを見てみると、最初のパウ・ブラジルの時代は原住民族のインデイオが労働力として伐採作業の中心であった。しかし、この時代はあまり長く続かなかった上、彼らインデイオは決して労働に向いた集団ではなかった。次のサトウキビ栽培の時代を支えたのはインデイオに代わってアフリカ各地から連れて来られた数百万人規模の黒人奴隷であった。圧倒的多数の黒人奴隷がこの国に入ってきたことから現在のブラジル人の多くはその子孫として程度の差はあれ、黒人の血を受け継いでいる。そして、その次の金の採掘によるゴールドラッシュの時代に本領を発揮したのは一攫千金を夢見る山師たちで、“ガリンペーロ”と呼ばれていた。彼らの大半は、主にスペイン人やポルトガル人とインデイオの混血であるメステイーソと呼ばれる貧しい農民などであった。その次の時代に移って、コーヒー栽培に従事し、この国を世界一のコーヒー生産国にまで育て上げたのはヨーロッパ各国からの白人の移民が中心であった。そして、その後はヨーロッパをはじめ世界各国からの移民が急激に増大し始め、ブラジルは近代国家への道程を辿って今日を迎えるのである。

一方、そうした主要産業の変遷とともに政治経済体制もまたそれぞれの時代ごとに大きく変化していく。1500年代初頭のポルトガルの進出により始まったこの国の植民地時代は、1808年にポルトガル王朝そのものがブラジルに亡命し、この国にポルトガル王朝が樹立され植民地ではなくなるまでの約300年間続いた。その間の時代は労働力としてのインデイオや黒人奴隷を使役しての収奪的農業を中心とする封建的社会体制であった。その後、ブラジルに本拠を移したポルトガル王朝が支配する帝政時代を迎える。そして、1822年、ポルトガル王朝が本国へ帰還した後も一人ブラジルに残留したドン・ペドロ皇太子がポルトガル本国からの独立を宣言し、ブラジル帝国として完全な独立を果たす。当時、ポルトガル王朝からの干渉や圧力に屈することなくドン・ペドロ皇太子はブラジルの独立を志向し、最終的にはサンパウロ郊外のイピランガーの丘において集まった群衆を前に「独立か、死か！」と叫んで独立を宣言したと言われている。コーヒー栽培が始まったのはこの時代であり、奴隷制度の廃止などブラジルが近代国家としての道を歩み始めた時期に重なっている。さらにその後、時代が下って革命政権や独裁政権の出現など独立国家としての様々な相克を刻みながらこの国は現在の共和制へと発展していく。こうした政治経済体制の変遷はブラジルに限らず基本的には南アメリカ各国にも共通する歴史である。

ペドロ・アルバレス・カブラル

南アメリカ大陸発見のきっかけを作ったのはコロンブスであるが、現在のブラジルの地に最初に到達し、ブラジルを新領土として宣言したのはポルトガル人のペドロ・アルバレス・カブラルであった。カブラルが率いる12隻のポルトガル艦隊は1500年4月22日、現在のバイア州南部の海岸に到着したとされる。その時の様子を記録しカブラルが本国へ送った当時の報告書が今もポルトガルの国宝として保存されている。もともとインドを目指し出航したはずのカブラル一行が偶然たどり着いたのが現在のブラジルであったとされている。しかし、一説によるとポルトガル王室の密命を帯びた新領土の確保を目的とする政略的行動であったとも言われている。16世紀初頭、こうしてカブラルによって発見されたブラジルは前述の通り、パウ・ブラジルの伐採という開拓時代からその歴史が始まる。このパウ・ブラジルはマメ科に属する樹木でブラジル東北部沿岸の森林地帯に広く自生し、ヨーロッパでは古くから赤い染料を取るための原木として知られていた。日本でもその昔、赤色染料を取るスオウという木が知られていたが、パウ・ブラジルと同じ種類の木だと言われている。ちなみに、ブラジルという国名はこのパウ・ブラジルという木の名前から付けられたものである。ただし、パウ・ブラジルの時代はそれほど長くは続かず、伐採が始まってからわずか5、60年後の1560年頃には早や終焉を迎えてしまうのである。伐採の使役に狩り出されたインディオたちが労働力として不向きであった上、当時の輸送船の能力からして年間300トン程度の原木をヨーロッパへ運ぶのが精一杯であり、あまり商売としての旨味がなかったからである。さらに伐採しやすい沿岸部の原木を取り尽してしまい、資源として枯渇してしまったことが決定的な要因となった。こうして、このパウ・ブラジルの交易は一気に衰退してしまう。このようにブラジル開拓史の先導役を務めたパウ・ブラジルの時代は短期間にその幕を閉じてしまうのである。

サトウキビ栽培の時代へ

次に、パウ・ブラジルの輸出という黎明期からサトウキビ栽培の時代へとブラジルの歴史は移っていく。この時代がその後のブラジルという国家を形成する上で最も大きな影響を与えたとされている。実際、この時代に形成された生活様式や風俗習慣をはじめとする様々な社会制度や人々の価値観などがブラジル社会の基礎を形作り、現在でもその多くを随所に確かめることができる。

当時のポルトガル王朝は1530年頃から本格的にブラジル南部海岸地帯の探検を繰り返していた。そして、1532年には最初の植民団400名を現在のサントス港に程近いサンビセンテに送り込み、拠点となる開拓村を開いた。その植民者たちがサトウキビの試植を行い、それがブラジルにおけるサトウキビ栽培の始まりになったと言われている。ちなみに、この最初の開拓村がその後、やや西方に移動して現在のサンパウロへと発展することになるのである。ブラジル南部沿岸地帯で始まったサトウキビ栽培はやがて東北部にその中心が移る。そして、大農園制度の下、黒人奴隷という豊富な労働力に支えられて砂糖の生産ブームが巻き起こり、ブラジルの主力産業へと発展していくのである。当時、年間3000トン近い粗糖がヨーロッパへ輸出され、ブラジル経済に大きな貢献を果たしていた。しかし、一方でこうしたサトウキビ栽培の裏側では農園主による黒人奴隷の酷使、虐待などが常態化しており、拡大する砂糖生産は黒人奴隷たちの犠牲の上に成り立っていた。その後、ブラジルが独立し、奴隷制度も廃止されるや、この暗黒の歴史はすべての記録とともにブラジル史から完全に抹消されてしまうのである。隆盛を極めたブラジルの砂糖生産もやがてヨーロッパ市場での相場の下落や競合関係にあったアンチル諸島の砂糖産業との競争激化などが原因となって、徐々に衰退の道を辿り始める。そして、この大農園制度と奴隷制度を基盤に発展した砂糖産業は約150年続いたその歴史に終止符を打つのである。

この新大陸に進出したポルトガル人たちは元来、農耕民族ではないことから、パウ・ブラジルの伐採にしてもサトウキビの栽培にしても彼らが本来的に目指した事業ではなかったと思われる。彼らがこの新大陸に求めた真の狙いはまさに金銀財宝を手に入れることであり、その在りかを探すことが最大の関心事であったと思われる。従って、砂糖景気の繁栄が終わり、サトウキビ栽培の次に迎えたゴールドラッシュの時代こそが、実は彼らが待ち望んでいた時代の到来であった。

ゴールドラッシュの時代へ

例えば、サンパウロで結成された“バンデイラ”と呼ばれる一団などはまさに金銀の探索を目的とする組織で、彼らは多くのメスティーソたちを引き連れ、黄金の在りかを求めて人跡未踏の奥地に足を踏み入れていた。その行動範囲は実に広範で現在のミナスジェライス州やマットグロッソ州からアマゾン流域やボリビアのアンデス山麓にまで及んだという。当時、その移動経路に沿っていわば中継基地とも言うべき定住地を開拓して、時にはそこで家畜を飼い、農作物の栽培を行いながら長期滞在することもあった。そのため、自然と各地にいくつもの集落が形成されるようになり、それがその後それぞれの地域の中心地として発展する原型となったのである。一方、長期にわたる根気強い探索にもかかわらず、期待したほどの成果はなかなか得られなかった。

ところが、1698年、ついに彼らは現在のミナスジェライス州に探し求めた最初の黄金郷を発見する。そして、その噂はたちまち広がった。するとほどなくして、噂を聞きつけ一攫千金の夢に浮かれてブラジル各地から無数の人々がミナスジェライス州に殺到し、さながら民族大移動のような有様であったという。さらにその後、現在のマットグロッソ州やゴイヤス州では金のみならずダイアモンドまでが発見されるに及んで、農業を捨てた農民たちまでが各地からこの黄金郷を目指して殺到したという。こうして、まさにゴールドラッシュの時代が幕を開ける。ところが、現場の採掘権は一部の特権支配階級が握っており、実際には誰もが黄金の恩恵に与かれるわけではなかった。採掘現場に働く黒人奴隷や下層農民たちは結局、報われることのない過酷な労働と搾取に苦しめられるだけであった。それに対し、金の採掘で巨万の富を築くことに成功した特権階層は事あるごとにヨーロッパから様々な嗜好品を取り寄せたりしながら豪華な邸宅で贅沢三昧の日々に明け暮れていたという。これはかつての大農園制度でのサトウキビ栽培で見られた光景とまったく同じ構図であった。しかし、この黄金ブームも長くは続かず、やがて下火となり1760年頃にはほぼ収束の時を迎える。隆盛を誇った華やかな一時代であっただけに歴史の常とはいえ、この黄金ブームの終焉はひときわ人の世の栄枯盛衰を思わせるものがあった。

コーヒー栽培の時代へ

やがて1800年代に入ると、コーヒー栽培の時代を迎える。ブラジルでのコーヒー栽培は1727年にアラビアコーヒーの苗木がオランダ人によってブラジルにもたらされたことから始まったと言われている。コーヒーの栽培は現在のサンパウロ州を中心に発展していくが、これはコーヒーの栽培に適した“テラロッシャ”と呼ばれるブラジル特有の赤い色をした肥沃な土壌が広がっていたからである。そのサンパウロ州で本格的なコーヒーの栽培が始まったのは1790年頃のことで、その後、徐々にテラロッシャに恵まれた土地を求めてコーヒーの栽培はブラジル各地へと広がっていく。そして、1850年にはブラジルのコーヒー生産量が世界の総生産量の45パーセントに達し、栽培開始から約半世紀で世界一のコーヒー生産国に発展するのである。

コーヒー農園の経営者は“ファゼンデイロ”と呼ばれ、多くの労働者を使っていた点ではサトウキビ栽培や金の採掘と同じであったが、労働力の実体が本質的に異なっていた。すなわち、1850年に発布された奴隷制度禁止の流れを受けて、労働力がこれまでの黒人奴隷から移民を主体とする自由労働者に代わったのである。こうして、コーヒー栽培がブラジルの主要産業の地位を占めるようになるのと同時に、黒人奴隷の代替労働力としてヨーロッパ各国から移民の流入が始まり、その動きは一気に加速されていった。コーヒーという商品経済の時代を迎え、これまでの封建的経済体制から近代的な資本主義経済体制へと時代は大きく舵を切ったのである。かくして、ブラジルは近世から近代へと時計の針を進め、やがて現代を迎えることになる。

ブラジル以外の南アメリカ諸国の歴史的変遷

それでは次に、スペインの植民地として歴史が始まったブラジル以外の南アメリカ諸国はどのような歴史的変遷を経て今日の国家を築き上げたのだろうか。スペインからの独立に至る経緯を中心に各国の成立の道筋を振り返ってみたい。

南アメリカ大陸が発見された15世紀、スペインは国家の統一を果たし、その上、8世紀もの長きにわたって続いたイスラム教徒による支配から脱して国土の回復を成し遂げたことから、まさに国家としての威信と隆盛を誇った時代であった。しかも、同じ新興国家として急速に勢力を伸ばし始めていた隣国、ポルトガルとの覇権争いにしのぎを削る状況でもあった。そのため、スペインは充実した国力を背景に活発な海外遠征を計画しては未知の新大陸へ向かうことになる。新大陸での領土確保とカトリック教の伝道を通して徹底したスペイン化策を推し進めるのが海外遠征に当たっての基本戦略であった。同時に新大陸での金銀財宝の獲得という経済的野望も当然ながらその背後には秘められていた。こうして、1510年頃からスペインの新大陸進出が始まり、カリブ海周辺やメキシコを手始めにスペインの進出拠点がしだいに南アメリカ大陸にも築かれていったのである。

シモン・ボリバールとホセ・サン・マルテイン

南アメリカ各国の誕生に至る歴史は、南アメリカ独立の父としてその名を今に残すシモン・ボリバールとホセ・サン・マルテインという二人の英雄を抜きには語れない。現在でも南アメリカの多くの国で二人の名前が国名や通貨単位、あるいは広場や街路の呼称として残されており、またその銅像も様々な場所で見ることができる。

そのシモン・ボリバールは1783年に現在のベネズエラのカラカスに生まれた。彼は軍人としても、また政治的指導者としても非凡な能力を持った人物であったという。若くして本国スペインに留学し、現地で知り合った同じベネズエラ出身の女性と結婚するが、不運にもほどなくその新妻は亡くなってしまう。その悲しさを忘れるためなのか、ボリバールはやがてのめり込むように独立運動に身を投じ、南アメリカ各国の独立解放に生涯をささげるのである。

もう一人の独立の父、サン・マルテインはボリバールより五年早い1778年に現在のアルゼンチンはミナシオネス州の寒村に生まれた。彼もまた、軍人であった父親の影響で幼い頃から軍人教育を受けて育った生粋の軍人であった。ただ、ボリバールとは対照的に寡黙で目立たぬ人物であったという。しかし、南アメリカ各国を独立に導いた指導者としての彼の理念や統率力はボリバールに勝るとも劣らぬものがあった。

ベネズエラの独立運動

最初に、シモン・ボリバールの故国であるベネズエラの独立運動から振り返ってみたい。この国の独立運動は1810年に“クレオール”と呼ばれるこの新大陸生まれのスペイン人たちが本国の圧政に蜂起し、スペイン本国から派遣されていた植民地政府の行政官を一斉追放したことにその端を発する。本国からの独立を目指す動きが活発化し、ベネズエラ各地に独立運動が拡大する中で情熱と理想に燃えるボリバールはいつしか指導者としての頭角を現し、やがてその反政府独立軍の司令官に指名されるのである。そして、1811年7月5日、独立運動を主導してきたボリバールは植民地議会において一方的にベネズエラの独立を宣言する。しかし、本国のスペインはこれを認めず首都カラカスはスペイン本国軍によって包囲され、反政府独立軍に対する掃討作戦が始まった。こうした状況の下、独立宣言を発したとはいえまだ完全な独立達成には至らず、ベネズエラは事実上、内戦状態に陥ってしまう。自然発生的に結集したにわか作りの反政府独立軍は、やはり物量、士気とも勝るスペイン本国軍の前に劣勢に立たされ、散発的な反撃で抵抗するのが精一杯であった。そこで、反政府独立軍を指揮するボリバールは体勢を立て直し反転攻勢に打って出るためいったん退却することになりベネズエラ国外に脱出する。カラカスを脱出しハイチに逃れたボリバールは精力的に動き、軍資金や軍備を調達するとともに多数の義勇兵から成る援軍を編成して反攻の準備を整えていた。そして、1813年3月、時期到来と見たボリバールは大軍を率いて依然スペイン本国の制圧下にあるベネズエラに再上陸し、進撃を開始する。こうして、ベネズエラの完全な独立を達成するため、ボリバールはふたたびスペイン本国軍に対し戦いを挑むのであった。苛烈な戦闘を次々に撃破しながら、その年の８月に入ってついに反政府独立軍は首都カラカスの奪還に成功する。反政府独立軍が蜂起し、いったんはベネズエラの独立を宣言してからすでに二年近い年月が経っていた。かくして、苦難の独立運動もついに終結の時を迎え、ベネズエラはようやくここに完全な独立を果たすのである。生まれ故郷に凱旋したボリバールはスペイン本国の植民地支配から独立を勝ち取った英雄として、また祖国の解放者としてカラカス市民の熱狂的な歓呼に迎えられたという。

コロンビアの独立運動

ところが、年来の夢を果たしたはずのボリバールの思いは単に故国、ベネズエラの解放、独立だけに向けられていたのではなかった。当時、ニューグラナダと呼ばれていた隣国のコロンビアをベネズエラと同じようにスペイン本国の植民地支配から解放し、独立させることがボリバールにとって次の大きな目標であった。そのため、独立を果たした祖国の国造りには一切関与することなく、ボリバールは次の独立の戦いに向けての準備に専念することになる。そして1817年、イギリスやドイツなどヨーロッパからの義勇兵も加えた解放軍を率いて、ボリバールは勇躍コロンビアへ進軍を開始する。しかし、人跡未踏の密林をかき分けての行軍は困難を極め、兵士達の疲弊は激しかった。その上、途中で待ち受けるスペイン本国軍の迎撃も激しくボリバール率いる解放軍は本格的な戦いを前に多くの犠牲者を出さざるをえなかった。ところが、コロンビアの首都となるボコタ近郊まで侵攻し、そこでの一戦においてなんとかスペイン本国軍を撃破してからは戦況が一気に解放軍側の優勢に傾いていった。その余勢をかって解放軍は一気呵成にボコタに向けて進撃を続ける。そして、首都ボゴタを目前にしての激しい攻防がスペイン本国軍との最後の戦いとなった。その戦いを制した結果、解放軍はついに全面的な勝利を勝ち取るのである。まだそこかしこに硝煙がくすぶり戦乱の跡が生々しいボゴタの中心部へ向かって解放軍の歓喜の隊列が続いた。こうして長年続いたスペインの植民地支配は終わりを告げ、コロンビアはとうとう独立国家として解放されるのである。その後、ボリバールは直ちに臨時政府を樹立し、独立宣言を発して正式にコロンビアという新生国家の誕生を迎える。1819年８月のことであった。

ボリバールの野心「グラン・コロンビア」

祖国ベネズエラと隣国コロンビアの独立解放という偉業を成し遂げたボリバールの戦いはまだ終わらなかった。というのもボリバールの野心と熱情はさらに大きく膨らみ、かねてからの夢であった次なる目標に向かって突き進むことになるのである。その夢とは、コロンビアの隣国であるエクアドルを植民地支配から解放し、独立を果たしたばかりのベネズエラとコロンビアに加えて南アメリカ大陸北部の３カ国を「グラン・コロンビア」と称するひとつの国家として統一することであった。しかし、これはいわばボリバール個人の独断的構想であり、それぞれ別個の独立国家として自立を望むベネズエラとコロンビアの国民にとっては歓迎されざる構想であった。ましてや、そうした構想を知る由もないエクアドル国民にとってスペイン本国からの独立は望んではいるものの、「グラン・コロンビア」としての統合は想像もしていない国家像であった。それでも、今や独立運動の英雄としてその成果に自信を深めるボリバールは強引に自らの計画を推し進める。取りあえず手始めにスペイン本国からの独立を果たしたベネズエラとコロンビアをひとつの国家として統合し、「グラン・コロンビア」という国家を誕生させたのである。そして、その新生統一国家の首都をコロンビアのボゴタに定めた。それから、直ちに議会を制定するとボリバールは腹心の部下であるサンタンデルを首班に指名し、この新しい統一国家の運営を委ねるのである。一方、これで夢に描いていた構想の骨格を築き終えたボリバール自身は、次に「グラン・コロンビア」の最終仕上げとも言うべきエクアドルの解放を目指してボゴタを後にする。さらなる解放と独立に向けての戦いの始まりであった。

エクアドルの独立運動

その頃、エクアドルはスペインの植民地としてスペイン本国軍の支配下にあった。このスペイン本国軍というのは、その大半がアルゼンチンから進軍してきたもう一人の独立の英雄、サン・マルテインに率いられた解放軍によって隣国のペルーを追われ、エクアドルへ逃れてきた軍勢であった。そのエクアドル攻略に当り、ボリバールはまず別動部隊をあらかじめ船でエクアドル南部のグアイヤキル港に派遣し、そこから首都のキトに向かって北上させる作戦を取った。海抜２，850メートルという高さに位置する首都のキトはピチンチャ山がその背後にそびえ立っている。作戦通りグアイヤキルに上陸するや、北上を続けてそのピチンチャ山の山麓まで進軍したボリバールの別動部隊は首都キトへの進撃を前にして決戦の態勢を十分に整えていた。そして、1822年5月24日、別動部隊はいよいよキトを目指して進撃を開始する。しかし、進軍の途中で待ち受けていたスペイン本国軍の反撃に合い、早くも激しい戦闘に巻き込まれた。これはいわばエクアドル解放の命運を分ける天王山とも言うべき戦いであったが、別動部隊は激戦の末にスペイン本国軍を打ち破り、この戦いに勝利を収める。そして、別動部隊は意気揚々とキト市内に向かって最後の進軍を始めた。その頃、まさに時を同じくしてアンデス山脈を越えて陸路、エクアドルに進軍してきたボリバールの本隊が別動部隊より一足先にキトに入った。ベネズエラのカラカスやコロンビアのボゴタでもそうであったようにキト市民はスペイン本国軍を倒したボリバールが率いる解放軍を熱狂的な歓迎で迎え入れたという。こうして、エクアドルもまた待ちに待ったスペイン本国の植民地支配から解放されるのである。

　だがしかし、ボリバールに安息の時はなかった。スペイン本国からの独立に歓喜するキト市民の姿に満足しながらもボリバールにはもうひとつの仕事が残されていた。すなわち、このエクアドルをすでに統一国家としての体裁を整えていたベネズエラとコロンビアに統合させ「グラン・コロンビア」という国家を完成させることである。ところが、エクアドルの場合も事はそう簡単ではなかった。南部のグアイヤキル地方はかねてより隣国のペルーとの統合をむしろ強く望んでおり、「グラン・コロンビア」との統合に賛成するグループとの間で意見の対立が続いていたのである。そのため、収拾のつかないままエクアドルの国論はまさに二分されていた。そうした情勢にもかかわらず、ここでもまたボリバールの決意と意思は固く、あくまでも「グラン・コロンビア」としての統合に固執したのである。何がどうあってもボリバールの方針は変わらないと見たエクアドル側は不本意ながらも自国を独立に導いてくれた解放者の意思に従って結局、「グラン・コロンビア」として統合されることに同意せざるをえなかった。かくして、ボリバールが思い描いたベネズエラ、コロンビア、エクアドルの3ヶ国を統合する「グラン・コロンビア」構想はここに取りあえず完成の時を迎えるのである。

　ところで、本国スペインの植民地支配からの解放を目指して独立の戦いに人生の大半を費やしたボリバールにとって心の安らぐ時はあったのであろうか。独立解放の英雄として血生臭い戦場に身を投じてきたそのボリバールとてやはり人の子であった。スペイン本国軍を駆逐しエクアドルのキト市内へ入城した際、ボリバールが率いる解放軍を熱狂的に迎え入れた群衆の中に終生忘れることのできない一人の女性を見出すのである。若くして妻を亡くしたボリバールにとって、ただひたすら駆け抜けてきたこれまでの日々の中で持てる情熱のすべてを独立運動にかける以外、心からの思いを傾ける対象はなかった。だがしかし、独立解放の戦いに勝利したこのエクアドルの地に彼が忘れかけていた心の高まりを覚える運命的な出会いが待っていた。

その人はマヌエラ・サエンスという26歳の美しい人妻であった。戦いの勝利を祝うパーテイー会場で偶然にもあの群衆の中に見たその人とふたたび出会ったのである。彼女はその美貌と、そして独立運動に対する熱い思いとでたちまちボリバールの心を奪っていた。その頃、たまたま夫との生活に破綻をきたしていたマヌエラにとっても、独立解放という大きな夢を達成した英雄の精気溢れる姿はまぶしいほどに感じられた。やがて、マヌエラはボリバールの愛を受け入れ、二人の恋愛関係は終生続くことになる。才気溢れるマヌエラはその後、独立運動の同志としてボリバールの活動を支え、一方において隣国ペルーの独立運動では献身的な活躍を見せるのである。思えば、まさにスペイン本国の植民地支配に対する独立解放の戦いに人生をかけた硬骨な男の生涯に一輪の花を添えるかのような麗しい恋愛関係であった。

アルゼンチンの独立運動

他方、南アメリカ大陸南部の独立運動はベネズエラやコロンビアなどの北部と同時期の1810年に、アルゼンチンのブエノスアイレスを舞台に始まった。当時のブエノスアイレスはすでに南部の中心都市として繁栄していたが、本国のスペインや時にはイギリスの干渉で自由な貿易を許されず市民の不満が高まり、植民地支配からの解放と独立を求める気運が盛り上がっていた。そうした情勢の中でアルゼンチン生まれのスペイン人であるクレオールの民兵を中心に各州ごとの自治を求める動きが日増しに強まっていく。そのため、植民地議会においてもスペイン本国による支配体制の是非が議論の対象となっていた。ところが、ちょうどその頃、本国のスペインはまさにかのナポレオンが率いるフランス軍に攻込まれて南部のセビリア地方を占領され、混乱状態にあった。そのため、はるか遠い海外の植民地の統制に乗り出せるような余力を欠いていた。そこでこの機に乗じて、クレオール主体の民兵軍は攻勢に打って出て、植民地議会に圧力をかけながら各州ごとに暫定議会を設置することを認めさせるのである。さらに、各州が連合し、連邦制国家としての独立を目指す方向へ展開していく。そして、ついに1816年に至り、各州の代表が北部のツクマンに集まり、そこで開催された国民会議において憲法を制定すると共に独立宣言が行われた。アルゼンチンはここに一応の独立を果たすことになる。ところが、実際にはこの時点ではまだ独立国家としての全体的なまとまりや政治的な合意に欠けており、しかも影響力のある中心的指導者も不在で実態は無政府状態に近かった。そうした混沌とした国情の中で、植民地政府の軍事部門を取り仕切っていたサン・マルテインが登場する。しだいに頭角を現し存在感を持ち始めたサン・マルテインは、それが運命であるかのように植民地解放の指導者としてやがて独立運動を主導するようになる。まさにもう一人のボリバールの出現を見るようであった。彼は生粋の軍人であるだけに本国スペイン軍との戦いに勝ち、アルゼンチンの独立を完全なものにするためには、まず軍事力の拡充が必要とかねがね考えていた。そのため、サン・マルテインは独立宣言に先立つこと二年前の1814年頃から、実はすでに民兵組織の軍隊化や軍備の充実に専念していたのである。一方、独立宣言後も国内の政治的混乱が続いた大きな理由は国家の運営路線を巡って中央集権的統治を支持する派閥と連邦制統治を支持する派閥との対立が依然くすぶっていたからであった。しかし、ほどなく中央集権的統治を目指すリバダビアが初代大統領に就任するに及んでアルゼンチンの政治的混乱もようやく収束に向かう。そして、名実ともに独立国家としてのアルゼンチンが誕生する。こうして母国の完全な独立達成をしかと見届けたサン・マルテインは最早、自分自身の役割は終わったものと感じていた。もっとも、アルゼンチンのその後の歴史は平坦なものではなく、隣国のウルグアイやブラジルとの領土紛争を始め、連邦国家主義者であるロサス大統領による独裁的恐怖政治が約20年に渡って続くなど紆余曲折に満ちた歴史を辿ることになる。自らの使命を果たし終えたサン・マルテインにとってそうした母国の行く末など知る由もなく、かねてから心に決めていた次の仕事へ向かうことになる。次の仕事とは隣国のチリや、当時スペイン本国が南アメリカ大陸での植民地支配の拠点としていたペルーの解放、独立のための戦いであった。

チリの独立運動

チリにおいても、1810年頃から他のスペイン植民地と同じようにクレオールを中心に独立を求める人々が活動を始めていた。アイルランド人で初代チリ総督を務めたアンブロシオ・オイギンスを父とするベルナルド・オイギンスがその中心的リーダーであった。チリにおいては、中央集権統治派と連邦制統治派との対立は見られなかったが、独立運動の主導権をめぐる内部抗争のため一体化しておらず前途多難な状態にあった。チリの国内状況を知ったサン・マルテインはオイギンスの活動を助けチリの独立を実現させるため1817年初頭、援軍を率いてチリへ向かうことを決意する。独立したばかりのアルゼンチン政府もまた隣国、チリの独立運動に対する連帯と支援を決議しサン・マルテインに多くの軍事物資を供与した。こうしてサン・マルテイン率いる約5000の兵力からなる援軍はチリを目指して出発する。ところが、チリに入るためには厳しい寒さと戦いながら峻厳なアンデス山脈を踏破しなければならず行軍は困難を極めた。難行苦行の末、アンデス山脈を越えてようやくチリ領内に到達した時には軍馬や装備の大半を失っていたという。これから始まる戦いを考えると大きな痛手ではあった。

それでも突然のサン・マルテイン軍の出現に不意を突かれたチリのスペイン本国軍は反撃の態勢を取れないままじりじりと敗走を続けた。サン・マルテイン率いる援軍はスペイン本国軍を追い詰めていく。そして、最後の決戦となったチカブコの戦いにおいてスペイン本国軍をほぼ壊滅させ、サン・マルテイン軍の勝利は決定的となった。彼はそのまま一気に軍勢を進めて首都のサンチャゴに攻め入り、ついにチリの解放に成功する。サン・マルテインの援軍を迎え入れたサンチャゴ市民は喜びを爆発させ、その市民の歓呼の中で独立運動を指揮してきたオイギンスは新生国家の国造りへ向けての決意をあらたにするのであった。こうして、1818年3月、チリの独立が達成され、チリの植民地時代は終りを告げたのである。独立を果たしたばかりの自治政府はこの解放の英雄をチリの初代大統領に推挙するが、サン・マルテインは固辞しその役割をオイギンスに託した。彼にはさらなる任務が待っていたからである。

　サン・マルティンは独立を果たしたチリにその後約二年間滞在したが、その間チリの国家統治には一切関与することなく次の目標であるペルー解放の戦いに向けた準備に専念していた。解放軍の軍備を整え、軍事訓練を重ねてペルー進攻の時に備えていたのである。そして1820年、ついに遠征の時を迎えた。サン・マルティンは解放軍を率いて海路、チリを出発しペルーの解放、独立のための戦いに向かったのである。

ペルーの独立運動

　ペルーは当時、この新大陸における植民地支配の拠点としてスペイン本国の完全な支配下にあり、スペイン国王の名代である副王が君臨していた。そのため他の植民地とは異なり特に目立った独立運動は存在せず、ペルーのクレオールたちにはスペイン本国の植民地支配に反旗をひるがえすような気運はなかった。

　一方、船でチリを出発したサン・マルティン率いる解放軍はペルー南部のピスコに上陸した。そして、そのまま一路首都のリマを目指して進軍を始める。ペルーにもいよいよ風雲急を告げる事態が巡ってきた。こうした情勢に呼応してようやくペルーにおいても独立に向けた運動が芽生え始める。その上、ひたひたと迫り来る精強な解放軍の接近に脅威を感じたスペイン植民地政府は解放軍との和睦を求めてサン・マルティンとの交渉を試みようとする。しかし、それは無駄な努力であり、結局のところ植民地政府には解放軍との決戦か、さもなければ植民地支配から撤退しペルーの独立を認めるか、そのいずれかの選択肢しか残されていなかった。スペイン植民地政府はしだいに焦燥感を強めていた。そのうち、敵前逃亡のごとくリマを脱出する者も出始め、スペイン植民地政府は混乱の様相を深めていく。さらに、浮き足立ったスペイン本国軍の一部もまた北上してペルーから隣国のエクアドルへと退却し始めていた。ペルーにおけるスペインの植民地支配は最早、崩壊寸前という状態であった。このような情勢の下、弱体化し完全に統制力を失った植民地政府はなすすべもなくサン・マルティン率いる解放軍が首都のリマに入ることをとうとう認めざるを得なくなった。こうして解放軍は組織立った抵抗を受けることなく1821年7月、ついに首都リマに入った。そして、その直後の7月28日にはペルーの独立が宣言され、ここにスペインの植民地支配は終わりを告げるのである。

ちょうどその頃、エクアドルの解放、独立を成し遂げたばかりのボリバールがエクアドル南部の港町グアイヤキルに滞在していた。そのエクアドルと国境を接する隣国ペルーの解放を果たし、今まさに首都リマに進駐してきたばかりのサン・マルテインに対しボリバールは同じ独立解放運動の同志として互いの協力関係を確認するため会見を申し込んだ。祖国アルゼンチンをかわきりにチリ、ペルーと北上しながらそれぞれの国を独立に導いたサン・マルテイン、そして一方、祖国ベネズエラをかわきりにコロンビア、エクアドルと南下しながらそれぞれの国を独立に導いたボリバール。同時代にそれぞれ別個に南アメリカ諸国の解放、独立運動に献身したこの二人の英雄が奇しくも出会うことになったのである。

この歴史的な会談は1822年7月の26日と27日の両日にわたってエクアドルのグアイヤキルで行われた。会談に先立ち催された宴席で二人は示し合せたかのように互いの偉業を称え合い、乾杯を繰り返したという。この会談は南アメリカの歴史上、最も記念すべき重要な出来事のひとつとして南アメリカの歴史にその記憶が永遠に刻まれるに違いない。

この歴史的会談の後、サン・マルテインは自らの力で植民地支配からの解放を成し遂げたペルーの国家建設には関与することなく独立解放運動の同志であるボリバールに後を託すと、なぜかあわただしくチリを経由して祖国アルゼンチンへ帰って行った。大きな目的を果たした歴史的英雄にとって最早、時代が求めた自らの役割は終わったことを一人悟ったのかも知れない。かくして、サン・マルテインはその後二度と歴史の表舞台に登場することはなかった。その一方、もう一人の英雄、ボリバールの方はサン・マルテインの後を継ぐかのように1823年ペルーに入った。そして、ペルー建国に力を注ぐとともに生涯最後の仕事としてさらなる目標であるボリビアの解放、独立に向けた戦いの準備を進めていた。

ボリビアの独立運動

ボリビアにおいても1808年頃から他のスペイン植民地と同様、クレオールを中心に本国スペインの植民地支配からの独立を目指す動きが活発になっていた。そして、1809年にいったんは一方的な独立宣言が発せられたが、むろんスペイン本国はその独立宣言を認めず混乱が続いていた。やはりボリビアはまだ完全な独立には程遠い状態であった。そうした中、ペルーにいて機をうかがっていたボリバールは1824年、いよいよ行動を開始する。配下のスクレ将軍を指揮官とする解放軍をボリビアへ向けて出立させたのである。アンデス山脈の難所を越えてボリビアに入った解放軍はただちにスペイン本国軍の掃討を開始する。しかし、スペイン本国軍の執拗な反撃を受けて一進一退の攻防が続き簡単な戦いではなかった。それでも勇猛なスクレ将軍が率いる解放軍の奮闘は目覚しく同年12月には最後の戦いに勝利し、スペイン本国の支配勢力をこの国から一掃することに成功する。その結果、ボリビアはようやく完全な独立国家として再出発する時を迎えたのである。独立宣言を発してから約16年後の1825年1月のことであった。この国は独立と同時に、まさに独立解放の父であるボリバールの名前を取って「ボリビア」という国名にしたのである。それからまた、ボリバールの名代として解放軍を指揮しこの国の完全な独立達成に貢献したスクレはその後、ボリビアの初代大統領に就任しそのままこの国の国家建設を担うことになるのである。

パラグアイとウルグアイの独立

ところで、南アメリカ大陸におけるスペイン支配下の諸国の中でその独立解放運動に独立の父、ボリバールやサン・マルテインがまったく係わることのなかった国としてパラグアイとウルグアイがある。歴史的に両国ともいわばアルゼンチンとブラジルという南アメリカの二大強国の緩衝地帯という立場にあり、パラグアイはアルゼンチンの支配下に置かれ、またウルグアイはブラジルの政治的影響下にあった。そのため、この両国においてはスペイン本国に対する直接的な独立運動という展開を見せることはなく、それぞれアルゼンチンとブラジルの政治的支配から脱却するための戦いがそのまま独立運動につながっていた。パラグアイとウルグアイの場合はその当時、他の南アメリカ諸国と同じようにスペインの植民地としてその支配下にありながら、同時にそれぞれアルゼンチンとブラジルの属領と見なされてもいた。そのため本来の支配者に対する独立運動の前にまず克服すべき相手が目の前に立ちふさがっていたのである。両国はまさに小国であるがゆえの悲哀を甘受しながら他の南アメリカ諸国とは異なる歴史的経緯をたどらざるを得なかった。

パラグアイでは1700年代の初頭から中頃にかけて「コムネロス革命運動」と呼ばれるスペインの植民地支配に対する最初の抵抗運動が発生し、その後の独立に向けての伏線となった。1800年代に入りアルゼンチンを支配していたスペイン植民地政府はパラグアイを含む広大なラプラタ地域全体を支配下に置き、「ラプラタ連合」というひとつの統治組織に編成することを画策していた。しかし、パラグアイはそうした方針に同調せず1810年頃から事実上、アルゼンチンの支配下から離脱し、独立を目指す動きを加速させていた。そのため、1811年にはそうした動きを押さえるため二度にわたりブエノスアイレスから遠征軍が派遣され、パラグアイ側の分離独立運動を鎮圧しようとしたのである。ところが、尚武の気性に富んだパラグアイ側の抵抗振りは勇猛果敢で二度とも遠征軍を撃退してしまった。その結果、アルゼンチンとの関係はそれまでの主従関係から同等の立場に変化し、アルゼンチンの支配下から完全に離脱したのである。そして、同年5月にはついに念願の独立を宣言するに至った。

一方、ウルグアイはパラグアイと同じように1811年頃から独立を求める民族運動が胎動し始めてはいたが、その当時は本国ポルトガルからの独立を果たし王政を敷いていたブラジルの支配下に置かれていた。そして、独立運動が本格化しないうちに1821年には一方的に国土全体がシスプラチナ県と名付けられてブラジルの領土に編入されてしまったのである。これに対し、さすがのウルグアイ側も独立へ向けての気運が一気に高まり、急きょホセ・アルテイガス将軍を指導者とする独立軍を編成し、ブラジル帝国に対する独立戦争を決意する。その上、この大国を相手とする独立戦争での必勝を期すためウルグアイは一計を案じ、ブラジルとは宿敵のライバル関係にある隣国のアルゼンチンの支援を仰いで独立の戦いを挑むことになる。両国の緊張関係が極に達した1827年、先手を打ってブラジルの方からウルグアイに対し宣戦布告がなされ、本格的な全面戦争に突入した。ブラジル軍との戦いではチャルーア族というウルグアイの原住民族が一種の傭兵として徴用され、その勇敢な戦い振りが多くの戦果を残した。しかし、このチャルーア族の兵士たちの戦い振りがあまりにも勇猛であるためブラジル軍に恐れられるほどで、皮肉なことにその勇敢さが逆に危険視され後にウルグアイ政府によって抹殺される運命を辿ることになる。ともあれ、多くの犠牲者を出しながらもブラジル軍を撃退し、この戦争に勝利したウルグアイは1828年についに独立を達成する。南アメリカ最後の独立戦争であった。

1810年頃から南アメリカ大陸全土に広がり始めたスペインによる植民地支配からの独立を目指す戦いもいよいよ終わりに近づいていた。スペインがこの新大陸での植民地支配の拠点としたペルーにはその後もわずかながら落ち延びたスペイン本国軍の一部が残存していた。独立を果たしたばかりの隣国のエクアドルから転進してきたボリバール配下のスクレ将軍が率いる解放軍はその最後のスペイン本国軍を掃討するため、アヤクチョ近くの高原で一戦を交えることになる。追い詰められたスペイン本国軍の反撃は激しく、凄惨な戦いとなった。しかし、解放軍はこの戦いにおいても勝利を収め、植民地支配を支えてきたスペイン本国軍はついにこの新大陸から完全に姿を消したのである。この戦いを最後に3世紀にわたって続いたスペインの植民地支配は幕を閉じ、ここに現在の南アメリカ諸国の原形が形作られたのである。その後、独立した各国はそれぞれの道を歩み始めるが、ボリバールが執念を燃やしたあのグラン・コロンビアだけは結局、10年も経たずにベネズエラ、コロンビア、エクアドルの3カ国に分裂してしまうのである。

ボリバールとサン・マルテインの最期

南アメリカ各国の独立に大きな足跡を残したボリバールとサン・マルテインの二人はともに植民地支配からの解放を唯一の目的とし、それだけが自らの使命と決めていたのであろうか。結局、二人ともいずれの国においても、独立後の国家統治に係わることはついになかった。本国の植民地支配に対する解放闘争においては二人とも非凡な指導力を発揮しながら独立後の新生国家の国造りにおいては何ら見るべき貢献をしていない。二人ともそれぞれ独立運動の偉大な英雄であり、優れた軍人ではあったが決して政治家ではなかったと言えるのかも知れない。また、こうした歴史的功績にもかかわらず二人とも、その晩年はある意味で失意に満ちたものであった。なぜか二人とも人知れずひっそりと歴史の表舞台から消え去ってしまったのである。

サン・マルテインはペルー解放後、いったんは故国アルゼンチンへ戻ったが、すでに妻はこの世になく、しかもスペインの植民地支配からの解放という歴史的偉業に対する賞賛の声も少なく傷心のまま娘を連れてヨーロッパへ渡る。そして1850年、アルゼンチンへの郷愁を胸にフランスで一人寂しくこの世を去ったという。その遺骸が故国アルゼンチンへ帰還したのは30年後の1880年のことであった。

一方、ボリバールもまた、ペルーからいったんは故国へ戻ったが、グランコロンビアは内部抗争が激化するばかりで統治不能に陥りつつあった。サン・マルテインと同じように故国ではすでにその名声はなくボリバールも失意のままヨーロッパへ向かう。だが、その旅行の途中、1830年12月チフスに罹り、コロンビアのサンタマリアで誰に見取られることもなく一人寂しく世を去ったという。

一時代を築き、新大陸の歴史を飾った英雄たちにしては二人ともその使命を果たした後の日々は孤独で、あまりにもあっけない幕切れであった。ある意味で歴史的英雄たちにとってはそれが宿命であるのかも知れない。とはいえ、この二人の英雄がその生涯を捧げた独立の戦いは不滅の偉業として今も南アメリカ各国の歴史に深く刻み込まれている。

人種と言語

ラテンの血を受け継いで

４系統に分類できる人種

現在、南アメリカ大陸に住む人々を人種別に大別すると４系統に分類することができる。すなわち、先住民族としてコロンブスの南アメリカ大陸発見以前からこの大陸に住んでいたインディオと総称されるモンゴロイド系人種。それから、この新大陸に　最初に進出してきたスペイン人やポルトガル人を中心としてその後、移民としてヨーロッパ各国からやって来た白人。さらに、1500年代の中頃から始まった奴隷貿易によりアフリカ各地から連れて来られた黒人。そして、それぞれの人種間における様々なタイプの混血人種。これら４系統である。

歴史上、この大陸に最初に出現したのは言うまでもなく先住民族たるインディオである。その人種的起源についてはいくつかの学説があるものの、約１万5000年前から２万年くらい前にアジアからベーリング海峡を渡って北アメリカ大陸に移動し、さらに中南米各地に広がっていったアジア人種であると言われている。その証拠に新生児には今でもしばしば蒙古斑が見られる上、身体的特徴がアジア人種に極めて近いということが指摘されている。実際、彼らの顔かたちは日本人にもよく似ており、街中でわが同胞かと見間違うような顔つきの人物に出会うことも珍しくはない。彼らは、人種系譜的に見るとツピーグワラニー族、ケチュア族、アイマラ族といった代表的な部族を始め大小様々な部族から構成されている。メキシコのマヤ帝国やアステカ帝国、あるいはペルーのインカ帝国などのように高度な文明を持った古代帝国を築き上げたインディオ部族もかつては存在したが、南アメリカ大陸の先住民族はその多くが近代に至るまで石器時代そのままの狩猟採集生活を営む未開の民族であった。現在でもなおアマゾン奥地には文明社会との接触をかたくなに拒否し、石器時代そのままの生活を続けている少数部族がいくつか存在することが確認されている。

余談になるが、数年前まさにそれを裏付けるかのような事件が発生している。一連の国土開発計画の中で、基幹プロジェクトとしてブラジル政府が特に力を入れている計画に「トランスアマゾニカ」と呼ばれるアマゾン横断道路の建設がある。その工事現場である日突然、作業員たちが密林に潜む正体不明のインデイオ部族から毒矢による襲撃を受けたのである。この現代に正体不明の原始部族から突然、毒矢の襲撃を受けるというまさに過去へタイムスリップしたような出来事が実際に起こったのである。そのこと自体、驚くべき衝撃的な事件ではあるが、また同時に文明と人間のあり方という現代社会が抱える課題について考えさせられる象徴的な出来事でもあった。考えてみると、これまで密林の奥で人知れずひっそりと自分たちの生活を守って生きてきたこのインデイオ部族にとっては、国家的な開発計画であるにせよ、それは単に自分たちの生活環境を破壊する蛮行でしかなく、何ら利益をもたらすものではない。その意味で、彼らの原始的な毒矢による襲撃は、開発という名の下に進行する環境破壊や文明社会の侵略に対する体を張った捨て身の抗議であり、抵抗であった。そして、これはまさに現代文明のあり方に対する警告を意味しているようにも思われるのである。ところが、それに対して現代文明に生きる我々はまだ適切な回答を見出していない。

今や、インデイオたちにとって自然のままに先祖伝来の生活を続けるのか、あるいは文明化して現代的な生活に転換するのか、どちらかの道を選ばなければならないが、いずれの道が賢明な選択であるのか誰にも判らない。それは、やはりあくまでも彼ら自身の選択に委ねるしかないのであろうか。未開のアマゾンの地も開発が進むにつれ、しだいに生活圏が狭められて昔ながらの風俗習慣を守って暮らす純粋なインデイオ部族はもうほとんど絶滅しかかっているという。

一方、この問題に対しブラジル政府はインデイオ保護局という政府機関を設けて様々な保護対策に乗り出しており、献身的なインデイオ保護官たちの熱意と努力が一部で成果を上げてはいる。とはいえ、国土の開発と先住民族の保護という相対立する課題を前にすると保護官たちの崇高な使命感をもってしてもやはり時として無力感に陥るのだという。大多数のインデイオの末裔がすでにそうであるように、やはり彼らは好むと好まざるとにかかわらず早晩、自分たちの伝統を捨て、靴を履き洋服を着て現代文明の一員としてその坩堝の中に溶け込まなければならないのかも知れない。

他方、いうなれば侵略者としてこの南アメリカ大陸へやってきた白人たちは当初、スペイン人とポルトガル人がほとんどであった。しかし、1800年代の中期以降は、ヨーロッパのその他の国々からの移住も本格化し始め、移住者の数が増大するとともに、急速に人種、民族の多様化が進んでいった。1850年、黒人奴隷の輸入が正式に禁止されると、その黒人労働力の肩代わりとしてスペインやポルトガルはもとより、ドイツ、イタリア、フランス、ポーランド、ロシアなどヨーロッパ各国からの白人移住者が多数、流入し始めた。中でもドイツとイタリアからの移民が多く、1824年に始まったドイツからの移民は最盛期には年間2万人以上に達した。また、イタリアの場合はやや遅れて1886年に移民が始まったが、最盛期には年間13万人以上の移民が南アメリカ各国に流入したという。

そして、1900年代に入ると今度は日本を始め中国、韓国などアジア諸国やシリア、レバノン、トルコなどの中近東諸国からの移住も開始され、これまで白人だけであった移民層に新しい系統の移民が加わることになった。こうして、まさに人種の坩堝といわれる社会が構成されていくが、特にブラジルにおいてその傾向が顕著であった。ちなみに、これまでブラジルへ移住した移民の出身国を調べてみると、実に100カ国以上に及んでいる。例えば、1973年の統計によるとその前年は38カ国からの移民がブラジルへ移住しているが、その中でも特にアメリカからの移民が一番多いという事実は予想外であり、いささか興味深い。

一方、その他の南アメリカ諸国、とりわけアルゼンチン、チリ、ウルグアイなどの国々においては状況がやや異なり、スペイン、イタリア、ドイツなどヨーロッパからの移民がほとんどで純粋な白人国家と言ってもいいほどの人種構成となっている。

次に、黒人もまた南アメリカにおいては重要な社会構成要員であり、今ではブラジルやベネズエラのように黒人もしくはその混血が人口の大半を占めているという国もある。黒人は、もともと奴隷貿易という人身売買によって、いわば生きた商品としてアフリカ大陸から強制的にこの新大陸へ連れてこられた悲劇の集団である。その屈辱と怨念の歴史は今も消えることなくこの社会の根底に潜在している。この黒人奴隷という人格を剥奪された労働者の集団はいつ頃、そしてどこからどのように連れてこられた人々であったのか、ここでその暗黒の歴史を詳しく見てみることにしたい。

黒人奴隷の歴史

そもそも黒人奴隷の歴史が始まったのは一体いつ頃からであろうか。記録によるとそれは、ブラジル東北部沿岸でサトウキビ栽培が開始された時代とほぼ同じ頃であると言われていることからして1500年代の中頃かと思われる。場所は現在のペルナンブコ州やバイア州などブラジル東北部の沿岸部であったとされる。スペインやポルトガルからの侵略者たちは当初、新大陸の開拓に当たる労働力として原住民のインデイオを使うことを考えていた。ところが、インデイオたちは別の世界からやって来た見知らぬ支配者に対し服従することなく反抗的である上、密林の奥で狩猟採集生活を営んでいる彼らは組織的な集団労働には不向きであった。さらにまた、インデイオたちはスペイン人やポルトガル人がヨーロッパから持ち込んだ病気に対する免疫力がなく、次から次と感染しては簡単に死ぬことが多かったという。そのため、新大陸の侵略者たちは、大西洋を挟んで対岸のアフリカ大陸に代替労働力を求めることにして、黒人奴隷の導入という非道な手段を計画することになる。

当時、ポルトガル王室などは奴隷制度を公認しており、正式に認められた奴隷商人が多数、存在していた。そして、その奴隷貿易の実態というのは誠に非道でおぞましいものであった。まず、黒人奴隷の確保は通常、奴隷商人の手先である専門の捕獲業者が直接手を下す。巧妙な手口で黒人という生きた商品を大量に仕入れては依頼主の奴隷商へ引渡すのである。黒人奴隷を捕獲する方法というのは、ひとつはまず特定の黒人部族を金品で買収し、懐柔して手なずける。そして、その上で買収した部族に他の黒人部族を襲撃させ、奴隷狩りを行わせるのである。こうして他の同じ黒人部族に捕えられた黒人たちはそのまま全員、奴隷という商品として捕獲業者に引取られていく。またもうひとつは、異なる黒人部族同士をけしかけて互いに戦わせ、どちらか負けた部族の全員を奴隷として捕獲するというものであった。どのような方法によるにせよ、捕獲された黒人たちは奴隷の集積地であるナイジェリア、ルアンダ、モザンビークなどの港にいったん集められ、そこで奴隷商人に売り渡されるのである。奴隷となった黒人たちは体に目印の焼印を押された後、奴隷運搬船に積み込まれる。運搬船の多くは100トンから200トン程度の小型帆船で、老若男女そして出身部族の別なく全員が一緒に薄暗く狭い船倉に閉じ込められた。奴隷の積み出し港を出発し、南アメリカ大陸の陸揚地へ向かう約1ヶ月間の航海中は十分な食物も与えられず、その上ひどい暑さと排泄物や汚物の臭気とで船倉は地獄さながらの状況であったという。そのため、病人が出てもむろん治療は受けられず、ひとたび伝染病でも発生し病気が蔓延したとしてもまったくなすすべはなかった。病死するものが出ても、まるでゴミでも捨てるかのように死体をそのつど海上へ投棄するだけのことであった。こうして、陸揚げ港に到着するまでに死亡する黒人奴隷はかなりの数に達し、多い場合は一航海で半数以上が死ぬこともあったという。目的地であるブラジル東北部のレシーフェやサルバドールなどに到着し、陸揚げされた黒人たちはそのまま奴隷市場に送られる。そして、そこではじめてまともな休養と食物を与えられて体力の回復を計り、商品価値がついたところで売りに出されるのである。黒人たちは男も女も、そして老いも若きも奴隷市場でセリに賭けられ、主にエンジェーニョと呼ばれるサトウキビ農場を経営する大農園主などに買い取られていった。

買い取られた奴隷たちは農園主の邸内で一見、家族の一員であるかのごとき扱いを受けるが、実際は所有者のほしいままに酷使される奴隷でしかなく、正当な人間としての存在を認められるものではなかった。男の奴隷は農作業など重労働に従事し、女の奴隷は炊事や農園主の子供の世話など、家事全般を担当した。また、農園主の妻が出産すると黒人の女が乳母としてその乳児を育てるのが当時の習慣であった。農園主一家の台所を取り仕切るのも彼女たちの役目であり、アフリカ伝来の調理法をブラジル社会に定着させる背景となった。ブラジルでは現在でも黒人女は料理上手というのが社会通念となっている。

一方、そうした黒人女たちのうち、若くて健康な女奴隷は時として農園主にとって思いのままになる格好の性の対象でもあった。普通、女奴隷に対する農園主の不品行はいわば公然の秘密として正妻も黙認し、表沙汰になることは少なかった。ただし、その不品行も度が過ぎるとやはり正妻の嫉妬を買い、虐待されたり、まれには虐殺される女奴隷もいたという。そうした不始末の結果、農園主と黒人女の間に生まれた子供たちはその農園の一族郎党として育てられ、小さいうちは正妻の子供の遊び相手などを務める。そして、やがて成人すると他の黒人奴隷と同じように忠実な下僕として農園主に仕え、農作業などに従事するのである。

一般的に、黒人奴隷たちは従順でおとなしく、勤勉でさえあったという。その上、北アメリカの黒人奴隷が置かれていた立場とは多少様相が異なり、南アメリカの場合、農園主の白人と黒人奴隷の間には絶対超えることのできない決定的な境界が必ずしもあったわけではない。ある意味で苦楽を共にする一種の主従関係というような側面も見られたようである。とはいえ、いったん黒人奴隷に不正や反逆、あるいは逃亡などがあった場合は事態は一変し、残虐な処罰が待ち受けていた。例えば、空腹のためわずかばかりの食物を盗んだというようなささいな過ちでさえ、みせしめの意味もあり、むごたらしい罰が加えられたという。まして、逃亡のような事態が発生した場合は、逃亡奴隷の捜索、捕獲を専門とする凶暴な一団がまさに草の根をかき分けるようにして追跡する。そして逃亡者を捕まえると、容赦なく生き地獄のような体罰を加えた。結局、そうした追手を逃れて逃亡に成功するケースは極めて少なかったという。

思えば、とがめられるべき因果もなく囚われの身となって酷使され、虐待され、陵辱され続けたこの黒人たちの不幸な歴史の背後に存在するものは、いわば西欧文化の負の側面とも言うべき一種の偽善性と排他性にほかならない。しかも、こうした奴隷制度自体が本来人間愛を標榜する当時のカトリック教徒によって支持され、その正当性すら認められていたという。とすれば、崇高であるはずの宗教の教義というものも、やはり一定不変の教えではなく時として時代に迎合し、人間の恣意的な都合によって歪曲されるものであることを歴史は教えている。

黒人奴隷とサンバのリズム

一方、黒人奴隷は自分たちが置かれたこうした非条理に立ち向かうため、いつしか様々な対抗手段を編み出していた。そのひとつは、刹那的な享楽に陶酔することによって現実を忘れ、束縛から逃れることであった。それはやがてあの情熱的なサンバのリズムへと発展していく。激しいステップに身をゆだねながら、束の間の魂の解放に浸るのである。また、虐待や制裁などの暴力から自らを素手で守るため、一種の護身術として日本の空手にも似た“カッポエーラ”と呼ばれる格闘技が編み出された。ところが、最近ではその本来の目的が忘れられ、もっぱらその型の動作が踊りとして演じられることが多い。そのため、今ではあたかも黒人の伝承芸能のひとつであるかのように変貌してしまい、ビリンバウと呼ばれる弓のような弦楽器の音色に合わせて跳んだり、はねたり軽快なパーフォーマンスが繰り広げられる。

それから、さらに別の形による対抗手段としては、心の安息と解放を願ってただひたすら神に祈ることであった。そこから、カンドンブレ、ウンバンダ、カテインボー、キンバンダ、シャンゴなどと呼ばれるアフリカ由来のいくつかの土俗的な黒人密教が派生するのである。そうした心の安らぎを願う祈りは、一方で抑圧者に対する激しい怨念や憎悪の思いも募らせ、やがて呪いの祈りへと変質していく。死の呪術ともいわれる“マクンバ”などは相手を呪い殺す秘儀として黒人たちの間では今も密かに伝えられているという。そして、最後の対抗手段は抑圧者に対する究極の抵抗として自らの命を絶つことであった。奴隷制度という非条理に対し黒人たちはまさに自らの死をもって立ち向かったのである。

最初の黒人奴隷がこの新大陸に陸揚げされた1500年代から、その輸入が禁止された1850年までの約300年間にいったいどれくらいの黒人奴隷が連れて来られたのであろうか。それについては、北アメリカに輸入された黒人奴隷の数から類推して同じくらいの約500万人前後と推定されてはいる。だが、今となっては正確な総数を知る方法はまったくない。というのも、当時、成立したばかりのブラジル共和国政府の命令により奴隷輸入に関するすべての記録が焼却されてしまい、奴隷貿易といういわば恥辱の歴史はブラジル史から完全に抹殺されてしまったからである。それは奴隷の解放が全面的に実現した直後の1890年のことであった。

では次に、こうした黒人奴隷はアフリカのどの地域から連れて来られた、どのような種族の黒人たちであったのかを見てみたい。しかし、これについても記録が現存しないため推測の域を出ないというのが実情である。ただ、現在も残されている黒人社会の様々な風俗、習慣などの文化的要素を調査した結果、大別して３系統の部族であることが推定されている。つまり、ひとつはハウサ族、マンデインガ族などと呼ばれるナイジェリア北部に住むギニア・スーダン系の黒人群である。それから同じナイジェリアのヨルバ族やリベリア、黄金海岸、象牙海岸などに住む諸族を含めたスーダン系の黒人群である。そして、もうひとつはアンゴラやコンゴのバンツー系黒人群ということになる。このように黒人と言っても決して同一の種族ではなく、互いに言語や風俗習慣が異なっており、その文化レベルも多様であった。中には、白人の主人を凌ぐような学識を持ち合わせた黒人奴隷グループさえ見られたという。ちなみに、スーダン系黒人群の言語であるナゴー語などは、つい最近までブラジル東北部の高齢の黒人たちの間では日常的に話されていたとされ遠い祖先の故郷の痕跡を今に残していた。

ともあれ、奴隷として連れて来られた黒人たちの子孫である現在の南アメリカの黒人たちに、彼らの祖先が味わった暗い過去や悲しい歴史の影を見ることは最早ほとんどない。たとえ、リオデジャネイロの貧民街として知られている“ファベーラ”や、ベネズエラの首都カラカスのスラム街などに象徴されるような黒人社会の貧しさは今も厳然として存在するにしても、南アメリカ世界の今を生きる黒人たちはあくまでも陽気で屈託がない。歴史という時の流れが旧弊を洗い流し、彼らの受難の時代はすでにはるか遠い日の記憶にしか過ぎないのかも知れない。

人種構成を複雑にするメステイーソの存在

ところで、人種や民族の坩堝と言われる南アメリカ社会の多様な人種構成を考えてみると、人種構成をさらに複雑にしているのがいわゆる“メステイーソ”と総称される混血人種の存在である。これこそまさに現在の南アメリカを代表し、かつ南アメリカを象徴する人種であると言えるかも知れない。とりわけ混血が進み、その混血形態が複雑なブラジルを例に取ると、基本的な混血の組み合わせとして４つの形態に分類することができる。まず、白人とインデイオの混血で、“マメルーコ”と呼ばれている。歴史的には、一番最初に出現した混血の組み合わせであり、ブラジルはもとより南アメリカ各国に最も一般的に見られる混血形態である。次は、白人と黒人の混血で“ムラート”と呼ばれ、いわば奴隷制度の落とし子とも言うべき存在である。奴隷労働が導入されたブラジル東北部やベネズエラなど南アメリカ大陸の北部に多く存在する。それから次に、黒人とインデイオの混血となるが、“サンボ”とか“カフーゾ”と呼ばれている。他の混血の組み合わせに比べるとその数は少ない。さらに最後に、白人、黒人、インデイオの三人種の混血形態があるが、これは“ジュサーラ”

と呼ばれ、混血が進んでいる現在では一番数が多いと思われる。

しかし、以上の４形態はあくまでも基本的な組み合わせの分類であり、実際はそれほど定型的なものではない。ことに近世以降、異人種間の混血に加えて混血同士のさらなる混血も進んでいるため今や混血の形態を分類すること自体が厳密には不可能であり、あまり意味のないことと思われる。

何世代にもわたる混血の繰り返しの結果、例えば白人同士の夫婦に突如として黒い肌の子供が生まれるというようなこともあるらしく、時として思わぬ悲喜劇を引き起こしたりすることもあるという。今や、混血の繰り返しが予想もつかない隔世遺伝を出現させるのである。また、その逆の例もあるという。祖父は黒人、そして父は黒人と白人の混血であるいわゆるムラート、しかし３代目の本人は外見的には紛れもなく白人といった具合である。人類学的な見地からすると、混血が深化するにつれ有色人種の血が次第に拡散し、いわば人種の漂白過程とも言うべき人種の白人化が進行すると言われている。これはその学説を裏付ける事例のひとつかも知れない。

ところで考えてみると、ブラジルを始め南アメリカ諸国では北アメリカと比較し、なぜ異人種間の混血がこのように自然にしかも広範に進んだのかという点が興味深い。その理由を考えてみるといくつかの要因が浮かび上がってくる。

ひとつはラテンアメリカに進出したのがアングロサクソン系の民族ではなくスペイン人やポルトガル人が中心のラテン系民族であったという点にその理由を求めることができる。というのは、彼らの出身地であるイベリア半島はかつてイスラム教徒であるサラセン帝国の支配下に置かれ、もともと北アフリカの血も混じった混血社会であり、スペイン人にしろポルトガル人にしろ初めから異民族に対する抵抗がなく人種的偏見の少ない民族であったということである。さらに、新大陸へ渡ってきた彼らはもとはといえば、この新天地で一旗上げようという貧しい冒険者の集団であり、家族を帯同するような者はなく、大半が単身であった。そのため現地の女性と交わりやすい環境にあったと言える。その上、彼らの本国であるスペインにしてもポルトガルにしても、もともと人口が少ないためこの広大な新大陸の開拓に当たる人手を多数必要としていた関係上、本国政府が植民地政策のひとつとしてそうした現地での結婚による人口の増加をむしろ積極的に奨励していたという背景もある。

それから次に、この新大陸にもたらされた宗教そのものの世俗的な性格にも混血化を促進した要因のひとつがあるものと思われる。というのは、カトリック教徒であるラテン系民族は、例えば、北アメリカに移住したあの清教徒たちとは対照的に宗教的戒律を守り厳格な自己規制で身を律するというような精神風土に欠けていたことである。つまり、別の言い方をすれば彼らの宗教であるカトリックは道徳的な倫理観に則した潔癖で慎ましやかな生活信条を当時、それほど厳密には求めていなかったのであろう。この新大陸のカトリック教徒たちは当時、神の教えに背くことさえあまり躊躇することなく誰もが人間の本性や欲望のままに行動し、ある意味で自由奔放に女性との関係を持ったのである。そればかりか、聖職者たるカトリックの司祭や神父でさえこの新大陸においては時として煩悩に惑わされ、堕落してしまうような有様であったという。

さらに、社会学的見地からこの南アメリカ世界を見てみると人種に関する社会構造そのものが混血に対して寛大であり、混血社会を容認する図式になっていると言える。例えば、北アメリカでは人種区分の基準は白人か有色人種か、特に白人か黒人かという二者択一的な判別方法であり、それが社会通念として確立されている。従って、白人でなければ有色人種であり、有色人種でなければ白人ということになるが、多少でも黒人の血が混じっている場合は外見はどうあれすべて黒人として分類されてしまう。こうした、いわば二人種関係とも言うべき社会においては、相互に融合することなく離反し合う傾向が強いので混血を生じることは少ないと思われる。ところが、南アメリカは人種区分の基準が画一的な判別によるのではなく、異人種間の中間型をも認める多人種関係の社会である。そのため、例えば白人と黒人の混血であればそれはそれでひとつの人種タイプとして認知し、分類するのである。南アメリカにおいては“メスティーソ”という混血人種を総称する言葉が存在する通り、混血の形態がどうであれ混血人種も正式な社会的存在として認められており、人種区分のひとつを構成するのである。また、たとえ混血であっても外見上の特徴が白人に近ければ、その場合は白人として分類してしまうようないわばご都合主義も一方では見られる。考えてみると、このような社会に人種間の断絶が生じる理由はなく混血が進んでいくのも自然なことと思われるのである。

ポルトガル語とスペイン語

さて、次にここで南アメリカにおける言語に関して触れてみたい。南アメリカは広大な大陸であり、10カ国もの独立国家に分かれているにもかかわらず、ブラジルのポルトガル語以外はすべての国においてスペイン語が共通の公用語として用いられている。しかもポルトガル語にしてもスペイン語にしても地域や国のちがいによる方言差はほとんど認められない。それからまた、スペイン語とポルトガル語はもともとその起源を共有する同じ語族に属する近似言語であるため、その関係は外国語同士というよりむしろ一種の方言同士と言っていいくらいに近い関係にある。従って、お互いにそれぞれスペイン語とポルトガル語で話をしても通訳なしで十分意思の疎通は可能である。

スペイン語とポルトガル語はともにラテン語、正確にいえば俗ラテン語を共通の祖語とし、そこから枝分かれして今日のそれぞれの言語に発展したものである。この俗ラテン語から派生した言語をロマンス語系と総称し、スペイン語、ポルトガル語の他にフランス語、イタリア語、ルーマニア語なども同じ語族に属している。

最初はローマ人によってイベリア半島にもたらされたこの俗ラテン語は長い歴史的な変遷を経て今日のスペイン語とポルトガル語に分化し、発展してきたが、その過程において異文化との接触により語彙などの面で大きな影響を受けている。つまり、8世紀初頭、アラビア人がイベリア半島に侵入し約3世紀にわたって半島全体がイスラム文化の支配下に置かれたため特にアラビア語の影響を強く受けている。現在のスペイン語とポルトガル語にはその名残が色濃く残っている。当時のイスラム文化のレベルの高さを反映して生活用語を始め商業用語、土木用語、工芸用語、軍事用語など数多くのアラビア語の語彙がスペイン語とポルトガル語それぞれに取り入れられている。例えば、“Algebra”（代数学）のように“AL”という接頭語のついた単語の大半はその一例で、アラビア語に由来している。

もともと同じ言語を共通の起源とするスペイン語とポルトガル語はいつ頃から今日のようなスペイン語とポルトガル語とに分化したのであろうか。いまだ明確な定説はないが、ポルトガル語の方から見てみると、文献上の記録から判断してそれは16世紀以降のことと考えられる。1502年から1536年頃にかけて多くの戯曲を創作し、ポルトガル文学史上に名を残すジル・ビセンテという作家がいる。その作品などを見るとポルトガル語で書かれているものがあったり、スペイン語で書かれているものがあったり、さらにはその両方が混じり合って書かれているものがあったりする。ということは、少なくとも当時はまだ現在のようにスペイン語とポルトガル語の間にはっきりした区別がなく、それぞれ独立した言語という意識はなかったものと思われる。従って、今日のようにスペイン語とポルトガル語とが別の言語として人々が意識し、使い分けるようになったのは歴史的にはジル・ビセンテの時代以降のことと考えられるのである。

一方、スペイン語の方を見てみると、現在のようなスペイン語が文典や辞典の形で現れ、近代言語として正式に整理、確立されたのは1770年から1780年頃の18世紀後半になってからで、カステイーリャ地方の方言を基準にして成立したものであるとされる。そして、それが正式なスペインの国語として制定されたのは19世紀も中頃の1857年のことである。このように、ポルトガル語もスペイン語もその起源は古くローマ時代にまで遡るが、それぞれに分化して現在のような言語になってからの歴史は極めて新しい。

現在、ブラジルで用いられているポルトガル語は本国ポルトガルのポルトガル語に対し発音や語法の面でかなりの相違が見られ、その差は近年ますます大きくなりつつあると言われている。発音上の差異については、もともとヨーロッパという風土に発生した言語が熱帯の新大陸にもたらされ、数百年にわたってまったく異質の環境下で用いられてきたこと、しかも異民族が混住する社会の中で他の言語の影響も受けながら用いられてきたという歴史的経緯にその原因があるものと思われる。また、語法の違いについては、原住民族インデイオの土着語であるツピー語や黒人奴隷の移入に伴ってもたらされたアフリカ諸語の影響が大きいとされている。現に、ブラジルでは今日なおインデイオの土着語やアフリカの様々な言語を語源とする単語がポルトガル語として日常生活の中で数多く常用されている。特にアフリカの影響は顕著で、ブラジルの言語学者の研究によれば単に語彙の面だけではなく発音の面においてもその影響が認められるという。

本国ポルトガルのポルトガル語とは次第にその距離を広げつつあるブラジルのポルトガル語であるが、今や本来のポルトガル語とは別種のいうなればブラジル語とでも言うべき言語に変貌しつつあると言える。また実際、現在のブラジルにおいては自分たちの言葉をポルトガル語と呼んではいるものの、一方で自分たちの母国語はポルトガル語とは別個の言語であると意識する風潮がとみに強まっている。昨今のブラジルの国際的地位の向上とあいまって、そこにはブラジル人の言語的ナショナリズムや本国ポルトガルからの言語上の独立という国民的意識の高まりを見ることができるのである。

他方、ブラジル以外の南アメリカ各国において公用語として用いられているスペイン語の方は発音や語法の面で本国スペインのスペイン語とは多少の違いはあるにせよ、基本的には本来のスペイン語の姿をそのまま温存していると言える。これはスペインの植民地時代に行われた徹底的なスペイン化政策の結果、言語を含め本国スペインの遺風が広く定着したことによるものと思われる。また、南アメリカにおいて今日スペイン語を用いている国々の多くが、ブラジルの場合とは異なり気候風土的に本国スペインとはそれほど大きく隔たった環境ではないということもひとつの要因であるかも知れない。ことに、アンデス山脈周辺のエクアドル、ペルー、チリ、アルゼンチン、ボリビアの各国およびパラグアイ、ウルグアイなどは気候風土的にヨーロッパに近い環境にあるとも言える。

もっとも、本国スペインの正統なるスペイン語の立場からすると、新大陸へ伝わったラテンアメリカ諸国のスペイン語は同じスペイン語であっても、その位置付けや評価がいくぶん異なる。スペイン本国では、ラテンアメリカ諸国のスペイン語を総称して“アメリカニスモ”、つまりアメリカ方言と呼び、本国のスペイン語とは一線を画しているのである。それは、まさに英国のキングスイングリッシュと米国のアメリカ英語との関係に似ている。さらに、南アメリカの場合、国によっては本国スペインではすでに死語となった用語が使われていたり、本国では使わないような独特の表現法を用いたりすることがあるため、例えばアルゼンチンのスペイン語なら“アルヘンテイニスモ”、チリのスペイン語なら“チレニスモ”と、それぞれを区別して呼んだりもする。それに対し、ラテンアメリカ諸国側は、逆に本国スペインとの正統的一体性を求めて自分たちの母国語をあえて、正統スペイン語を意味するカステイーリャ語と呼んだりするのである。ブラジルの言語ナショナリズムとはまさに好対照で、スペイン語を母国語とするラテンアメリカ諸国には、ほとんど言語ナショナリズム的風潮や言語上の独立志向は見られない。

現在、南アメリカ諸国においてはポルトガル語とスペイン語が共通の公用語ではあるが、そうしたヨーロッパからの外来言語が伝えられる以前から存在していた先住民族の言語が例外的に一部の国々では今も生きている。例えば、パラグアイにおいては少なからぬ国民が現在もインディオ部族の土着言語であるグアラニー語を日常生活の中で使っており、スペイン語とともにパラグアイの正式な国語となっている。そのため、ラジオやテレビなどはスペイン語とグアラニー語の二重言語放送である。また、ペルーにおいても山岳部や農村地域を中心にインカ人の末裔とされるインディオたちの間では今もケチュア語が日常的に使われており、スペイン語との二重言語生活をしている。ケチュア語は、かつてアンデス山脈一帯の広大な領土を支配したインカ帝国の時代に使われていた言葉であり、帝国滅亡後も生き残ったインカの末裔たちにより語り伝えられ、今日に至るまでその命脈を保っている。こうした土着の言語は民族の財産として世代から世代へ意識的に継承していかなければ時代の推移とともに廃り、やがては消え去る運命にあるものと思われる。実際、地球上に存在する約6000種類といわれる世界の言語のうち大多数が近い将来、確実に衰滅すると言われている。南アメリカの場合、もしグアラニー語やケチュア語に代表される先住民族の伝統的言語が廃る時があるとすれば、それは同時に先住民族の最後の文化遺伝子までが完全にこの大陸から消え去る時であろうと思われる。

聖書によれば、太古の昔、天にも届くようなバベルの塔を築こうとした人類は神の怒りを買い、それ以来この世は様々な言葉に分けられてしまったとされる。そのため、人々はお互いに意思の疎通ができなくなってしまったのだという。まさにその神話の通り、世界には多数の様々な言語が存在するが、違いこそあれ言語としての優劣や良否の差など、もとよりあろうはずはない。文化とはその民族の生活様式であるように言語とはその民族の表現様式である。従って、いかなる言語であれそれを母国語とする人、あるいはそれを学ぶ人にとってはそれぞれに愛すべき美しい言語であるに違いない。例えば、愛を語るフランス語が詩的で人の心を魅了するように、あるいはまたアラーの教えを説くアラビア語の読経には俗世を超越した荘厳な響きがあるようにどの言語にもそれぞれ文化や伝統が育んだ固有の美しさや特徴がある。とすれば、ポルトガル語やスペイン語もまた同じで、言語としての魅力という意味では決して他の言語にひけを取るものではない。特に、ポルトガル語は私にとって当然ながら愛着のある美しい言語である。

手前味噌で独断的な解釈をすれば、ポルトガル語というのは一面でフランス語のような柔らかい響きを持ちながら、素朴で軽快でもある。どの単語も原則として語尾から２番目の母音にアクセントがあるためポルトガル語の響きは余韻を感じさせ、聞く者の耳に心地よい印象を与える。また、ラテン系の言語には共通の要素であるが、文法的に２つの大きな特徴があり、ある意味でそれがポルトガル語の魅力ではないかと私には思える。

そのひとつは言葉の説明や修飾の仕方である。つまり、ポルトガル語では、形容詞のようにある事物や現象を修飾する言葉は通常、形容すべき対象となる言葉の後ろに来るのである。例えば、日本語でも英語でも「美しい花」という語順の表現になるところが、ポルトガル語では「花・美しい」という語順になるのである。ポルトガル語の場合、このようにまずある事物なり現象なりを表わす言葉が最初に表現され、それからその対象を形容する言葉が後から付け加えられるのである。これは、単に言語学上の表現方法の違いというより、思考方法の違いを反映しているのではないかと思われる。というのは、ラテン系以外の言語ではある事物や現象を表現する場合、その対象となる事物や現象と、それを形容する印象、感想、認識などが同時にひとつの表現として表わされるはずである。しかも、対象を修飾する言葉は先に来るのが普通かと思われる。それに対して、ポルトガル語では表現しようとする事物や現象に対する形容の仕方を最初から特定の言葉で固定するのではなく、まず対象となる事物や現象を規定した上で、それを形容するのにふさわしい言葉を選択し、追加表現するという手順を踏むわけである。言い換えれば、対象となる事物や現象が何であれ、それを形容する言葉はいつも選択的で自由に表現する余地が残されていると言える。従って、喜びや悲しみ、あるいは感動や落胆といった感情の伴う表現などではそうした特徴がひときわ効果的な印象をもたらすのである。そこには、言葉を大切にし、表現はいつも豊かで、かつ適切でなければならないとする弁舌の民、ラテン民族の伝統が生きているのである。

それからもうひとつは、ポルトガル語というのは日本語もそうであるように、特に主語がなくても文章として成り立つ構造になっている。それは、ポルトガル語の場合、すべての動詞が人称や時制に対応して細かく変化するため動詞の語尾によって、その文章の主語が明らかになるからである。特に強調する必要がある場合以外は主語を省くことが普通である。文法という共通の約束事に従って動詞を変化させることで、会話においても主語を明言することなく語られる主体が彼なのか、彼女なのか自然に認識できるのである。常に主語を明示し、主体を特定しなければならない言語とは違い、ポルトガル語の場合、特に主語がなくても暗黙のうちに共通認識や相互理解が可能となる。“誰が”という主語をいつも掲げてあからさまな主張をする必要がないので、時には抑制の効いた、そして時には含みのある表現で人間関係を包み込んでいく。その意味でポルトガル語は幅のある、奥行きをもった言葉と言えるような気がするのである。その上、たったひとつの動詞で主語はもとより、それが現在のことなのか、過去のことなのか、あるいは未来のことなのかまで認識できるので論理的な表現にも適した言語と言える。

とはいえ、文法体系がまったく異なる日本語を母国語とする者にとっては、動詞ひとつで主語から時制の違いまで表現できるポルトガル語の文法はいささか難物である。初めてポルトガル語を学ぶ者は複雑な動詞の変化に誰もが泣かされ、途中で挫折しそうになるものである。しかし、語学の習得に王道はない。美しい言葉を手にするためにはやはり地道な努力を継続する以外に方法はないと覚悟すべきであろう。

ところで、ラテン系言語の良さは、それぞれに共通の起源から発生しているだけに何語であれ、どれかひとつラテン系の言語を身につけると特に学習することなく他のラテン系言語もある程度は理解できるという点である。例えば、スペイン語が判ればポルトガル語もイタリア語も一定の理解は可能である。特にスペイン語とポルトガル語の関係は極めて近く、いうなれば日本での関東弁と関西弁の違い程度の関係であり、互いに同じ言語の方言同士と見ることさえできる。例えば、スペイン語を話すアルゼンチンで外国人である日本人がポルトガル語で話をしても意思の疎通は可能である。恐らくアルゼンチンの人々は外国人の変則的なスペイン語と受け止め、それがポルトガル語であるとは気がつかないかも知れない。逆にポルトガル語を話すブラジルで外国人がスペイン語で話をしても同じ状況になるであろう。

そもそも、スペイン語とポルトガル語は基本的に文法構造が同じであるだけではなく、単語の多くもだいたい共通である。特に専門用語や概念を表すような単語で普段それほど使わない言葉は、多少スペルの違いはあっても、ほぼ同一である。ただし、日常生活で頻繁に使う言葉ほどまったく異なる表現となる。例えば、「ありがとう」とか「さようなら」といった挨拶の表現などは、スペイン語では「Gracias」、「Adios」であるのに対し、ポルトガル語では「Obligado」、「Ate logo」といった具合でまったく関連性がない。この現象は、生活の中でよく使う言葉ほど時代や環境の変化による影響を受けて変わりやすいのに対し、日頃あまり使わない言葉はいつまでも変わることなくそのまま残るためなのかも知れない。

スペイン語に比べて、ポルトガル語というのは日本人にとって今も昔もそれほど馴染みのある外国語とは言えないであろう。しかしながら、考えてみると歴史的には、日本人が始めて接したヨーロッパの言語がポルトガル語であり、その関係は非常に古い。海外との接触がほとんどなかった中世から近世にかけての日本にとってポルトガルは鉄砲を始め、西洋の高度な先進文明をもたらした歴史的な先進国であり、当時の日本に与えた文明的影響は極めて大きい。また、ポルトガルは様々な文明の利器とともに日本にポルトガル語という外国語を持ち込み、その時代の日本語に少なからぬ影響を与えることになったのである。現在、日本語として日常的に使われている言葉の中にもその頃伝えられたポルトガル語の単語がそのまま日本語化して残っている言葉をいくつも見出すことができる。例えば、パン、カステラ、テンプラ、タバコ、コップ、ランプ、ボタン、サンダル、カッパ、ビー玉、襦袢などはそうした一例である。このように日本人が日常、無意識のうちに使っている言葉の中にも数多くのポルトガル語が生きており、遠い日のポルトガルとの交流を今に伝えているのである。

南アメリカ各国、とりわけブラジルとの関係、交流が今後ますます拡大するとすれば、歴史の中に埋没し日本人が忘れかけていたポルトガル語をあらためて今日的視点から見直す必要があるものと思われる。

文化および社会

人々の日常風景

宗主国からもたらされた多様な文化や生活習慣

すでに見てきた通り、15世紀末の南アメリカ大陸発見以来、この新大陸はスペインとポルトガルの植民地としてその支配下にあった。そしてその植民地時代は、1810年から1824年にかけて南アメリカ全土に広がった幾多の独立戦争によって各国が独立を果たすまで約3世紀にわたって続いた。その間、本国たるスペインとポルトガルからはこの新大陸に様々な文化や風俗習慣がもたらされた。言語や宗教といった基本的な民族文化を始め生活風習、思想、科学技術さらには政治制度や行政組織といった社会制度にまで及び、それらは新天地での生活を確立し、社会や国家を形成するための基盤となったのである。その中でも特に言語と宗教は、今日のラテンアメリカ諸国全体をひとつの文化圏として捉えるならば最も特徴的な共通要素と見ることができる。世界的にはヨーロッパであれ、アジアであれ、いずれの地域においても同じ文化圏の中に異なる言語を話し、異なる宗教を持つ民族同士が混在するというのが一般的であるが、ラテンアメリカ世界においてはすべての地域で同じ言語を話し、同じ宗教を信奉している。その意味では、ラテンアメリカ世界は極めて均一性の高い同質の文化圏であると言うことができる。南アメリカでは言語についてはポルトガル語を話すブラジル以外はどの国もみな同じスペイン語を公用語としており、また宗教については一部の土着的信仰を除いて、すべての国がカトリック教を信仰するカトリック教徒の国である。とりわけ、共通の宗教であるカトリック教はどの国においても人々の日常的な行動規範として日々の生活を律しており、その教えや精神が社会の隅々にまで浸透している。そうした意味で、カトリック教はラテンアメリカ世界においては、いわば生活の基盤を成す文化そのものと言っていいのかも知れない。

カトリック教の存在

南アメリカ諸国では、どの町でもどの集落でもだいたい教会を中心に街並が広がっている。しかも、カトリック教会がその町で一番大きく立派な建物であることが多い。また、ブラジルのサルバドールやペルーのリマ、あるいはアルゼンチンのブエノスアイレスなどのように歴史の古い都市の場合、ちょうど日本の奈良や京都の神社仏閣と同じで教会の数が非常に多く、ひとつひとつ訪ね歩くと一年以上かかってしまうというようなことが言われるほどである。そうした数多くの教会の中でも、格別に由緒のある教会として、あるいはその建物自体が価値のある教会として、その名を知られたカトリック教会がどの国にも必ずいくつか存在する。

例えば、ブラジルのサルバドールにあるサンフランシスコ教会などはそのひとつである。教会内部の巨大な壁面を飾る彫刻などすべてに金箔が施され、鈍い金色に輝くいわば黄金の教会である。くすんだ金色が薄暗い空間に輝き、その黄金の静寂と荘重な雰囲気には無言の威圧感があり、思わず圧倒される。ブラジルの最初の首都として栄えたサルバドールはまた、黒人奴隷の集積地として繁栄を極めた場所でもあった。時代の贅を尽くして建てられたこの教会は、その長い歳月の中で歴史的古都としての栄光と、そして忌まわしい奴隷貿易の虚栄とを見続けてきたに違いない。

ペルーのリマにも歴史的な教会がある。市の中心、プラッサ・デ・アルマス広場に面してカテドラルという大聖堂がそびえ立っている。この教会には、南アメリカの歴史の１ページを狂気と鮮血で汚した一人のスペイン人が、安らかな永遠の眠りを与えられることなく、今なおその遺骸を好奇の視線にさらされながら横たわっている。その名をフランシスコ・ピサーロという。金銀財宝への欲望から、謀略、破壊、略奪、殺戮を繰り返した果てにインカ帝国を滅亡へと追いやった張本人である。だがしかし、ピサーロ自身も金銀財宝を手にすることなく、やがて内輪もめから仲間のスペイン人によって殺されてしまう。1541 年 6 月 26 日がその命日と記録は伝えている。人の世の因果応報を物語るかのようにこの残虐な侵略者は悲劇的な最期を迎え、歴史の舞台から消えていった。ピサーロ亡き後、この平和な帝国もまたふたたび姿を見せることはなく、約500年にわたって築いたその高度な文化も豊かな社会も、そして輝かしい伝統も地上から永遠に消え去ってしまったのである。今、この教会に集まる人々は眼前に置かれた棺に横たわる遺骸をどのような思いで見ているのであろうか。

アルゼンチンのブエノスアイレスにも大聖堂、カテドラルがある。この教会にも、ラテンアメリカの歴史に大きな足跡を残した一人の英雄が眠っている。アルゼンチンに生まれ、やがてスペインからの独立運動に身を投じて母国アルゼンチンを始め、チリとペルーの独立をも勝ち取ったサン・マルテインがその人である。同時代にベネズエラ、コロンビア、エクアドル、ボリビアそれぞれの独立を勝ち取ったベネズエラのシモン・ボリバールとともにラテンアメリカ独立運動の父と称される英雄であることはすでに見てきた通りである。五月広場、プラッサ・デ・マイヨに建つこのカテドラルの中に入ると正面には美しいキリストの壁画があり、右手には教会が建てられた1827年から絶えることなく燃え続けてきた永遠の炎がゆらめいている。入り口のそばには参拝者に何かを訴えかけるかのように生々しい十字架のキリスト像が立っている。正面に向かって礼拝用の座席が並び、人影もない聖堂は寒々しい薄明かりの中、深い静寂に包まれている。この神秘な空間に身を置くとたとえ異教徒であっても敬虔な祈りの世界に誘われてしまうのである。

ラテンアメリカ社会にあっては都市はもとより密林の奥地であっても、およそ人間の集落がある限り教会があり、教会を中心に人々の生活が営まれている。日曜日にはだれもが教会へ行き、神への祈りを捧げる。カトリック教徒としての宗教儀式であると同時にそれは生活上の勤めでもある。カトリック教はその教義自体は比較的簡明であるが、戒律、儀式といった宗教生活の実践には厳格である。神の教えに背くことは罪であり、日々の生活の中にもその厳格な戒律の一端を垣間見ることができる。

例えば、そうした事例のひとつとして、その昔、アルゼンチンのある日本人入植地で日曜日の朝から開拓作業に精を出していた日本人移住者が突如、地元の警察に逮捕されるという事件が起こったことがある。神の教えに背き、安息日である日曜日にもかかわらず働いていたというのが逮捕の理由であったという。宗教心の薄い日本人にとっては想像もつかない出来事である。

また、カトリック教徒にとって神の教えは生活の掟でもある。例えば、いったん結婚した夫婦はいかなる理由があっても離婚することは許されない。というのも、神の前で永遠の愛を誓った者同士の愛の破局は、つまり神への背信にほかならないからである。ラテンアメリカ社会ではだれもがこの世に生を受けると教会で洗礼を受け、やがて神の前で永遠の愛を誓い、そして最後は神の祝福を受けて天国へ旅立って行く。結局、カトリック教徒は、神の下に生まれ、そして神の下に一生を終えるのである。

このように宗教が日々の生活の根底にあるラテンアメリカ社会では宗教的理念が人々の価値観や考え方を強く支配しているのは当然のことと言える。

例えば、その興味深い典型的な事例のひとつをブラジル東北部の貧困社会に見たことがある。それはどのようなことかというと、炎天下の路上で恵みを乞う物乞いたちの仕事振りにさえカトリックの精神が生きているということである。

路上に座り込んだ物乞いの姿そのものは万国共通と思われる。小銭を受けるお椀のような金属製の容器を足元に置き、通行人が前を通るのを待っている。そして、みすぼらしい哀れな姿に少なからぬ人たちが次々と小銭を投げ入れていくため、やがて容器には小銭の山ができる。何気なくそうした彼らの様子を観察していると、ここから先がまさに予想外の行動で、新しい発見であった。

つまり、日本人の発想ならば、稼ぎがたくさんあることを知られるのは得策ではなく、人の哀れを誘うためにはむしろ容器を空にしておく方が賢明と考えるに違いない。容器がいつも小銭で一杯になっていて、稼ぎが十分あると見えれば普通は素通りする通行人が増えるからである。日本の場合は、稼いだ小銭はすぐに自分の懐に隠し、稼ぎが十分ないことを装うのが正しい戦法と思われる

ところが、ブラジルの物乞いたちはその営業手法がまさに逆なのである。うずたかく盛り上がった小銭の山をひけらかすように堂々と商売道具の器を路上に鎮座させ、さらにその盛り上がり方が足りないと見ればすでに稼いだ分まで足して小銭の山を築く。そして、通行人が前を通るたびにその小銭の山を突き出し、これほどたくさんの恵みがあったと誇

示してみせるのである。もしそれを横目に見ながら小銭も出さず通り過ぎる不心得な通行人でもいると、何事かブツブツ呟きながらまるで威嚇するかのように小銭の山をガチャガチャと揺すって施しを催促するのである。

「罰当たりめ！　わしは貧しい物乞いだ。皆がこんなにいっぱい施しを恵んでくれている。それなのにお前はなんだ、一銭も置いていかないとは神さまを冒涜する気か！」とでも彼らは呟いているに違いない。

カトリック教の世界においては、持てる者が持たざる者に恵みを与えるのが当然の義務であり、それは神の教えでもある。従って、例えば、人に施しを与えられるような身分ではない者でも相手が自分よりさらに貧しければ当然のごとく、なけなしの小銭を恵むのである。カトリック教の教義を十分認識し、理解しているかどうかは別にしても、ラテンアメリカ世界では老若男女、あるいは貧富の違いにかかわらず誰もが神の教えに忠実なのである。

そしてまた、街中を走るタクシーが教会の前を通り過ぎる際、運転手が車の中からハンドルを握る片手で胸に十字を切っている姿を見かけることがあるが、そうした光景はまさに人々の信仰心が意識や行動と一体化していることの証であり、日常生活の中でごく自然に目にするカトリック信者としての振舞いである。

それでは、なぜ宗教がひとつの社会的風土としてこのようにラテンアメリカ世界に深く定着したのであろうか。ひとつには、この新大陸にスペイン人やポルトガル人が進出して以来の歴史的、政治的背景や、カトリック教徒であるスペイン人やポルトガル人の風俗習慣にその要因を見出すことができる。当然、それも大きな要因であることは確かであるが、しかし、それだけでは十分な回答とは言い難いように思われる。

考えられることは、アラブ世界がそうであるようにラテン民族の特性として例えば、人間の力では克服できない自然や運命といったものに対して、結果はすべて神のおぼし召しによると割切ってしまう人生観や世界観が関係しているのではないかということである。この世には人智の及ばぬ超自然や超論理の世界が存在することを初めから認め、物事は成るようにしか成らないという考え方である。そうした一種の諦観、あるいは達観の延長線上に神を信じ、神に依存する精神風土があり、それが宗教を必然的な規範として受け入れる下地になっているのではあるまいか。また、別の角度から考えると、ラテンアメリカ世界の特徴とも言うべき奔放な楽天主義や享楽的な刹那主義もある意味で、そうした諦観や達観に通じるところがある。つまり、明日のことなどは誰にも判らない、知っているのは神さまだけである。それならば、“ケセラセラ”で今日を、そして今を楽しく過ごした方が賢い、ということになるのである。

ラテンアメリカ特有の楽天的民族性

このように、ラテンアメリカ世界においてはその文化も社会もカトリック教の宗教的理念や宗教的規範を基本に成り立っており、人々の信仰心も厚い。しかしながら、その一方で、ラテンアメリカ特有の楽天的民族性は宗教というものが持つ厳格な教条主義をも巧妙に形骸化し、自分たちの生き方がその教義や戒律に反することのないように都合よく現実的解釈で辻褄合わせをしている側面も認められる。とはいえ、神の教えがすべてを支配するイスラム世界と同じように、ラテンアメリカ世界の日常に占める宗教そのものの重さは絶対的であり、宗教が果たす役割までが損なわれるようなことはない。ただ、イスラム世界との対比で違うとすれば、現実の生活において宗教というものをどのように取り込み、どのように対処するかという点に大きな違いが見られる。というのは、ラテンアメリカでは人生を楽しく生きるということが絶対的価値であり、大前提である以上、神の教えも時には現実に対して寛大な解釈に姿を変えざるをえないのである。そして、いつしかそうした現実的解釈が広く容認され、暗黙のうちにひとつの了解事項として定着していくのである。

例を挙げれば、ブラジルには“デスキターダ”と呼ばれる女性が数多く存在するが、これは完全に夫と別居し、二度とその夫と生活を共にすることのない女性たちのことである。すでに述べた通り、カトリック教の教えではいったん結婚した夫婦はいかなる理由があっても離婚することは許されないことになっている。ところが、“デスキターダ”のように結婚しながらも別居して暮らす女性が多数存在するという点がまさにラテンアメリカ流処世術が生み出した宗教の教義に対する現実的対処法のひとつなのである。つまり、別居という形を取ることで事実上、婚姻関係を解消し、離婚という直接的な神への背信を避けるのである。ラテンアメリカ社会においては、こうした方法で巧妙に神の教えと人間世界の現実との折り合いをつけるのである。

人種間あるいは民族間の差別、軋轢

ところで、その昔、キリストを十字架に架けたとされるユダヤ民族は故国を追われ、2000年にわたって流浪の民となり、世界を漂泊する中で他民族から様々な差別、迫害を受け続けたわけであるが、太古の昔から人種や民族の違いによる軋轢は絶えることがない。異なる人種、民族が混住する社会では人種間あるいは民族間の差別、軋轢がひとつの宿命として常に存在する。とすれば、まさに人種の坩堝といわれ、多種多様な人々が暮らすブラジルに代表されるような南アメリカ諸国の場合はどうなのであろうか。そうした人種や民族の違いによる差別はやはり存在するのであろうか。

結論から先にいえば、ブラジルでの生活実感から判断して、差別がまったく存在しないというのも、また差別が存在するというのも厳密にいえば、いずれも正しくはないように思われる。例えば、アメリカの黒人問題のように人種差別を公然たる社会現象としてとらえるならば、現在の南アメリカ諸国にはそうした意味での人種差別という問題は存在しない。かつての黒人奴隷制度への反動もあるのか、ことにブラジルでは特定の人種に対する差別や迫害はまったく見られない。実際、肌の色を直接の理由にして不当な差別を受けるというようなことはまず起こらない。たとえ黒人であれ、その混血であれ原則として誰もが平等に社会参加の機会を与えられているのである。それに、そもそも人種間の混血化が進むこの社会では人種を区別すること自体がもともと現実的ではなく、あまり意味を成さない。そう考えると、この南アメリカ社会には最早、人種差別や偏見を生むような土壌が存在しないと言っていいのかも知れない。ちなみに、黄色人種たる日系人に関しても当然ながら人種的差別は見られず、むしろ逆に勤勉で真面目な民族として社会的評価が高い。伝統的に日系人は教育水準が高いこともあって医者、弁護士、学者、公務員など広範な社会階層に確固たる地歩を築いており、政府閣僚として立身出世を極めるような人材すら輩出している。

しかし一方、特殊なケースにおいては隠微な形で差別に近い現象が見られるのも事実である。一般的に、特定の社会階層に関連する団体やコミュニテイーなどへの参加や加入において、特に黒人に対しては微妙な方法で制限や排除が加えられるという。例えば、上流階級の社交クラブへの入会や、私立の名門学校への入学などでは、定員に達したとか、申し込

みを締め切ったというような婉曲的表現で断られることがしばしばあるという。また、国家的な体面や威厳が求められる分野においても様々な仕組みによって黒人の進出は事実上、門戸が閉ざされている。実際、外交官や高級軍人への黒人の登用は通常ないという。このように、南アメリカ諸国においては一般的な人種差別はまったくないものの、白人層を中心にした一部には社会的な人種偏見が見られるということは言えよう。

ところで、同じ黒人でも南アメリカの黒人と北アメリカの黒人とではその一般的な印象や様相が明らかに違っている。というのは、南アメリカの黒人は北アメリカの黒人に比べると、全般的に陽気で陰がない。例えば、同じ黒人音楽にしても情熱的で快活なブラジルのサンバに対し、北アメリカの黒人が奏でるジャズやブルースにはどこか物寂しい哀愁を感じさせるものがあり、両者の違いを象徴的に表しているように思われる。また、カーニバルの期間中、ブラジル全土で繰り広げられる黒人たちのあのエネルギッシュな狂喜乱舞こそが黒人本来の民族性ではないかと思われるが、北アメリカの黒人たちにはそうした奔放な魂の発露とでも言うべき熱狂が見られず、やはりその落差は大きいと言える。では、この違いはどこから来ているのであろうか。

北アメリカでは歴史的にも社会的にも黒人に対する根強い人種差別が存在し、黒人たちは常に抑圧の対象として虐げられてきた。それが北アメリカの黒人たちに暗い影を落としている最大の要因であろうが、同時に南アメリカの黒人たちとの違いには、その明暗を分けた歴史的、環境的背景がいくつか考えられる。まず、南アメリカの黒人たちにとって幸いだったことは支配民族がアングロサクソン系民族ではなく異民族に対しそれほど偏見を持たないラテン系民族であったということである。スペイン人にしてもポルトガル人にしても黒人を労働力として使役することはあっても人種の違いを理由に差別したり迫害したりする発想はあまりなかったようで、奴隷制度が崩壊してからはむしろ逆に黒人との融和、混血化が進んだほどである。それから、南アメリカは人種構成が複雑で白か黒かといった二者択一的な区別ができない社会であり、単に肌の色の違いだけで差別を受けるような環境にはないことも要因として挙げられる。また、南アメリカ諸国の多くが今なお経済的にはそれほど豊かな社会ではないため、一般的に貧困層の多い黒人社会もその貧しさが理由で、そのまま社会的弱者として特別、差別されるような環境には置かれていない。

このように、南アメリカはもともと人種に対する差別や偏見が少ない社会であることが幸いして、北アメリカとは違い黒人が社会的抑圧を受けることもなく、その本来的な民族の特性をそのまま維持することができたものと思われる。

さらに考えてみると、北アメリカ大陸とは異なり、この南アメリカ大陸、とりわけブラジルなどはその気候風土や自然環境が彼らの故郷であるアフリカ大陸に似通っており、黒人にとっては適応しやすい環境条件にあると言える。そのため、初めからそれほど違和感のない生活空間が存在し、黒人本来の陽性な生き方が可能になったと思われる。さらにその上、南アメリカの黒人は、先祖伝来のアフリカの生活様式や風俗習慣の多くをそのままこの新大陸に持ち込み、しかもそれらを巧みに日常生活の中に定着させてきた。そのため、南アメリカの黒人社会にはそうしたアフリカの生活風習が今もなお食生活を始め生活文化全般にわたって数多く残されている。その意味では、南アメリカの黒人はこの新大陸においても先祖伝来の文化を受け継ぎ、彼ら独自の生活様式を保ちながら暮らしているとも言える。それに対し、北アメリカの黒人たちの場合は、自らの文化を完全に捨て去り、白人世界の異質な社会環境に耐え、順応しなければならなかった。こうした背景の相違もまた北アメリカの黒人と南アメリカの黒人の間に見られる大きな違いの原因であるかも知れない。

なにはともあれ、南アメリカの黒人たちが明るく陽気なのは、何よりもカーニバルに集約されるように彼らの鬱積した不満や嘆き、あるいはその有り余るエネルギーを存分に発散させる機会と場所が与えられているということに尽きるのかも知れない。たとえ年に一度とはいえ、カーニバルの数日間はまさに黒人たちが華やかな主役であり、晴れのひのき舞台で自由奔放に日頃の思いを爆発させるのである。

南アメリカ大陸独自の民族性

まさに人種の坩堝と言われ、多種多様な人種や民族が混在し、それぞれ独自の文化やそれぞれ異なる民族性が複雑に織り成す重層的社会が今日の南アメリカ大陸の姿である。しかし、その一方で、南アメリカ各国に共通した南アメリカ大陸独自の民族性とも言うべき特徴も認められる。例えば、自己のアイデンテイテイーをヨーロッパ大陸に求める姿勢や、労働とか生活に対する価値観などに南アメリカ共通の民族性を見ることができるのである。さらに、人間関係に見られる独特の価値観や、ある意味で排他的とさえ言えるほどの濃密な仲間意識などにも共通の民族性がうかがえる。

この大陸に住む白人層の多くがヨーロッパ各国から移住してきた移民の子孫であるためか、ヨーロッパに対する親近感を抱き、ヨーロッパとの絆を求める風潮が南アメリカ諸国には伝統的に根強く存在する。その背景にあるものはヨーロッパ文化を理想とし、その文化や伝統に習おうとする南アメリカの人々に共通の思いであり、南アメリカの民族的な統一意思とでも言うべきものである。南アメリカ諸国にとってヨーロッパは憧れの対象であり、手本とすべき理想の世界なのである。

ところで、一方それとはまさに対照的であるが、アメリカに対する南アメリカ各国の国民感情は複雑で決して好意的ではない。政治経済的な面においてはアメリカの支援が必要であり、アメリカとの関係に大きく依存せざるを得ない現実にありながらも、心情的にはむしろ反感や反発を抱くことが多い。この嫌米親欧とでも言うべき民族感情は南アメリカ各国に共通する精神風土のひとつで、政治、経済、外交など国際的な利害関係が交錯する場面においてしばしば顔をのぞかせる。例えば、南アメリカ大陸を自国の戦略的な裏庭と位置付け、その影響下で南アメリカ各国を思いのままに統治しようとするアメリカの外交政策に対しては特に不満や反発が強い。いうなれば帝国主義的外交戦略とも言うべきアメリカの政治姿勢に対して、南アメリカ各国は生理的嫌悪感をもって反発するのである。嫌米親欧という精神風土を醸成する潜在的要因のひとつがそこにあるように思われる。また、この南アメリカ各国の民族感情の根底には、ヨーロッパへの共感や心理的帰属意識が根を張っていると同時に、新大陸として同じような歴史的背景をその生い立ちとする北アメリカ大陸に対する一種のライバル意識が働いているのかも知れない。

ヨーロッパ大陸との強い絆を求める民族的傾向はスペイン系、イタリア系、ドイツ系など白人層が人口の大多数を占めるアルゼンチンやチリ、ウルグアイなどの国々において特に顕著である。できれば、この南アメリカ大陸を名実ともに第二のヨーロッパ大陸にしたいと願う民族的願望すら存在するのである。例えば、アルゼンチンの首都ブエノスアイレスなどは「南アメリカのパリ」と呼ばれているが、アルゼンチンの人々にとってこれは密かな誇りであり、民族的な自尊心を十分に満足させるものである。このようにヨーロッパとのつながりを意識する現象は南アメリカ諸国においては様々な形を取りながら随所に見られる。芸術や文化面においてはフランスに範を求め、政治経済の面ではイギリスに傾倒する風潮が見られ、例えばアルゼンチンやチリなどの上流階級の家庭では子弟をフランスやイギリスに留学させることが一般的である。また、同時にヨーロッパ側のフランスやイギリスにしても、交易の対象として、あるいは投資の対象として歴史的にこの新大陸に関心を払っており、その影響力を確保するため昔から積極的にこれら南アメリカ諸国との関与を深めてきている。ところで、一方南アメリカ諸国にとって歴史的には最も関係の深い本国たるスペインやポルトガルに関しては、今や政治的にも経済的にもヨーロッパの二流国家と位置付け、両国に対する憧憬の念は薄い。最早、南アメリカ諸国にとってスペインもポルトガルも単なる祖先の地でしかないのである。これは南アメリカ各国の国際的地位の向上もあり、今では自分たちの立場が本国を凌駕し、もう本国から得るものはないという民族的な自負心の現れでもあろう。

労働に関するラテンアメリカの考え方

次に、ここでラテンアメリカを特徴付ける民族性について考えてみることにしたい。ラテンアメリカの民族性といえば、通常いくつか典型的なイメージが思い浮かぶ。

まず、そのひとつは、勤勉な労働意欲に欠ける怠け者、あるいは時間にルーズで当てにならない民族といったイメージであるに違いない。ラテンアメリカに関する我々の一般認識にはどうしてもそうしたマイナスイメージが付きまとう。

一面でそれは肯定できるとしても、彼らの名誉のためにはやはり多少、背景説明が必要かも知れない。というのも、そうしたマイナスイメージはいささか一方的で皮相な見方だと言わざるをえないからである。つまり、それは各民族が拠って立つ文化や価値観の違いを考慮せずもっぱら自分たちの尺度だけでラテンアメリカ世界を見ているように思えるのである。いかなる文化にも本質的な優劣の差などあるはずはなく、あるのは文化の違いだけである。その意味で、他民族の異なる文化や考え方の是非を一方的に論ずるのはやはり独断に過ぎると思われる。確かに、勤勉さや合理性を絶対的な善とする先進諸国の論理からすればラテンアメリカ世界の民族性は怠惰であるに違いない。しかし、異なる文化や価値観に立つ視点から見た場合、勤勉さに価値を置き、労働を神聖視する欧米流の考え方そのものが必ずしも正しいかどうかは判らない。実際、ラテンアメリカ世界では勤勉な労働というものに本質的な意義や価値を認めてはいない。労働は手段や方法であって人間生活の目的は別にあると考えるのである。そのような認識でブラジル人の日常生活を見ていると、一概に怠惰とは言い切れない面がある。彼らとて生活のため、あるいは家族のためには彼らなりの流儀に従って懸命に働くのである。

労働に関するラテンアメリカの考え方は我々の常識とはまったく異なる。ラテンアメリカ世界の特徴を的確に分析した卓抜な労作としてつとに評価の高い「Raizes do Brasil」(ブラジルの根幹) という著作がある。その著者であるセルジオ・ブアルケスという社会学者によれば、勤勉を善とし怠惰を悪とする考え方とは正反対に勤勉な労働を忌避し、怠惰を美徳とする価値観も存在するのだという。つまり、それは人間にとって労働というのは本来苦痛を伴う行為であり、また勤勉とは本来の人間性に反する行為であるという考えからきている。いわば、怠惰の哲学とでも言うべき考え方であり、ラテンアメリカ世界ではそれこそが人間性本来の姿であると考えるのだという。確かに、キリスト教の教義でも労働というものを望ましいものとはみなしていない。労働はもともと原罪を犯して「楽園」を追放されたあのアダムとイブに対して神が課した懲罰であるとされているからである。ブアルケスの考え方の根底にはこの労働とは原罪に対する神の懲罰であるというキリスト教的理念があるのかも知れない。さらにまた、ブアルケスによれば、ラテンアメリカ世界は享楽的な人生に積極的な意義を認め、奔放な楽天主義と自己中心的な個人主義とが伝統的な価値観として人々の生き方を支配する社会だとも言う。そうした社会においては合理性とか組織性とか進取性とかいった理念など本来的にその民族性には馴染まないものであるという。人間としての原点に立ち返って考えてみると、働くことなくしかも何の束縛も受けずに自由に生きるということは確かに人間にとって究極の理想であるに違いない。それが現実の生活において可能かどうかは別にして、そうした生き方を人生の目標とし、それを目指すこと自体は決して人間の道に外れたことではないと思われる。むしろ、ある意味で最も人間らしい人間本来の生き方であるに違いない。欧米諸国を中心とする高度に機能的な先進社会が享受する物質的な便利さ、快適さ、豊かさは紛れもなく勤勉で合理的な社会が生み出した大きな成果と言える。しかし、その反面、考えてみると人間本来の生き方を犠牲にし、失うものも多かったのではないだろうか。物質的な繁栄の代償として日本も含めた欧米先進諸国が、その社会の根底に姿なき虚しさや寒々しさなどを忍ばせる結果を招いているとしたら、たとえ不合理で無秩序な社会であったとしても享楽的で楽天的なラテンアメリカ世界と比べた場合、本当はどちらが人間本来のあり方なのか疑問に思えてくるのである。

ラテンアメリカ社会の労働に対する一般的な価値観を象徴するような日本人に関する逸話がある。リオデジャネイロのオフィス街ではいつも夜遅くまで灯りがついているのは決まって日本人が働いている事務所であり、ブラジルのビジネス社会では特異な現象として知れ渡っていた。道行くブラジル人たちはそうした光景を眺めてはいつも口々にささやき合ったという。

「日本人というのは、どうしてあのように毎日夜遅くまで働くのだろう」

「きっと生活が苦しいのだろう。だから、遅くまで働いて稼がなければならないのかも知れない。可哀相な人たちだよ」

仕事とは、あくまでも生活のための手段にしか過ぎず、人生を楽しく生きることとは関係のない時間と見るブラジル人にとって毎日夜遅くまで残業を続け、生活の大半を仕事に費やすような日本人の姿はやはり異様であり、理解しがたいのである。

怠惰の哲学に象徴されるようなラテンアメリカ社会の価値観は一方で、その歴史的背景にも由来していると考えられる。それは、この新大陸がスペインやポルトガルの植民地であった時代の社会構造に一因があると思われるからである。すなわち、具体例をあげれば、ブラジルの砂糖キビ農園、あるいはアルゼンチンやチリなどの大規模放牧地に代表される大土地所有制度の下での就労関係にその要因のひとつを見ることができる。というのは、広大な砂糖キビ農園や大規模放牧地では当時、その所有者である一部の支配者層が大勢の黒人奴隷や牧童を使って日々の作業を行うのが普通であった。肉体労働はあくまでも奴隷や下層階級の人間の役割であり、農園主や牧場主などは決して額に汗して働くようなことはなかった。彼ら支配者層の人間にとって肉体労働はもとより、そもそも働くこと自体がタブーであったのである。南アメリカでは当時、社会通念として労働は卑しいものであり、奴隷や下層階級の人間のように社会的身分が低く能力の劣る者がすることと考えられていたのである。そのため、人間とは普通、働かなくても生きていけるものであり、まして賢い人間ならそれが当たり前という風潮であった。そうした時代環境を背景として労働を忌避するラテンアメリカの伝統が形成されていったものと思われる。実際、奴隷労働が盛んであったブラジル東北部では今でも一般家庭の主婦が掃除、洗濯、炊事といった家事を行うことはタブーとされており、どれも女中が行う仕事とされている。そのため、普通どの家庭にも必ず女中がいて、裕福な家庭であれば数名の女中を使いしかも今なおその多くが黒人である。

　さらにまた、熱帯地域のような場合、人間が生きていくための最低限の自然環境や生活環境が整っているため、もともと積極的に働く必要性がない。そうした環境条件もまたラテンアメリカ的労働観の醸成に影響を与えているのかも知れない。すなわち、どこにでもバナナやマンゴー、椰子の実など自然の食物が豊富にあり、食べることに不自由はしないので飢え死にすることはない。その上、夜は夜で凍え死ぬようなこともなく、砂浜でも道端でも寝る場所にも困らない。特別な努力をしなくても誰でも最低、生きていくことだけはできる。そうした環境にあれば、本来的に安逸に堕しやすい人間の性分からして労働の意義やその必要性を感じないのはある意味で当然といえば当然のことかも知れない。結局、このような歴史的背景や環境要因などが相まって、この労働に関するラテンアメリカ特有の価値観を生み出し、それがいつしかラテンアメリカ世界に共通する民族性として定着していったものと思われる。

温かい人間性に裏打ちされたラテン的民族性

　ラテンアメリカ世界においては人間性や人間関係に対する考え方にもユニークな特徴があり、それも南アメリカ諸国に共通する民族性と見ることができる。ここでそうした民族性の特徴をいくつか事例を挙げてまとめてみることにしたい。

　まず、そのひとつは、人に不愉快な思いをさせたり、期待を裏切るようなことはしたくないといういわば相手に対する思いやりの気持ちである。これはまた同時に、人を喜ばせたいという行動にもつながる。南アメリカ諸国での人間関係において感じる一種の居心地の良さは、この温かい人間性に裏打ちされたラテン的民族性によるものと思われる。ただ、時と場合によっては、この温かい好意や善意に満ちた民族性が裏目に出て逆効果となることもある。例えば、場所を探して通りがかりの人に道を聞くとする。地理不案内な外国人と見れば特に誰もが懇切丁寧に道順を教えてくれるはずである。ところが、まったく方向違いの所に行き着き、かえって場所が判らなくなってしまい、そのデタラメな案内に呆れたり、憤慨させられたりといった結果に終わることがままある。しかし、これは悪意があるわけではなく、また意図的に嘘をついているわけでもない。依頼されたことには応えなければならないという彼らの人間性によるもので、知らないという回答で相手を落胆させないためにたとえ本当に知らなくても思いつきでそれなりの対応をしてしまうために起こる不幸な結果のようである。

それからまた、外国人がしばしば経験する誤解のひとつはラテンアメリカ世界の約束事に対する対応振りや信頼の度合いである。例えば、仕事上のことであれプライベートなことであれ、何かを依頼した場合、相手が快諾したので安心しているといつまで経っても無しのつぶてで、がっかりさせられることがある。これは、まさに相手の期待を裏切りたくないというラテンアメリカ世界特有の無邪気な民族性の現れであり、往々にしてその場を取り繕うためのリップサービスであったり、実行可能性のない空約束であったりする場合が少なくない。従って、善意があだになり、失望や不信、時には怒りを招くことになっても彼らは少しも悪びれるところがない。というのも、結果として嘘をつくことになったり、期待外れなことになったとしても、悪意や意図的なごまかしではなく根本にあるのは常に純粋な好意や善意だからである。とすれば、やはり、このような民族性を信頼性に欠けるものと一概に責めるわけにはいかないであろう。人を喜ばせたいという心情からの空手形や空約束に対しては、ともあれ寛大な気持ちで対処し、何事も思い通りになるとは限らないと諦めて納得するほかはない。ラテンアメリカ社会と向き合うためには、初めから多少のことには動じないくらいの心構えを持つことが求められるのである。

マッチズモ

優しさとは対照的に、強さを尊ぶ精神風土もまた南アメリカ諸国に共通するもうひとつの民族性である。ラテンアメリカ社会には強くたくましい男らしさを意味するマッチョという言葉からきているマッチズモという精神が伝統的な価値観として生きている。このマッチズモには様々な側面があり、文字通り肉体的な強さやたくましさに価値を求める一面もあるが、本質的には人間としての勇気、自信、信義、威厳、決断力など内面的な精神構造を重視する点にある。見方によっては、義理や人情を大切にする義侠心に通じるものがある。ラテンアメリカ世界では伝統的にこのマッチズモが人間性の価値として社会生活の中で重きをなしているため、そうした資質を持った人間が高く評価される。例えば、日本語では統領とか頭目などというやや野蛮な感じの言葉に訳されているが、「ガウデイーリョ」と呼ばれるかつて存在した地方ボスなどはまさにマッチズモの体現者と言える。その昔、彼らはその弁舌能力や人間的威厳により大勢の配下を統率し、それぞれの地域を事実上、個人的な支配体制のもとで取り仕切っていた。弁舌に長け、人情に厚いガウデイーリョたちは威風堂々として男らしく、地域住民の人望を集める存在であった。そのため、彼らの影響力が及ぶ範囲は国家権力でさえ無力であり、行政権は機能していないも同然であったという。このような個人的統治体制は専制的で封建的でもあり、民主主義の立場からすれば到底、受け入れられるような制度とは言えない。しかし、ラテンアメリカ社会においては有効な統治体制としてうまく機能していたのである。ガウデイーリョによる人的支配を認める精神風土は、一方でその延長線上に独裁体制を生み出す下地を秘めている。実際、かつてアルゼンチンにおいてはペロン大統領が率いるペロン党による一党独裁が長く続いたように、ラテンアメリカ各国では伝統的に独裁政権や軍事独裁政権がその政治体制としてしばしば出現している。

こうしたマッチズモはまた、強さの一方で男らしい優しさも合わせ持つものなので女性に対する態度にもその気風が如実に現れる。マッチョな男は伊達男でもなければならない。女性の関心を引くための様々な努力はもちろん、自分の身内や恋人であればなおさらのことあらゆる事態から女性を守り、女性を助けることに全力を挙げるのである。さらには、ラテンアメリカ世界ではドンファン的フェミニズムも美徳とされる風土であるだけに女性遍歴に浮名を流すことさえ男の勲章として別段、咎められることもない。彼らの女性に対する甘い愛の言葉や手馴れたエスコート振りに見られる手練手管は、寡黙で無骨さを男の美学とする日本人には到底真似のできない技術であり、ただ感嘆するばかりである。

雄弁な弁舌の民

それから、一般的にラテン系民族は雄弁な弁舌の民でもあり、政治家から一般庶民に至るまで言葉による表現の豊かさ、美しさ、正確さを重要な人間性の一側面として重視する。これもまた、ラテンアメリカ社会に共通する民族的な特徴と言えるかも知れない。例えば、ラテンアメリカ諸国の政治家による演説などはその典型的な事例であり、各種の格言や美辞麗句を多用した雄弁術は聴衆を感動させ、いつしか陶酔の世界に引き入れてしまう。語り手は様々な修辞を駆使した自分の弁舌に対する聞き手の反応に酔い、聞き手は聞き手で語り手の扇情的な弁舌に自分の思いを重ね合わせて感動する。そのいい例がキューバのカストロ首相の演説である。立錐の余地もないほどの多数の群衆を前にして長時間にわたって延々と熱弁をふるうあの姿などは見方によっては異様な光景であり、間断なく続くその修辞的な言辞の数々は驚異的でさえある。そして、拍手と歓呼でその雄弁な弁舌に共鳴し、感動する群衆の熱気もまた想像を絶するものがあり、それは政治集会での興奮というよりむしろ宗教的な法悦状態に近いものがある。言葉を媒介として語り手と聞き手の間で熱狂的な高揚感が一体化し、同化して一種の巨大な陶酔空間と化すのである。このようにラテンアメリカ社会では人に感銘を与えるような弁舌の巧みさが、特に指導者には大切なことであり、誰もがそこに人間性の価値を求めるのである。

それは一般庶民の世界においても同じことで、日常風景としていたるところで饒舌な言葉のやり取りが繰り広げられる。日々の生活の話題から人の噂話や時には政治談義まで千差万別の会話に人々は時が経つのも忘れて熱中する。そして、それが男同士の場合なら軽妙な軽口やきわどい小話を競い合いながらやがて議論へと白熱していくのである。話題を求めて人々は行き交い、そこかしこでいつ果てるともなく街角での立ち話が続く。相手がいる限り人と人の間に沈黙の時間というのは存在せず、常に言葉を交わすのがラテンアメリカ社会では当然のマナーであり、「沈黙は金」というような格言など通用しないのである。

しかし、修辞的な言葉の表現そのものに事実や真理よりも本質的な価値を置くラテンアメリカ社会の伝統は、一方で実証的な研究や学問の進歩、発達を妨げているという弊害的な面も否定できない。そして、仮にそうした言葉に重きを置き、言葉の表現に精力を傾注する伝統が、結果として社会や文明の進歩を妨げる障害になっているとしたら、弁舌の民としてはそれを甘受せざるを得ないかも知れない。とはいえ、言葉は民族精神の発露であり、それを重視することはやはり正しい伝統として評価すべきであろう。また、正しく美しい表現によって品位ある言葉を守り、維持しようという姿勢は弁舌の民の伝統的美風として学ばなければならない点であると思われる。

アミーゴ――独特の仲間意識や縁故主義

次に、ラテンアメリカ諸国のもうひとつの民族性として共通する特徴を見てみることにしたい。それは、人間関係における独特の仲間意識や縁故主義などにその特徴を見ることができる。そうした仲間意識や縁故主義が働く対象というのは家族、親戚、友人、知人あるいは社会的、宗教的つながりによる特定の集団などであるが、その影響の度合いは基本的に対象となる人間関係の濃淡により規定される。

最も強固で濃密な仲間意識が働く対象は当然ながら家族や親戚などの身内を中心とする一族郎党であり、これはどの民族にも共通するものであろう。ラテンアメリカ社会では「ファミリア」と呼ぶこうした血縁的家族集団においては互いに無条件で信じ合い、助け合うことが当然の定めであり、事あるごとに集まっては人間関係の絆を確認し合うのである。その固い結束力はファミリアに何か問題が起こったり、ファミリアの誰かが火急の困難に直面したような時にいかんなく効力を発揮する。例えば、身内の誰かが交通事故に巻き込まれたような場合、警察が来る前にファミリアの一族郎党が駆けつけ加害者にリンチという私的制裁を加えて事故の決着をつけてしまうようなことさえありうるのである。ラテンアメリカ諸国においては法治国家としての原則も家族主義の血縁的規律の前にはまさに無力な存在でしかない。

このような家族的縁故主義はまたラテンアメリカ社会に特有の名付け親制度にも見ることができる。ラテンアメリカ社会では子供が生まれると教会を介してコンパードレ、コンマードレと呼ばれる代理の父と母が実の親に代わってその子の名前を付ける習慣がある。子供の名前を命名することにより名付け親はその子と義理の親子関係を結ぶことになり、しかもその上、親同士もまた義理の兄弟、姉妹の関係となるのである。こうして、名付け親は実の家族と身内の契りを結び、いわば疑似家族として親密な関係を持つことになる。また通常、誰もが何組かのコンパードレ、コンマードレと身内の関係を持っているためその擬似家族関係は縦横に張り巡らされている。この幅広い親密な人間関係の中で何事につけ互いに協力し助け合いながらこの疑似家族体制を継承していくのである。

さらに、いわゆる「アミーゴ」と呼ばれる友人関係もまたラテンアメリカ社会では強力な仲間意識で結ばれた重要な人間関係として様々な場面で大きな役割を果たす。アミーゴとして親しくなり、信頼されるためにはまず何よりも“シンパチコ”であることが不可欠の要素となる。このシンパチコという言葉はスペイン語やポルトガル語に特有の表現で日本語にはそのニュアンスを表す適切な訳語が見当たらない。強いて言えば、心情的に共感できる性格といったような意味でラテン系民族にとっては人間性を見る重要な価値基準である。いったんアミーゴとしての関係を確立すると、相手がそれなりの地位にあればあるほど、その人間関係は強力な人脈として社会生活でのあらゆる場面において極めて有用な効力を発揮するのである。日本には“地獄の沙汰も金しだい”などという俗言があるが、ラテンアメリカ世界ではまさに世の中はすべてアミーゴしだいという社会風潮が存在する。例えば、南アメリカ諸国の行政手続の煩雑さ、非能率さは悪名高いが、関係の役所にアミーゴがいれば多くの場合、水面下で色々な手段や抜け道を使って事は簡単に解決される。また、例えば職探しなどのようなプライベートな問題でもアミーゴは融通がきき、親身になって面倒をみてくれる。考えてみると、ラテンアメリカ世界はこのように社会活動全般にわたって仲間意識で結ばれた互助システムとも言うべき無形のメカニズムが機能している世界だと言える。

それから、ラテンアメリカ世界に特有のもうひとつの人間関係として、特にブラジル社会に深く根付いている「パネーラ」という伝統的な仲間組織がある。パネーラとはポルトガル語で鍋という意味であり、この仲間組織は文字通り日本で言う“同じ釜のめしを食った仲間”という関係に近いものがある。このパネーラというのは特定の派閥でもなく、また何かの目的を持った社会集団でもない。いうなれば、アミーゴが個人対個人の関係であるのに対しアミーゴ同士のグループとでも言うべき存在である。一般的に議員、医者、弁護士、会社経営者、官吏など、ある一定地域の様々な職種や肩書きを持った地元の有力者を中心に構成されている。その仲間意識は極めて緊密で、しかもメンバー同士は絶対的な結束力で結ばれている。また、その活動内容は日頃の懇親や情報交換はもとより、例えば仲間の女性問題やら金銭問題などの解決に至るまでおよそ不可能なことはないと思われるくらい広範で多岐にわたっている。パネーラの存在もその活動も通常インフォーマルであるだけに表面的にはそれほど目立たないが、その影響力や威力は隠然たるものがあり、地域社会を動かす陰の原動力とさえ言われている。

一方で、もっぱらこのような特定の人間関係にのみ依拠する仲間意識や縁故主義への偏重は、いわゆるネポテイズムと言われる身内びいきに陥りやすく、社会制度上その弊害も大きいとされる。南アメリカ各国に共通して見られるこうした社会風土は、事の善悪は別にして日本のような典型的な管理型組織社会の形成にはまったく向いていない。また、公平性や透明性といった社会正義、あるいは合理性や効率性といった経済原理などが先進社会の基本要件であるとすれば、南アメリカ諸国が同じように経済発展や社会的進歩を目指す限りこうした過度な人間関係重視の社会風土は発展の障害となる。これはラテンアメリカ世界が内包するひとつの根本的な欠陥と言わざるを得ないであろう。とはいえ、先進国に共通の効率一辺倒の管理型組織社会や資本主義的経済発展の達成だけが必ずしも国家としての目指すべき絶対的目標であるのかどうか。それは議論の余地がありそうである。

左（上から）：ブラジリアの官庁街／ブラジル サルバドール市内の教会／サンパウロ日本人街／マナウスのアマゾナス劇場／右（上段左）：チリ サンチャゴ市内のマリア像／（上段右）：マナウス市内の街路／右下：レシーフェのカーニバルでの踊り子

ブラジル、その日々

ブラジルのベニス

水の都、レシーフェ

現代的な都市景観の中に古都としての素顔を持つ都

世界地図を広げ、南アメリカ大陸に目をやるとこの大陸は大西洋を挟んでアフリカ大陸と向かい合っているのがよく判る。ことに赤道から少し南へ下がった南アメリカ大陸東岸の三角形に突き出た部分は、まさに対岸のアフリカ大陸にぴたりと収まる形をしている。その大西洋へ突き出た三角形の部分は“ノルデスチ”と呼ばれるブラジルの東北部に当たり、ちょうどその三角形の頂点の部分に位置するのがブラジルのペルナンブコ州である。このペルナンブコ州の州都がレシーフェで、ブラジル東北部最大の港湾都市でもある。また、レシーフェは隣接するバイア州の州都サルバドールとともに、ブラジルがポルトガルの植民地であった時代に最も早くから開拓され、ブラジル東北部の中心地として発展してきた歴史的な都市でもある。その昔、この地方を中心に栄えた砂糖キビ栽培のため対岸のアフリカ各地から連れてこられた数知れぬ黒人奴隷たちの汗と涙が染込んだ奴隷市場の跡などはその秘められた歴史の一面を今に伝えている。しかし、黒人奴隷たちの苦しみも悲しみもすべて歴史の流れの中に風化し、今はただ南国の陽光がその歴史的遺構の上に燦々と降り注ぐだけである。一方、そうしたアフリカ各地からの黒人奴隷とポルトガル本国からの植民者とがそれぞれにもたらした様々な風俗習慣や生活様式などが先住民族の文化とも混交し、融合していつしかこの地方に固有の文化として根付いていった。そのユニークな伝統文化や歴史は、このレシーフェの街のそこかしこに今もなお色濃く残されており、レシーフェは現代的な都市景観の中にも古都としての対照的な素顔を合わせ持っているのである。そして、この地で形成されたそうした伝統文化は、やがて広くブラジル社会全体の根本を成す基盤文化としてこの国のその後の歴史を刻んでいくことになる。その意味では、レシーフェを中心とするこの地域一帯は、ブラジルという国のルーツであり、ブラジル発祥の地とも言えるのである。

中心部を流れるカピバリベ川

レシーフェの街は、中心部をカピバリベ川という流れの緩やかな川が大きく蛇行しながら流れている。そのため、市街地はいくつかの地区に分断され、少し歩くとほぼどこからでも川辺に行き当たる。分断されたそれぞれの地区をつなぐ多くの橋が架けられており、レシーフェの中心部はいたるところで大小様々な橋によって結ばれている。川に囲まれ、橋でつながるこの街の風景は絵画のような構図で、その風情があの有名なイタリアの水の都、ベニスに似ていることからいつしか“ブラジルのベニス”と呼ばれるようになった。実際、街の中心部を蛇行しながらゆっくりと流れるカピバリベ川はまさにこの街の顔として様々な表情を演出してくれるのである。日が暮れて、そのカピバリベ川が夜のとばりに包まれる頃、川を伝って心地よいそよ風が吹いてくる。そして、その薄暗い川の水面にはネオンサインや街の灯りが妖しく揺らめき、南国の夜の情緒がそこはかとなく漂ってくる。こうして、水辺に囲まれたこの街は日暮れとともに燦々と降り注ぐ南国の太陽や昼間の喧騒から解放されて、幻想的な夜のたたずまいに包まれていく。カピバリベ川が最も美しい表情を見せるひと時である。しかし、その一方で川の表情は絶えず変化するため時を選ばず街は異なる風景に変身する。例えば、日が昇ると優雅な水の都を演出するこの川は夜の闇に彩られた化粧を落とし、その露わな素顔を見せることになるのである。明るい空の下で見るカピバリベ川の流れは決してきれいではなく、むしろ汚水と言ってもいいほどである。また、その水量もそれほど多くはなく、美しい豊かな流れとは言いがたい。しかも、このカピバリベ川の河口はそのままピーナ湾となり、大西洋へつながっているため毎日、干潮時には川の水が完全に引いて川底が姿を見せる。すると、ヘドロやゴミが堆積したドロドロの川底と、その汚泥の上を無数の蟹や虫が走り回っているのが橋の欄干からよく見える。その上、干上がった川底からはかすかに腐臭さえ漂ってくるのである。かくして、ロマンティックな夜のたたずまいが一転、“ブラジルのベニス”としては本来その名誉にかけても決して見せてはならない舞台裏を覗かせるのである。とはいえ、その幻滅すべき光景も、汐の満ち引きという自然現象である以上、隠しようがなくこれは致し方ない。

繁華街ボアビスタ地区と裏通り

レシーフェの一番の繁華街はボアビスタ地区で、両側にビルが建ち並ぶボアビスタ通りがその真ん中を東西方向に一直線に走っている。いうなればこの街のメインストリートである。照りつける太陽の下、通りを行き交う人の群れと、通りいっぱいに渋滞する車の列やけたたましいクラクションの音でボアビスタ地区は一日中、むせ返るような喧騒と活気に溢れている。人出で賑わう街角に立つと、その雑踏を縫うように様々な物売りが声をからして近づいて来る。そしてまた、道端には椰子の実を山のように積んでそのジュースを飲ませる屋台やアイスクリームを売る屋台などが並び、終日客足が途絶えることがない。そのボアビスタ通りの賑わいも、カピバリベ川に架かるデユランテ・コエリョというこの街のシンボルとも言うべき石造りの古風な橋のたもとで途切れる。そして、橋を渡り切るとそこは主に官公庁が集まる対岸のアントニオ地区となり、その橋のたもとには中央郵便局が建っている。天井の高い荘厳な雰囲気のこの郵便局は週に一度は訪れる場所であった。家族や友人への手紙を出したり、そして時には家族からの小包を受け取る。私にとって異郷の地にあって唯一、日本とのつながりを確認する心弾む場所であった。

一方、レシーフェは街の中心である賑やかなボアビスタ地区を少し離れ、一歩裏通りに入ると石畳に沿って壁を赤や黄色の原色に塗った民家が軒を連ね、異国情緒を感じさせる古い街並みが続く。そして、昼下がりの裏通りには、ありふれたブラジル庶民の日常風景が気だるく広がっている。家々の窓辺には頬杖をついて日がな一日、何をするでもなく、ただ外の景色や道行く人々を眺めている住民の姿が決まって目に付くのである。ブラジル庶民の生活臭が染み付いたようなこうした裏通りは、まさにブラジル版下町とでも言うべき世界であり、それはそれでいかにもブラジルらしいこの国の典型的な日常風景であると言えよう。しかし、その一方で一見、最もブラジル的と思えるそうした下町の日常風景も、別の角度から眺めてみると、どこか違うブラジルの景色にも思えてくるのである。そこに見る日常は必ずしもブラジル社会全体に共通する偽りのない現実を正確に反映してはいないからである。というのは、極端な貧富の格差を引きずる日常こそがこの国の現実であり、裏通りの庶民のようなそれほど裕福でもなければ、それほど貧しくもないという中間的存在はある意味で少数派の階層であるように思えるからである。とりわけ、構造的な貧困が常態化しているブラジル東北部にあって、その中心都市であるレシーフェでの日常にはこの国の光と影とでも言うべきその明暗がくっきりと映し出されているのである。

ボアビアージャンの海岸

レシーフェの中心部を抜けて車で15分も南へ走るとボアビアージャンの海岸に出る。白い砂浜に大西洋の波が打ち寄せる自然のままの素朴で美しい海岸である。ポルトガル語で“安全な航海を！”という意味であるこのボアビアージャンの海岸は、かつてその美しい南国の景色の下で繰り広げられた先人たちの歴史の舞台でもあったことを暗示している。世界的に有名なリオデジャネイロのコパカバーナの海岸とは違い、まだそれほど観光地化されていないせいか平日などは人影もまばらで閑散としており、聞こえてくるのはただ風と波の音ばかりである。そして、沖合いから吹く大西洋の柔らかな潮風は肌に心地よく、実にさわやかである。また、なぜか日本の海岸とは違い海辺特有の磯の香りや汐のにおいがまったくしない。このボアビアージャンの海は海岸に沿って椰子の並木と石畳の歩道が数キロにわたって続く。それに平行して、よく整備された広い道路がレシーフェの中心街に向かって一直線に伸びている。椰子の葉の濃い緑が白い砂浜と抜けるような青空に映えてまぶしいほどに鮮やかな景色は、ここがまさに南国の海岸であることを実感させる。また、この海岸の沖合いにはサンゴ礁が点在しており、干潮で潮が引くとサンゴ礁の一部が海面に顔を出す。レシーフェとはポルトガル語で岩礁という意味であるから、その昔このサンゴ礁を見た当時のポルトガル人たちがこの地の目印としてそう呼び習わしていたに違いない。そして、その言葉がそのままいつしかこの街の地名として定着したのであろう。

このボアビアージャンの海岸に沿って広がる一帯は、今では住宅地として瀟洒な高級マンションや立派な邸宅などが建ち並び、川に囲まれた街の中心部とはまったく景色の異なる別世界を形成している。街の中心部を旧市街とすれば、このボアビアージャン地区はいわばこの街の新しい顔として拡張を続ける新市街地のひとつと言える。また、海岸に面した道路沿いにはホテルやレストラン、バーなども点在し、この一帯は週末や休日ともなれば大勢の若者や家族連れで賑わうリゾートビーチと化すのである。色とりどりの水着姿が砂浜や付近一帯を闊歩し、終日ボアビアージャンは奔放な解放感と華やいだ空気に包まれる。浜辺では老いも若きも身を焦がすような灼熱の日差しを浴びながらただひたすら砂浜に寝そべって時を過ごす。日本とは違い、波打ち際で水と戯れたり海に入って泳ぐ者はほとんどいない。ブラジル人にとって海へ遊びに行くということは砂浜で日光浴をすることを意味するようである。日が傾き始める頃、赤く日焼けした体で三々五々、砂浜を後にする姿が多くなり、また海辺は静けさを取り戻していつものボアビアージャンに戻るのである。

レシーフェの光と影

このボアビアージャン一帯は生きることの喜びや楽しさを享受できる満ち足りた人々の生活舞台であり、ある意味でこの国の一側面を象徴する世界と言える。海岸に近いため海からの涼しい潮風の影響によるのか、この一帯は街の中心部の蒸し暑さに比べると、幾分しのぎ易く快適である。その上、近代的に整備された街並みは建物の白と椰子の緑とが印象的なコントラストを描き、美しくも豊かな生活環境を形成している。そして、こうした恵まれた環境に暮らすブラジル人の平和で幸福な日常風景もまた同じこの国の紛れもない現実である。ところが、その一方で、大勢の人々が途切れなく行き交う中心街の雑踏の中で、美しさや豊かさとはまったく無縁のもうひとつのブラジル的日常風景が展開されている。社会の底辺からもはじき出され、生きるすべさえ持ち合わせぬ人々がひたすら道行く人の恵みを乞いながら道端や橋の歩道に座り込んでいる。しかも、その数は決して少なくはない。中には、薄汚れやせ細った幼児を伴った親子連れの姿も目に付き、人間としての最低限の尊厳すら認められないその姿はあまりにも哀れである。また、象皮病というこの地方特有の風土病により足全体が丸太のように腫れ上がり、歩くことさえままならない状態で街角に立ち尽くす老女の姿などは、そのあまりの無残さに胸が痛み視線をそらすほかはない。無力なままにただその日を生きるこうした貧しい人々にとって日々手にするわずかばかりの恵みだけが命の糧であり、生活のすべてである。彼らにとって、晴れ渡った青空も白い砂浜も、ましてや不足のない生活など別の世界の幻想でしかないであろう。この極端な貧富の差という現実はこの国の、さらにはラテンアメリカ社会全体に共通する構造的現象であるにせよ、レシーフェの街中で見るこの信じがたい落差は、やはりあまりにも残酷で悲惨である。そして、この街には一方で、まばゆいほどに美しい自然環境と豊かな生活環境が存在するだけに、その残酷なほどの明暗がことさら際立つのである。しかしながら、こうした無情な現実に対しこの国はいったい何ができるのであろうか。果たして、こうした絶望的状況に対し何か解決策はあるのであろうか。恐らく、有効な答えなどないであろう。先進国が先進国であり続けるためには常に後進国や発展途上国という存在が必要であるように、恵まれた富裕層が豊かであり続けるためには、一方にいつも貧しい貧困層や恵まれない弱者の存在がなければならないからである。先進国からやって来た一市民としては、恵みを乞う哀れな人たちを前にしていかに対処すべきなのか、いつも思いは様々に乱れるばかりであった。安易に同情することも、あるいは冷淡に無視することも、いずれも心理的に抵抗を覚える。同情して善意を施すことは簡単ではあるが、単なる自己満足や偽善的な差別行為に過ぎないかも知れない。さりとて、感情も見せず無視することはあまりにも無慈悲な非人間的行為であるように思える。結局は、自分は外国人であり、異教徒であるという事実を心の免罪符にしつつ、ただひたすら逡巡しながら通り過ぎるしかなかった。このレシーフェは、まさにブラジル社会の縮図であり、いかにもブラジル的な街なのである。

ポルトガル語事始め

夢も寝言もポルトガル語で

レシーフェの下宿にて

今日もまた女中の甲高い声に起こされベッドから立ち上がると、外はすでに強い日差しが照りつける昼時に近い時間であった。レシーフェのメインストリートに面したこの高層アパートの下宿先には冷房設備がないため目が覚めるといつも枕やシーツが寝汗で湿っぽくなっていた。シャワーを浴びて朝食とも昼食ともつかぬ食卓につくと、出てくるのは毎日決まってコーヒーと固いパン、そしてなぜか焼き過ぎの目玉焼きである。この下宿先のブラジル人一家は、どうやら未亡人らしい太った母親と一人息子のハミオ、それに女中の三人暮らしであった。息子のハミオは気のいい好青年で、まだポルトガル語が十分できない日本からやって来た下宿人に気を使い、何くれとなく世話をやいてくれるのであった。まだ独身でほぼ同世代であるというハミオはブラジル社会に溶け込むためのまさに打って付けのガイド役であった。私はハミオとは同じ部屋に寝起きしていたが、彼は仕事の関係なのか毎日朝は相当早く出て行くようで顔を合わせるのはいつも夕方か週末であった。ある日の夕方のこと、突然ハミオがいつになく真剣な顔つきで聞いてきた。

「ワーダ、毎晩遅くまで起きているようだけどいったい何をしているんだ？」

確かに、毎晩のように一人だけ深夜の２時、３時まで起きている外国人の下宿人の行動をハミオが不審に思ったのも無理のないことであった。ポルトガル語の授業に備えての予習、復習に加え、毎晩、家族や知人への手紙を何通も書いているといつの間にかいつも夜更けの２時、３時になってしまうのであった。その上、ややホームシック気味でもあり、なかなか寝付かれず明け方近くまで起きていることもままあった。自分の行動や心境を適切かつ十分に伝えるすべをまだ持ち合わせていない悲しさで、誰もが寝静まった夜更けに一人だけ起きている事情をうまく説明できないため、このブラジル人一家にとってはなんとも不可解な外国人であったに違いない。ブラジルでの生活に限らず海外生活で最初に一番困ることは、やはり言葉の問題かと思われる。たとえ事前にいくら勉強してきたとしても、単に知識として身に付けただけの語学では実際の生活の中での実践に果たしてどれほど役に立つものなのか、いささか疑問である。ましてや、生まれてこの方一度も接したことのないポルトガル語の場合、短期集中のにわか勉強で得た知識程度では、それを母国語とするブラジル人との生活においてはまさに"竹やり戦術"のごとくはなはだ心もとないものであった。一般的にブラジル人は日本人と同じように外国語があまり得意な民族ではない。そのため、世界共通語たる英語でさえ日常生活の中で通じるようなことはまずない。結局、この国で暮らすからにはポルトガル語以外、意思疎通の手段はないものと覚悟しなければならないのである。それにしても、顔を合わせている限り言葉が途絶えることのないブラジル人一家の中で、ポルトガル語ではまだ「暑い」、「疲れた」、「外出する」というような程度の稚拙な意思表示しかできない自分自身がほとほと情けなく、もどかしい限りであった。本当は話したいことや聞きたいことが山ほどあるのに、そう思うとフラストレーションがたまるばかりである。生きていくために必要な最低限の意思疎通はできても通常の人間関係における会話にまでは至らないため常に精神的な不完全燃焼が続く。そして、その精神的なもどかしさや物足りなさが高じると、やがて一種の精神的"便秘状態"とでも言うべき心理状況に陥るのである。そういう状況になると唯一最高の解消法は、とにかく自分の母国語で言いたいことのすべてを満足のいくまでしゃべることである。つまり、同胞の日本人と日本語で心ゆくまでおしゃべりをすることであった。サンパウロやリオデジャネイロとは違い、このレシーフェにはそれほど多くの在留邦人や日系人が住んでいるわけではない。そのため、日々の生活の中で日本語を話す機会などほとんどない。ところが、たまたま同じような立場で企業から派遣され、この地に暮らす日本人の研修生が数名ほどいた。まさに似たような境遇の彼らとは知り合うやたちまち意気投合し、まるで古くからの友人であるかのような親しい間柄となった。そして、お互いにしばしば連絡を取り合っては、すっかり常連となったいつものバーに集合して延々と取りとめのないおしゃべりに花を咲かせるようになる。話題はなんでも良かった。とにかく、自分の言いたいことや、思っていることのすべてを誰かに好きなだけ自由にしゃべれば、それでよかったのである。これは精神衛生上、誠にもって有効なフラストレーション解消法であった。またそれと同時に、一方で貴重な情報交換の場でもあり、いわば一石二鳥の同胞交流であった。こうして、このわずか数名のささやかな日本人社会は精神安定剤の役割を果たすと同時に、その後のレシーフェでの人脈や情報の拡大につながる有意義な場へと発展するのである。

ペルナンブコ大学にて

私が通ったペルナンブコ大学経済学部はレシーフェ郊外の大学都市と呼ばれている地区にあり、その駄々広いキャンパスには経済学部の他に教育学部、工学部、薬学部、医学部などの校舎も点在している。初めのうちこそ経済学部の事務所で特別に作ってもらったカリキュラムに従い、使命感を持って授業を聴講していたが、様子が判るにつれブラジル流キャンパス生活の要領を体得して、しだいにマイペースの学生生活を送るようになった。朝の授業などは閑散とした大教室に数名の学生が出席しているだけで我が日本の大学でも似たような光景が多かっただけにブラジルの大学も同じかと妙に安心したものである。また、教授が時間通り現れず授業が30分くらい遅れて始まるのはまだ良いほうで、ある雨の日などは遅刻しないようせっかく早目に登校したにもかかわらず、何と「本日は雨のため休講」などという随分人をばかにした通知が掲示されていたこともあった。しかしながら、そうは言ってもこの大学全体が万事このような調子であるはずはなく、工学部や医学部などは真剣な毎日の連続で雨を理由に休講などということはありえない。当然、理由もなく授業をサボるような不届きな学生もいないようであった。たまたま知り合った医学部の学生などはそれこそ勉強漬けの毎日で疲労困憊なのか、出会うといつも挨拶もそこそこに青白い顔をして幽霊のごとくキャンパスの奥へ立ち去って行くのであった。一方、経済学部の授業はといえば、言葉のハンデイキャップもさることながら、一応日本の大学を卒業している者のレベルからすると内容的に興味を覚えるような講義はなく、あまり実のある成果は得られなかった。それでも、最終的にはこのペルナンブコ大学経済学部での勉強の集大成としてブラジルの経済発展に果たす日本の役割をテーマとする小論文を完成させた。ただし、仲間のブラジル人学生たちの手助けがなければ恐らくこの小論文をまとめることなどできなかったであろう。その意味では、とりわけ論文の構成からポルトガル語の文章の添削に至るまでほぼすべてを手伝ってくれたカルロスという学生仲間の協力は大きかった。事実上、彼の代理執筆と言ってもいいほどの論文であった。

ポルトガル語の個人レッスン

大学へ通学する傍ら、週２回ほどポルトガル語の個人レッスンを受けるため元教員であるデニーゼ夫人の自宅へ通っていた。彼女は完全なヨーロッパ系ブラジル人で白人の多い南部の中心都市ポルトアレグレの出身であった。そのため、彼女のポルトガル語は基本的にブラジル南部のヨーロッパ風ポルトガル語であり、特に発音の面では巻き舌が特徴的で地元のブラジル東北部のポルトガル語とはやや趣きが異なっていた。コーヒーブレイクをはさんで１回２時間の授業であるが、予習や復習が不十分であるとデニーゼ夫人はご機嫌斜めで、いつも手厳しいお説教が続くため時間をオーバーすることも珍しくはなかった。その代わり、十分な予習、復習の成果を発揮して順調に課題をこなした時などは、本当に優しい笑顔で“素晴らしい上達ぶり”を褒めちぎるのであった。そんな時は決まって、少々早目に授業を切り上げると、コーヒーなど飲みながら一緒にテレビを見たりするのである。幸いにしてどうやら、しだいに勉強の効果が現れ始めていた。少なくともデニーゼ夫人の言うことについてはもう完全に解るようになっていた。そして、ブラジル暮らしも半年を過ぎた頃のこと、驚いたことにある日突然、まるで霧が晴れ青空が広がるかのように周囲から聞こえてくるポルトガル語が明瞭に理解できるようになったのである。それまでは、意識的に耳を傾けなければよく聞き取れなかったはずのポルトガル語が自然に耳に入るようになったのである。誠に不思議な感覚であった。これは、毎日、朝から晩までポルトガル語という言葉のシャワーを浴びているうちにいつしか脳の言語中枢が活性化し、新しい細胞の回路でも出来上がったからなのかも知れない。ともあれ、こうして聞くことができるようになると、同時に話すことも不自由を感じなくなる。それどころか、ものを考える場合、時として無意識のうちにポルトガル語で考えていることさえあった。いつの間にか、意識の領域では日本語とポルトガル語の置き換え現象が始まっていたようで急速にポルトガル語が日常の表現手段になりつつあった。実際、それを裏付けるかのようにある日のこと、「ワーダは昨日の晩、ポルトガル語で寝言を言っていたぞ」とハミオに冷やかされたこともあった。急速にそして確実にポルトガル語が外国語から日常の生活言語に変わり始めていたのである。こうした体験から考えてみると、外国語を習得するための理想的な最良かつ最速の方法というのは、赤ん坊が言葉を覚え、しゃべり出す過程をそのまま真似することであるように思われる。赤ん坊は、当然ながら文法を勉強して言葉を覚えるわけではない。毎日、母親をはじめ周囲の人たちが発する言葉を音声として繰り返し聞いているうちに意味を認識し、そして自分でもそれを真似て発声することで言葉を覚えていく。従って、大人になってから母国語以外の言語を習得しようとする場合は文法や読解の学習も必要ではあるが、やはり赤ん坊と同じようにまずは言葉を音として捉え、徹底的に耳を慣らす訓練が必要だと思われる。最初はたとえ意味が解らなくても毎日その外国語の音声にさらされたり、繰り返し聞いたりして多少でも聞き取ることができるようになれば、まずは大成功で自信がつくに違いない。そうなれば後は一気にゴール目指して突き進むことができる。語学習得の道は、やはり“習うより慣れろ”ということわざの通り、結局はいかに慣れるかに尽きるようである。

英語とポルトガル語が混線

それにしても、このポルトガル語のようにひとつでも特定の外国語がそれなりに身に付くと、脳の言語処理能力に限界がある凡人には一方で、思いも寄らぬ困った現象が発生することになる。それというのは、中学校以来、社会人になってからも好むと好まざるとにかかわらず慣れ親しんできたもうひとつの外国語である英語で話したり、書いたりしようとすると、時としてポルトガル語が混じって混線してしまうのである。特に、英語のスペルをしばしば間違えるようになった。ポルトガル語の場合、単語は原則的に母音で終わるためスペルが似通った英語の単語の語尾にもつい“a”とか“o”をつけてしまうのである。概念を示すような名詞の場合、英語もポルトガル語もスペルが似たような単語が多いので後で気が付くと、ポルトガル語風の英単語になっていることがよくあった。また、こんな失敗もあった。後日、日本へ帰国して仕事の関係でイギリス人と打ち合わせをした際、別れ際に“Thank you”と言うべきところを、思わずポルトガル語が出てしまい“Obligado”と言って相手をキョトンとさせたことがある。何か妙なことを言ったが、日本語でもなさそうだしこの日本人はいったい何を言ったのだろうと、相手はそんな不可解な顔を見せた。しかし、今何を言ったのか、またこの言い間違えの理由や背景が何であるのかを説明したのでは話が長くなるので、その時は素知らぬ顔をして逃げるようにその場を後にした。思うに、日本語以外の外国語で何か意思表示をしようとすると、今やポルトガル語がその表現手段として脳に刷り込まれているため常に反射的かつ自動的にポルトガル語で反応するようになっているに違いない。いうなれば、外国語を使わなければならないような場面では、まず自動的にポルトガル語の出力スイッチが入るのであろう。そのため、別の外国語である英語を使おうとして意識を英語モードに変換しても脳の中に組み込まれた外国語の言語回路がポルトガル語を基本にしているため、ふとしたはずみでポルトガル語が顔を出してしまうに違いない。もっとも、こうした現象はたまたま関係の近い他の外国語を知っている場合にのみ発生する混乱なのかも知れない。従って、例えば、アラビア語とかギリシャ語とか中国語のようにまったく言語系統の異なる外国語同士になると、それぞれ文字も違えば文法構造も違い、関連性が一切ないので脳の中の言語回路が混線するようなことはないのかも知れない。それにしても一方で、世の中には母国語以外の外国語を何ヶ国語も自由自在に操ることのできる人がいるというが、いったいどのようにしてその能力を身に付け、またそれぞれの言語をどのように混乱なく制御し、使い分けているのであろうか。不十分ながら英語以外に何とかやっとポルトガル語という新しいもうひとつの外国語を知った凡人の立場からすると、それはまさに天才の領域に属する能力に思えてくるのである。

やがて、レシーフェでの自由で濃密な一年間の生活を終えていよいよリオデジャネイロへ移る時がきた。最もブラジル的なこの地方都市での生活体験から、今度はこの国を代表する世界的な大都会での新たなブラジル体験の始まりである。私はすでにもう心身ともにすっかり現地化し、ブラジル社会の体臭がしっかりと染み込んでいるのか、思えば、日々の生活の中で自分がこの国では外国人であることを特に意識することもなくなっていた。いつしかブラジルは空気のような存在になっていた。

ブラジル人気質

ブラジル人と暮らして

ブラジル人気質、サウダージとシンパーチコ

ポルトガル語にはブラジル人の気質を表していると思われる象徴的な言葉がふたつほどある。それは、“サウダージ”（Saudade）と“シンパーチコ”（Simpatico）という言葉である。いずれもそのニュアンスにピッタリと合う適当な訳語が日本語には見当たらない。強いてその意味を表現すれば、“サウダージ”とは一応、懐かしさ、恋しさ、やるせなさ、郷愁などというようなやや感傷的な心情を表す言葉であり、一方の“シンパーチコ”とは感じの良いとか、気が合うというような人間関係における他者についての評価や印象を表す言葉である。例えば、その“サウダージ”という心境などはブラジル人が時にふと見せる意外な一面である。一般的にブラジル人といえば底抜けに明るく陽気で情熱的な民族性を想起しがちであるが、実際には必ずしもそうした面ばかりだとは限らない。情にもろくウエットな面もあり、状況によっては普段とまったく対照的な素顔をみせるのである。音楽に例を取れば、サンバと並んでブラジル音楽を代表するボサノバのあの物憂げな気だるい旋律がまさにこの“サウダージ”の心情に通じるものがあるように思われる。ボサノバの曲が静かに流れるバーの薄暗い片隅で一人物思いに耽ったり、そっと涙を拭いたりするようなブラジル人の姿など想像できないかも知れないが、それもまた彼らの一面なのである。生まれ故郷に対する懐かしさ、親や家族に対する恋しさ、人生や生活の悩み、あるいは恋人への思いなどブラジル人はいつも心のどこかに何がしかの“サウダージ”を抱いている。サンバという陽気で情熱的なリズムがまさにブラジル人の民族性を象徴しているように、

それとはまさに対照的ながら物静かで退廃的な哀愁すら漂うボサノバのメロディーもまたブラジル人の特性を象徴している。サンバにしてもボサノバにしてもその性格や曲想はまったく異なるが、いずれの音楽も紛れもなく同じブラジル人が生み出したものである。考えてみると、底抜けに明るく情熱的と思われているブラジル人は、その一方で大変ウエットでロマンテイックな側面も併せ持つ二面性を特徴とする民族と言えるのかも知れない。

一方、ブラジル人を語るとき、もうひとつのキーワードとなる言葉が“シンパーチコ”であるが、これはブラジル社会における人間関係での親密度を表す尺度となる表現である。友人や知人を大事にするブラジル人にとって心を許せる親しい仲間であるかどうかの価値基準であるとも言える。そのため、“シンパーチコ”という表現は単に相手との人間関係が良好で親しいということを意味するだけではなく、その根本には相手に対する信頼や尊敬、さらには共感の思いなども含まれている。そうした全人格的な人間関係を共有できる相手が“シンパーチコ”なのである。通常、ブラジル人と知り合い少しでも親しくなれば誰でも“アミーゴ”（男の友人）あるいは“アミーガ”（女の友人）になることはできる。一般的に気の良いブラジル人は親切であり、顔見知りの知人や友人に対してはたいがい優しい笑顔で接してくれる。しかし、どこの国のどの社会でもそうであるようにこの国においても確固たる信頼関係に基づく親密な人間関係を築くというのはそう簡単なことではない。例えば、一緒に食事をしたり、パーテイーで顔を合わせて親しくなっただけの人間関係では本当の意味での信頼や共感を得るまでには至らない。しかも信頼関係を共有するような人間関係を築くためにはそれなりの時間もかかる。その意味で、もし知り合いのブラジル人から“シンパーチコ”な“アミーゴ”と言われたら、これはもうしめたもので信頼のできる親しい仲間と認められたことになる。人間関係の濃淡の程度が日々の生活から社会の動きに至るまで色々な場面で暗黙の影響を及ぼすこの国では“シンパーチコ”な関係を共有する人間関係はやはり重要な意味を持つのである。

いわば家族の一員としてブラジル人家庭に暮らしてみるとこの国の人たちもまたいかに温かく親切であるかがよく判る。そして、それ以上に身に染みて思ったことは、たとえ言語や文化が異なり生まれ育った生活風習が違っていても人間の心理や感情というレベルにおいては何ら違いはなくまさに同じ人間同士であるというごくあたり前のことであった。嬉しい時には笑い、悲しい時には泣く。そうした根本的な人間性の部分においては日本人であろうとブラジル人であろうと少しも違いはない。まして、ある意味で浪花節的な喜怒哀楽を生活の信条とするウエットなブラジル人の場合、日本人の心情や感性に通じるものがあり、この国での人間関係には言いようのない居心地の良ささえ感じるのである。

リオデジャネイロの下宿の肝っ玉母さんドナ・アイルダ

例えば、リオデジャネイロでの下宿先であるブラジル人一家との生活の中で接した彼らの日々の姿には、まさに肌の色や性別、年齢の違いなどを超越した普遍的な人間同士の触れ合いがあった。実際、そこでの毎日はまるで自分の親戚の家にでも居候しているかのような思いすらしたものである。その下宿先のブラジル人一家の中心は、年の頃50代後半とおぼしき“ドナ・アイルダ”と呼ばれるポルトガル系の小柄な主婦で、さしずめブラジル版“肝っ玉母さん”といった存在であった。現役を引退し、悠々自適のご主人と一人娘のシルビアの静かな三人家族の家庭であった。ところで、リオデジャネイロへ移動するまでの一年間を過ごしたブラジル東北部においては、今もなお家庭の主婦が家事を行うことはタブー視する傾向が一般的である。しかし、ドナ・アイルダはそうした旧弊なしきたりなどお構いなしに炊事、洗濯、掃除と家事全般を一人でこなし、朝から晩まで大車輪の働きぶりであった。さらにまた、彼女は外国人の下宿人に対してもまったく分け隔てなく接してくれ、家族同様の気配りをするのが常であった。毎日、夜10時頃になると決まって彼女は作り立ての暖かい夜食をもって私の部屋へやってきた。ある時はスパゲッテイーであったり、ある時はポルトガル風雑炊であったりと、心づくしの料理の味もさることながらその世話の焼き方はまさに母親のそれであった。ところが一方で、そうした母親的行為が時にはうとましく余計なお世話に思えることもあった。毎朝、ギリギリに飛び起きて朝食も取らずに慌ただしく家を飛び出して行くことが彼女は気になって仕方がなかったのであろう。そのドナ・アイルダはある朝、とうとう牛乳を注いだコップを持ってバス停まで私を追いかけてきたことがある。そして、「何も食べずに出かけるのはよくない、せめて牛乳だけでも飲んで行きなさい」と命令口調で迫るのである。通勤の人や車が行き交う朝の往来で辺りかまわずまるで子供扱いであった。そうした押し付けがましいお節介に反発して私はその時、「朝は何も食べたくないのでとにかく何も要らない！」とやや感情的に突っぱねた。しかし、結局は彼女の剣幕に負けてバス停に並ぶ通勤客の前で渋々コップの牛乳を飲み干す羽目になったのである。私への同情なのか、それとも彼女への賛同なのか、バス停の通勤客はニヤニヤあるいはニコニコしながらブラジル人のおばさんと日本人の若者とのその珍妙な押し問答を眺めていた。その時は、「何とお節介なばあさんだろう」と半ば憤慨したものであるが、考えてみるとそれはまさに身内の者に対する愛情からの干渉であり、相手が赤の他人ならばありえるはずのない心遣いであるとしみじみ感じ入ったものである。

ドナ・アイルダは本当に母親のような存在であった。ある時、風邪をこじらせ三日ほど寝込んだことがある。一日に何度か様子を見に来ては調子はどうかと顔を覗き込んでいく。そのうち、彼女はどこで手に入れたのか、なんと皮を剥いた柿を持って部屋へやって来た。柿はもともと日本人移民が日本から持ち込んだもので今ではブラジルにも柿の木はあるらしく、ポルトガル語でもそのまま“カキ”と呼んでいる。それにしても、この国では珍しい貴重な日本の果物であり、そう簡単にどこでも手に入るとは思えない。日本の果物を食べれば少しは元気になるかも知れないと、そう考えた彼女が恐らく方々探し歩いて手に入れたものに違いない。久し振りに食べる柿の甘さをしみじみ噛み締めながらその優しい心配りに熱いものがこみ上げてきて、不覚にも涙がこぼれそうになった。異国の地では病気になった時とお金が無くなった時ほど心細いことはない。異国の地でのこの暖かい思いやりはやはり本当に嬉しかった。まして、風邪で体調が悪くいささか気弱になって落ち込んでいただけにこのドナ・アイルダの思いも寄らぬ親心がことさら心に沁みたのである。そして、気のせいかなんとなく少し元気が出てきたような感じがしたものであった。

下宿先の一人娘シルビアの好奇心

一方、この一家の一人娘のシルビアはブラジル人にしては口数が少なく物静かな女性であった。知的好奇心が旺盛な彼女は夕食の後などよく私の部屋へ来て、時には日本という国について予想もしない質問を投げかけてきた。返答に窮して、ポルトガル語ではうまく説明できないなどと苦しい言い逃れでお茶を濁すこともあり、今更ながら自国の文化や歴史に対する自分の無知を思い知らされたものである。ある時などは日本語のことが話題になったので日本語には漢字、ひらがな、カタカナという3種類の文字があることを説明し、実際にいくつか例文を書いてみせた。すると、目を丸くして質問が始まった。「ひとつの言語になぜ3種類も文字があるのか？」、「違う文字をどのように使い分けるのか？」、「漢字にはいくつ文字があるのか？」などの質問であった。しかし、残念ながらそれらの質問に対してはいずれも彼女の理解が得られるような明快な回答はとうてい無理であった。なぜなら、悲しいかな日本人の私自身にも解からないことばかりだからである。恥ずかしいことに、それはポルトガル語の表現能力以前の問題であった。結局、どうやら日本語というのは難解な言語であるという印象を与えただけで、せっかく日本語に興味を示した彼女から永遠に日本語の学習意欲を奪ってしまったのかも知れない。それ以降、彼女から日本語に関する質問を受けることはなかった。

シルビアはまた、日本から持参した文房具類にも興味があるのか、しばしば私の部屋の机の上にあるボールペンやホッチキスなどを借りに来た。日本製の文房具が珍しいからなのか、あるいは使い易いからなのかその理由は判らないが、借りに来るたびにいとも気安く「ハイ、どうぞ」と手渡すと彼女はいつも嬉しそうに持っていった。また、もし私がいなくても必要な時はいつでも好きな時に使って構わないと彼女には伝えてあった。文房具ごときで喜んでもらえるのならお安いご用である。ところが、その善意があだとなってやがて予想もしない騒動に発展するのである。というのは、そのうちだんだん持っていったまま何日も戻って来なかったり、何本もあったはずのボールペンがいつの間にかほとんどなくなっていたりというような状況が続くようになったからである。しかし、それでも恐らくシルビアが返すのを忘れているだけのことでそのうち戻ってくるであろうとあまり気にも留めずにいた。ところが、いつになっても消えた文房具類が戻ってくる様子はなく、特に手紙を書くためのボールペンがすっかり消えてしまったのはさすがに不便であった。そこで、それほど目くじらを立てて文句を言うほどのことではないにしても、シルビアにはやんわりとボールペンの返還を要求してみた。すると、彼女はあわててボールペンを何本か返してくれたが、まだ他にも未返還のボールペンや文房具類があるはずであった。もちろん、意図的な行為でないことは信じていたが、こうして文房具類の行方不明が度重なるとさすがにいささか苛立ちを感じ始めていた。そこで、ある日、思い切ってドナ・アイルダに事実だけを伝えてみたのである。すると、話を聞き終えるや彼女は何も言わずに部屋の奥へ引っ込んだ。そして、ほどなくしてご主人と共に姿を現すと、彼女は険しい表情で「言っておきますが、いくら貧しくても我が家には人の物を盗むような泥棒なんかいません。あなたがもし私たちを信じられないのなら……」と切り出した。さらにご主人が続けて「もしどうしても疑うのなら、今からこの家の中を隅から隅まで全部気の済むまで調べてほしい」と、大きく両手を広げて強い口調で言うのであった。これには、逆に驚いてしまった。そして、結果としてこの善良な一家を傷つけることになろうとは夢にも思わなかった。そもそも、初めからまったく疑ってなどいないし、まして家の中で文房具類が盗まれたなどとは毛頭思ってもいない。ところが、ドナ・アイルダにしてみれば娘をはじめ自分の家族が皆、疑われていると思ったらしく、それがよほど悔しく、屈辱的であったのであろう。また、その口調から察するに、やはり自分たちブラジル人はまだこのように本当は外国人には信用されていないのだという苛立ちもあって一層、屈辱感を覚えたのかも知れなかった。大きな誤解に困惑しながらもこの家族の思いも寄らぬ反応には感服した。それと同時にブラジル人としての誇りに触れたような気がして、ある意味で清々しい思いがしたものだった。そして、たとえ一方的な思い込みではあれ、ドナ・アイルダの決然とした心意気に接して、なぜか彼女にはいささか申し訳ないことをしたような心境でもあった。翌日、シルビアが姿を現し、はにかむような仕草で決して上等とは言えない別のボールペンを数本手渡してくれた。私はもう、それで十分であった。私の部屋から消えたボールペンや文房具類はシルビアがどこかに忘れてきたり、友達に貸してそのままになったりしているのであろう。それがブラジル人である。この出来事があって以来、この家族との絆が一層強まり心理的な壁が完全になくなってしまったのか、私の日常の振る舞いもまたよりブラジル的に進化したのであった。

熱情と陶酔の舞い

カーニバル狂乱

国民は政府への不満も忘れる

ブラジルという国、あるいはブラジル人について語るとき誰もが思い浮かべる代表的なイメージのひとつはカーニバルであるに違いない。サッカーと並んでこの国やこの国の人々の生活や文化をも象徴する民族的な国家イベントと言える。実際、ブラジル人自身も「この国ではカーニバルとサッカーさえあれば国民は政府への不満も忘れてしまう」と認めているほどである。

ポルトガル語でカルナバルと呼ぶカーニバルはもともと謝肉祭というキリスト教の宗教儀式がその起源で、年によって多少のズレはあるが毎年2月中旬頃にブラジル全土で華々しくそして熱狂的に繰り広げられる。記録によれば独立直後の1820年代からすでに今日のこの国家的イベントの原型となる祭りが行われていたようである。本来は、純粋な宗教行事であったはずのカーニバルではあるが、いつの頃からかしだいにその姿を変えて現在のような国を挙げての最大の国民的祭典に発展していったのである。中でもリオデジャネイロのカーニバルなどは今や世界的な観光イベントとして有名であり、毎年大勢の観光客が世界中から集まってくる。そのため、カーニバルの期間中はホテルはどこも満杯となり、その期間は一年前から予約をしなければならないほどの盛況ぶりである。

カーニバルの楽しみ方

ところで、カーニバルという大イベントをどのように楽しむかということについては基本的に二通りの楽しみ方がある。ひとつは、数日間にわたって街の中心部を練り歩く仮装パレードを観客として「見て」楽しむことである。そして、もうひとつはダンスホールや社交クラブなどで開かれるカーニバルのパーティーに参加し、集まった大勢の人たちと一緒に「踊って」楽しむことである。そのどちらでもカーニバルの醍醐味を堪能することはできるが、ひとつめの仮装パレードこそがやはりカーニバルの神髄であると言えよう。仮装パレードではポルトガル語でエスコーラデサンバ(サンバ・スクール)と呼ばれるグループごとにそれぞれの山車や踊り子たちによる絢爛豪華な行進が軽快なサンバのリズムに乗って華やかに続く。通りいっぱいに広がって歌い、踊る光景はまさに圧巻である。パレードに参加するすべてのサンバ・スクールはカーニバル・コンテストの審査対象となり、演出、音楽、衣装などの芸術性や完成度などを選考基準にして、その年の最優秀チームが選ばれる。そのため、各グループは趣向を凝らした山車や踊り子たちの奇抜な衣装によってその演出の華麗さ、ユニークさをお互いに競い合うのである。このサンバ・スクールというグループはいうなれば日本の祭りでの“連”に相当するものと考えられる。一方、この仮装パレードに参加する各グループのメンバーは、その多くが“ファベーラ”と呼ばれるスラム街の住民をはじめとする貧困階層に属する男女である。毎年、年に一度、このカーニバルの期間中だけは貧しい彼らが満場の注目を集めながら晴れの舞台で華やかな主役を演じるのである。ある者は羽根を広げた孔雀を思わせるような豪華で派手な衣装を身にまとい、またある者は逆に最低限隠すところだけ隠してほぼ全裸に近い状態でサンバのリズムに陶酔する。黒い肌には汗が光り、踊り子たちの肢体からは弾けるような歓喜と熱気とがほとばしり、見る者をも興奮と熱狂の渦に包み込んで行く。この国の貧しい世界に生きる者にとってカーニバルこそが人生のすべてであり、いうなればこの日のために働き、そしてこの日があるからこそ生きていると言ってもあながち過言ではない。こうして年に一度、たとえ束の間の享楽にしか過ぎないにしても、きらびやかな晴れ舞台を与えられ主役の一員として周囲の喝采を浴びることで、彼らは自分たちが置かれている境遇のすべてを忘れることができるのである。しかし、その一方で裏を返せばこれは巧妙にカモフラージュされた為政者側の壮大なる貧困層対策でもあるという現実を見逃すわけにはいかない。多くの恵まれない貧困層の不満や苦しみ、そして彼らの夢や希望のない日々の生活など、そうした一連の構造的な社会問題に対するいわば“ガス抜き”策としてカーニバルがその密かな役割を果たしているのは紛れもない事実だからである。そういう意味では、今やカーニバルとはまさに政治的思惑を秘めた国家行事のひとつであり、貧しい者たちの日頃の憂さを晴らすための虚飾の祭典でもあると言えよう。また実際、この国ではそういう現実を冷徹に認識しカーニバルの熱狂を白眼視している人たちも少なくはない。実のところ、ブラジル人であれば誰も彼もがこぞってカーニバルに興奮し、熱狂するというわけではないのである。特に上流階級や富裕層に属するような一部の人たちにとってカーニバルとはただの乱痴気騒ぎでしかなく、この階層はそうした巷の年中行事に関心など持ってはいないというのが実体である。そのため、逆にカーニバルの期間を利用して海外旅行に出かけたり、休暇を取ったりする人たちが決して少なくはないのである。しかしながら、だからといってカーニバルのボイコット運動が広がるわけではなく、この国にとってカーニバルとはやはり特別な存在であり、永遠不滅の国家的祭典であることは間違いない。

　カーニバルの仮装パレードはカーニバルの期間中、ブラジル各地でいっせいに行われるが、それぞれの地域に根ざした特色のあるパレードも見られ、地域色溢れる多彩なカーニバルを楽しむことができる。例えば、リオデジャネイロのカーニバル以外にもブラジル最大の都市サンパウロや東北部のサルバドール、レシーフェといった都市のカーニバルもまた、その特色ある仮装パレードで知られている。私が体験したレシーフェのカーニバルなどは、何となく土の匂いがするような素朴で土着的な祭りであった。このカーニバルでは、思いがけずも在レシーフェ日本総領事館の粋な計らいにより日本の報道関係者という触れ込みでカーニバルの実行委員会から特別に“取材許可”を得ることができたのである。そのため、カーニバルの期間中、腕に「報道」という腕章をつけた私はにわか記者に扮していつでも自由にパレードの中へ出入りすることができた。パレードの列に入り込み、踊り子のまさに正面から接近してカメラを構え写真を撮ったりしているうちに、“外国の報道関係者”が珍しいのか、あるいは“熱心な取材ぶり”が目立ったのか地元の本物のブラジル人記者から逆取材でインタビューされ、大いに慌てる場面もあった。

ポルトガルの植民地として早くから奴隷制度が導入されていたこの地域は黒人系の住民が多いため、レシーフェのカーニバルでは仮装パレードも伝統的な民族色の濃い山車や踊りに特徴があり、その独特の雰囲気が印象的である。ことに、白いドレスで盛装した黒人女性の一団が日傘を差して柔らかに舞うフレーボというこの地方特有の踊りはカーニバルの華やかなイメージとは大きく異なり、どこか幻想的で幽玄な風情さえ漂わせている。日が暮れ、辺りが夜のとばりに包まれて仮装パレードがクライマックスを迎える頃、照明ライトに照らされながらそのフレーボの踊り子の一団が続いて登場してきた。ライトの明りに浮かぶ踊り子たちはなぜか皆、能面のように無表情で無言のまま日傘を左右に操り、静々と踊りのステップを踏みながら進んで行く。陽気で情熱的なサンバのリズムが会場を圧するように響きわたり、熱気溢れる雰囲気の中でこの一団だけはまるで異質の時間と空間を漂っているかのように見えた。動から静へとカーニバル会場の喧騒が一瞬、静寂に包まれたような錯覚さえ覚えたものである。そして、このフレーボの踊り子たちの舞いを見ながら、ふとあの哀調を帯びた胡弓の音に合わせて踊る富山の「おわら風の盆」の優雅な情景を思い浮かべていた。その幻想的で静謐な風情には人の心に響く共通したものがあるように思えたのである。ところで、このフレーボという踊りが、それではなぜ華やかなカーニバルの晴れの舞台でこのように独特の物静かな、そして哀愁を帯びた雰囲気を感じさせるのであろうか。しかしながら、その理由となる由来や背景は判らない。ただ、レシーフェを中心とするこの地域一帯はその昔、黒人奴隷によるサトウキビ栽培が盛んであったことから不条理な運命に苦しめられた数知れぬ黒人奴隷たちの悲嘆や怨念の歴史が深く刻まれており、目の前を今静かに行進して行く踊り子たちは皆その子孫に当たるということだけは確かであった。

さて、カーニバルのもうひとつの楽しみ方はダンスホールなどカーニバルのパーテイー会場で夜を徹して開かれるダンスパーテイーに参加することである。カーニバルの期間中、そうしたパーテイーが方々で開かれる。豪華な仮装パレードが有名なリオデジャネイロの場合も会員制の社交クラブから地域のスポーツクラブまで様々な会場でカーニバルのダンスパーテイーが開かれる。

リオデジャネイロのカーニバルではシルビアと彼女のボーイフレンド、そしてその友達の四人で連れだってレバノン・クラブという、いうなればアラブ人会館とでも言うべき会場で開かれたパーテイーへ行ってみた。入場料を払って会場に入ると、話し声が聞こえないほどの音量の音楽と溢れかえるほどの男女が発する熱気とエネルギーとで初めからいきなり興奮の坩堝であった。会場は明かりを絞った薄暗いダンスフロアーを囲むように周囲にはテーブル席が設けられている。一晩中、サンバのリズムやボサノバのメロデイーに酔いしれ、ひたすら踊ることが目的であるだけに食事付きのテーブル席とはいえ飲み物と簡単なつまみが出されるだけである。会場を見渡すとダンスフロアーはすでにすし詰め状態で大勢の男女が腕を振り、腰を振り、思い思いの格好で踊っている。周囲のテーブル席でも立ち上がった若者たちがビールをラッパ飲みしながらリズムに乗って体をくねらせている。ブラジル人のリズム感は天性のものなのかも知れない。会場を包むすさまじい熱気と騒然とした雰囲気に圧倒されながらしばらくは呆然とダンスフロアーを埋め尽くす大勢の男女の踊りを眺めていた。抱き合い、ただ音楽に合わせて体が揺れているだけのカップルもあれば、対照的に激しいステップに汗を飛ばしながら恍惚の表情でサンバのリズムに陶酔しているグループもある。やがてそのうち、シルビアたちに誘われるままにおずおずとダンスフロアーの踊りの集団の中に入っていった。そして、その熱気溢れる雰囲気に溶け込んでみるとしだいに愉快な気分がしてきて、それはまるで魂が解放されるかのような忘我の境地とでも言うべき心地であった。これは、カーニバルの興奮がもたらす不思議な精神的高揚感なのかも知れない。べた付くような熱気と息苦しいほどの人いきれの中で不規則なぎこちないステップを踏みながらただひたすら体を動かし続けた。そして、いささか疲れ果て気がついてみると時計はもうとっくに朝の4時を回っていた。時間が過ぎるのをまったく忘れていたのである。そこで、そろそろ帰ることにして皆で外へ出てみるとすでに夜空が白み始めており、早朝の冷気が汗まみれの体には心地よかった。サンバのリズムが耳鳴りのようにまだ脳裏のどこかから響いてくるのを感じながら、踊り疲れた体を引きずるようにしてパーテイー会場を後にした。あのすさまじい興奮と熱狂の余韻がしだいに納まるにつれ、妙に心地よい疲労感と充足感を覚えたものである。それにしても、やはりかなり疲れたが、ともあれ、カーニバルの長い一夜はこうして過ぎたのである。

カーニバルに集う人々

ところで、このようなカーニバルのダンスパーテイーに集うのはいったいどのような人たちであろう。それは、刹那的な解放感で日頃の鬱憤を晴らすため仮装パレードに参加するような貧困層の人々でもなければ、またカーニバルを卑俗な庶民のバカ騒ぎと見下すような特権階級の人々でももちろんない。特別な意図や思惑もなくただ純粋に、あるいは単純にカーニバルという一年に一度のお祭騒ぎの場を楽しみたいという、ごく普通の一般的なブラジル人がその主体である。とすれば、このようなダンスパーテイーも表面的にはただのお祭騒ぎのように見えて、実は謝肉祭という本来的なカーニバルが意味する祭典を祝い、楽しむキリスト教徒としての宗教的伝統が行動の根本にはあるのかも知れない。そしてまた、この国ではいかなる目的であれ、またいかなる方法であれ、年に一度のカーニバルは誰もがそれぞれに祝い、楽しむというのがやはり常識であり、人々を律する流儀であるようだ。それはカーニバル二日目の昼下がりのことであった。レシーフェの街角でたまたま見かけた光景はまさにそのことを象徴しているように思えて今も脳裏に焼き付いている。恐らくカーニバルのダンスパーテイーに参加するための入場料を払う持合わせなどあろうはずもなく、さりとて仮装パレードに参加するサンバ・スクールのメンバーでもなさそうな貧しい身なりをした初老の男がたった一人で真昼の路上の一角を舞台に踊っているのである。遠くから聞こえてくるサンバの曲に合わせて男は楽しげに軽快なステップで踊っていた。拍手喝采もなければ誰からも注目されることもなく、それでも男はたった一人のカーニバルを祝うかのように、ひたすら踊り続けていた。そして、カーニバルでは誰もがそうであるように、その男もまたサンバのリズムに酔いしれ、カーニバルの踊りに熱狂しているかのように見えた。カーニバルとは何か、そしてさらにこの国の人々にとってカーニバルとはいったい何を意味するのか、そんなことを今さらながらあらためて思い巡らしながら私はその光景をじっと眺めていた。

無礼講

昔から、カーニバルといえばその期間中はまさに無礼講で何をしても許されるというような俗説がまことしやかに伝えられている。だが、果たしてそれは本当であろうか。確かに、カーニバルの期間中は飲酒の量が増え、しかもお祭り気分で誰もが精神的に高揚しているため普段よりは色々なハプニングが多いのは事実であろう。実際、羽目を外して普段では考えられないような行為に及ぶこともあると思われる。例えば、飲酒運転による交通違反や交通事故、また酔っ払っての喧嘩や傷害事件、果ては殺人事件、はたまた土地勘のない大勢の観光客を狙ってのスリや窃盗犯の横行など、そうした諸々の厄介ごとが毎年、カーニバルの期間中は普段よりかなり増えるという。しかし、考えてみると、これらは日常的にいつでも起こり得る単なる犯罪や事故にしか過ぎず、カーニバルの期間中だからという理由で特別に許されるような出来事でも、特殊な事態でもない。どうやら、たまたまカーニバルの期間中に発生する事件や事故が結果的に通常よりは多いためにカーニバルの期間中は無礼講であり、少々のことは見逃してもらえるというような通説につながったのであろう。しかしながら、実際にはカーニバルだからといって何をしても許されるという慣例や決まりはやはりないようである。いかに熱狂的で情熱的なカーニバルとはいえ、無軌道な自由までは許されるものではない。ただし、ひとつだけカーニバルの期間中は普段よりは解放的になるがゆえの結果と思われる興味深い現象が認められる。というのは、統計データによると毎年カーニバルが終わってから10ヶ月後くらいの時期に子供の出生率が他の時期に比べて急に増加するとされているのである。これはいったい何を意味するのであろうか。この現象から想像するに、カーニバルの期間中、男女間の関係だけは要するに無礼講が認められ、自由奔放な行動も大目に見てもらえるということなのかも知れない。とすれば、この国のカーニバルとは神の恵みに対する感謝の祭典であると同時に愛を育む幸福の祭典でもあるのかも知れない。

ブラジルといえばサッカー

サッカーは人生

ブラジルの象徴であり、文化そのもの

この国では男が二人以上集まると、さながら挨拶代わりのようにまず最初に話題になるのが“フッチボール”、すなわちサッカーに関することだとさえ言われている。ことほどさように、サッカーを抜きにしてはこの国の日常生活を語ることはできない。その意味で、サッカーはいうなればブラジルの象徴であり、ブラジルの文化そのものでもあると言えよう。この国では、恐らくほとんどすべての少年が一度はサッカー選手になることを夢見る。とりわけ、スラム街の貧困家庭などで貧しさの中に生きる恵まれない子供たちにとっては、プロのサッカー選手になって身を立てることが貧しい生活から抜け出すための唯一最良の方法であり、多くの少年たちがそれを将来の目標としている。サッカーはボールひとつあればできるスポーツだけに路地裏の空き地や広場など少しでも場所があれば、将来のサッカー選手を夢見る子供たちがいたるところで無心にボールを追いかけ、サッカーに興じている。これはブラジルの子供たちのごくありふれた日常風景であり、こうした日々の遊びを通して彼らはサッカーの基本を身に付けていく。実際、ブラジルを代表するような一流選手たちの多くもこのような貧困地区の出身であり、まさに路地裏のサッカーでその基礎を築き、技を磨いたのである。しかし、成功への道のりはやはり遠く、厳しい。ひたむきな努力や意欲だけで熾烈な競争を勝ち抜けるほど生易しい世界ではないのである。従って、当然ながら、誰もが夢を叶えられるわけではない。たとえ頭角を現し将来の希望が見えてきても途中でケガに泣き、運に見放されることもある。結局のところ、サッカー選手

としての素質や能力が評価され、晴れてスター選手の仲間入りができるのはほんの一握りの限られた少年たちだけである。

セレソン・ブラジレイラ

ところで、サッカーであれ、バレーボールやバスケットボールであれ、すべての団体競技のブラジル代表チームはみな“セレソン・ブラジレイラ”と呼ばれる。セレソン・ブラジレイラとはブラジル選抜という意味であり、ブラジルのナショナルチームのことである。例えば、サッカーであればサッカーのセレソン・ブラジレイラであり、バレーボールならバレーボールのセレソン・ブラジレイラということになる。ところが、単に“セレソン”と言った場合はサッカーのブラジル代表チームのことを指し、すべての団体競技のブラジル代表チームの中でサッカーだけが敬意を込めたこのセレソンという呼称で呼ばれるのである。このような慣例が確立されているということは、すなわち、この国ではサッカーはやはり国技以上の特別な意味を持っており、スポーツの中のスポーツと言うべき存在として認められていることの何よりの証にほかならない。それだけに、そのサッカー界の頂点に君臨するセレソンは本当のブラジル代表として誇りと権威に満ちたまさに本物のプロ集団ということになる。その名誉と栄光の道を目指して、プロのクラブチームに属するサッカー選手なら誰もがいつの日かセレソンのメンバーに選ばれ、憧れのセレソンのユニフォームで国際試合に出てみたいと夢見るのである。一方、セレソンの代表メンバーというのは、国内の各クラブチームはもとより海外のクラブチームへ移籍したすべてのブラジル人選手を対象にして厳格な選考の末、選抜され召集されるのである。そして、セレソンの威光はさすがに絶対的なものがあり、各クラブチームともいかなる事情があろうともセレソンから召集された所属選手については無条件で送り出すことが、事実上、義務とされている。ワールドカップの地区予選や南米選手権など主要な国際大会を控えて召集されたセレソンの代表メンバーは通常、長期の合宿に入り代表監督が練り上げた戦略に基づくチーム作りに向けて集中的かつ入念な練習と調整を開始する。そして、各選手の調子を見ながら練習や調整の仕上がり具合を確認するため２チームに分かれての実戦形式による練習試合がたびたび繰り返される。こうして、そのユニフォームの色からカナリア軍団と呼ばれる無敵のセレソン・ブラジレイラが誕生するのである。

美しく華麗に

ブラジル人は試合に勝つだけのサッカーには満足しない。そしてまた、評価もしない。サッカーとは常に美しく、華麗でなければならないとする。それがブラジル人のサッカーに対する信条であり、理念である。そのため、サッカーの試合においては見る者を魅了するような選手一人一人の知的で芸術的なテクニックとチームとしての華麗な連携プレーや美しい攻撃フォーメーションによる勝利が求められる。ことに、ブラジル代表であるセレソンの試合の場合には絶対条件として、そうしたサッカー美学が要求される。いついかなる場合でも勝つことが当たり前とされるセレソンにとってはただ単に勝つということだけではなく、いかに美しく、かつ華麗なサッカーで試合を演出するかということの方がより重要な課題となる。そのため、セレソンの選手たちはいつも大きな重圧と強い緊張感にさいなまされながらそれを克服し、いかに平常心で最高のプレーをするかに腐心しなければならないのである。それはまさに自分自身との戦いでもある。しかしながら、たとえ有能な優れた監督と世界的に有名なスター選手をそろえたセレソンといえども常にこの国が求める期待通りの結果を出すことはそう容易なことではない。サッカーは世界で最も人気のあるスポーツであり、セレソンを脅かすような他国の強豪チームや有力チームが世界にはひしめいている。また、セレソンとて人間の集団である以上、全員が常に万全の調子を維持しているとは限らない。実際、予想もしていない屈辱的な敗北を喫してブラジルの国中が悲嘆にくれることもある。そうしたことから、セレソンの試合結果を巡ってはこの国はこれまでいくつもの悲喜劇を経験しており、その度に国を挙げての大騒動に発展している。国際試合ではセレソンが勝っても負けても、どちらにしてもその試合結果に関する議論が沸騰し、いつもこの国の人々は熱くなるのである。また、それをさらに煽るのがマスコミであるとも言える。挑発的な見出しや解説記事を掲げて結果的に読者を扇動するためサッカー談義を巡る興奮状態はいやがうえにも高まるのである。かくのごとく、この国にとってセレソンが対戦する国際試合というのはいうなれば国家的な一大事ということになる。例えば、ワールドカップの地区予選とか本戦などでは、その実況中継の放送がある時間帯は国中のすべての活動が事実上ほぼ完全に停止し、通りから人も車も途絶えて街はまさにゴーストタウンと化す。ほとんどすべての国民が固唾を呑んで試合の行方を見守っているのである。試合中、ブラジルが点を取ると「ゴール」というアナウンサーの絶叫とともに街のそこかしこから拍手喝さいやら車のクラクションが一斉に鳴り響き渡る。そして、ブラジルの勝利で試合が終了すれば今度は歓喜の爆発という状況で街中が興奮の熱気に包まれるのである。ところが一方、その反対にブラジルが試合に敗れた場合は悲嘆や落胆、あるいは屈辱感で国中がまるで喪に服したような状態となる。そして、場合によっては深刻な事態を迎えることもありえる。とりわけ、敗戦を不服としファンの間に不穏な動きがある場合は、セレソンの監督をはじめ選手たちは身の危険さえ覚悟しなければならず、時として命がけの帰国となる。現実に、同じ南アメリカのコロンビアではワールドカップの地区予選に敗れたコロンビア・チームが帰国した際、空港で選手の一人が不満を持ったファンに射殺されるという悲劇が起こったことがある。これはサッカーの試合結果に激高した狂信的ファンによる特異な惨劇ではあるが、ブラジル人のサッカーに対する情念や美学を考えるなら決して他国の出来事と片付けるわけにはいかない。それにしても、サッカーへの情熱や執着心を知るにつけこの国における異邦人としてはあらためて“たかがサッカー、されどサッカー”の思いを深くするのである。

　サッカーの聖地とも言うべきリオデジャネイロのマラカニアン競技場は収容人員が10万人を越えるという世界有数のサッカー場である。このサッカーの殿堂を舞台に、今も昔もペレやジーコのような“サッカーの神様”と呼ばれる伝説的名選手をはじめとして数多くのスター選手たちが活躍し、そしてこの舞台から巣立っていく。ところで、そうした名だたるスター選手たちが実は競技生活のかたわら一方では地道な社会奉仕活動にも多大な貢献をしていることはあまり知られていない。また、彼ら自身も自ら多くを語ることはない。自分たちが勝ち得た大きな成功を社会に還元するため、特にスラム街の貧困家庭などに育った選手たちは今もその頃の苦労を忘れることなく貧しい家庭への資金カンパや食料提供といった形で慈善活動や奉仕活動に積極的に取り組んでいる。そうした活動は現役時代から引退後も一貫して続けられていることが多いようである。貧しい環境から抜け出し、夢を叶えた人生の成功者として彼らは社会への恩返しを一種の使命と考えているのであろう。ことに、セレソンの代表メンバーに選抜されるような一流のスター選手たちはただ単にサッカーの技量や素質に優れているだけではなく人間性の面においても優れた人格者であることが多い。また、そうあるべきことがこの国のサッカー選手にはいつも求められている。一芸に秀でるということは、すなわち人間を作るということでもあるのであろう。アメリカの作家、レイモンド・チャンドラーの著作に出てくる「男は強くなければ生きていくことはできない。しかし、優しくなければ生きる資格はない」という名言をもじって言うならば、「一流のサッカー選手は強くなければ勝つことはできない。しかし、優しくなければプレーをする資格はない」ということにでもなろうか。

スポルチ・レシーフェのユースで練習

ある時、この国にいる以上は本場のブラジルサッカーを一度は身をもって実体験してみたいと、ふと思ったことがある。そこで、早速、冗談まじりに親しいブラジル人の知人に地元、レシーフェのクラブチームでどこか練習などさせてくれるチームはないであろうかと唐突な打診を試みた。すると、任せてくれとばかりに彼は自信ありげにこの大胆極まる要請を引き受けてくれることになった。そして、数日後のことであった。なんとチームの責任者に話をつけたから明日早速、練習場へ案内するとその知人が言ってきたのである。それでもまだ半信半疑ではあったが、ともかくその言葉を信じ、期待することにした。

レシーフェを本拠地とする“エスポルチ・クルベ・ド・レシーフェ”というブラジル国内リーグのクラブチームがある。ファンの間では通称、“スポルチ・レシーフェ”と呼ばれる名門のプロサッカーチームである。そのスポルチ・レシーフェに属するジュベニールという、いわば選手養成のためのユースチームがあり、そこで練習することが認められたというのである。さあ、大変である。サッカーは高校時代に体育の授業でやったことがあるくらいで実際の活動経験はない。それでもとにかく、せっかくの機会なので本場のサッカーに挑戦してみることにした。当日、ジュベニールの練習グラウンドへ行くと選手たちが集合していて監督から「日本から来たアミーゴが我がチームのメンバーとしてこれから練習に参加するので皆、仲良くやってくれ」というような趣旨の訓示があり、チーム関係者から拍手をもって迎えられたのである。毎週木曜日の午後、練習に参加することになり、早速チームのユニフォームとサッカーシューズを購入して来週からの練習にそなえることになった。そして、いよいよ練習日の当日がやってきた。真新しいユニフォームと真新しいサッカーシューズでいで立ちこそいっぱしのサッカー選手風の姿ではあったが、練習の方は最初の柔軟体操だけが他の選手たちと同じメニューで後はただ一人、練習グラウンドの周りを黙々と走り続けるだけであった。それがコーチからの取りあえずの指示であり、翌週も、またその翌週も同じメニューが続いてサッカーボールを使っての練習はない。まずは基礎体力をつけさせるという計画のようであった。これはサッカーに限らず、どのスポーツでも重要なことであり、それはそれで十分納得のできる練習方針なので特に不満には思わなかった。練習が終わると、選手たちは三々五々、シャワールームに向かい汗を流す。シャワールームといっても個人ごとに仕切られているわけではなく、一度に10人は入れそうな部屋にひまわりのようなシャワーの噴水口が壁の上部に並んでいるだけである。素っ裸の選手たちが横一列に並んでそれぞれのシャワーの下で泡だらけになりながら互いに勢いよく水を飛び散らかしている。選手たちのたくましい肉体と黒光りするような肌をちらちらと横目で見ながらそっと我が肉体に目をやると思わず愕然とし、一刻も早くシャワールームを飛び出したい衝動にかられるのであった。やはり、これでは基本的な体力差は最初からいかんともしがたいものがある。ランニングだけがメニューの練習を何回か過ごしたところでいよいよ本物のサッカー練習ということになった。そしていきなり、今日は試合形式の練習ゲームをやるのでどちらか一方のチームのメンバーとして加われと、コーチが言う。ポジションの指示は特にないので取りあえずゴールキーパーを背にしてデフェンスの位置に陣取ることにした。コーチの笛を合図にゲームが始まると、あっという間に相手側の選手が土ぼこりをあげながら巧みなドリブルでこちらへ向かってきた。これを阻止してボールを奪わなければと突進するが、するりと身をかわされ、まったくボールに触れることができない。ゲームの途中でようやく初めてボールを持ったので味方にパスしようか、ドリブルで前へ進もうかと一瞬間を置いた途端、横から来た選手に簡単に奪われ、まるで手品のようにボールは足元から消えていた。しだいに、ゲームの動きに加われない苛立ちから向きになってボールのある方向へ全力で突進するが、少しもボールに触れる場面はなく練習コートの中をただひたすら走り回るだけという有様で、なんとも情けない結果であった。練習終了後、まだ名前も覚えていない選手たちが次々に肩をたたいて「お疲れさま、よくやったよ」といった顔でシャワールームへ消えていった。プロサッカーの卵たちとはいえ、このジュベニールの選手たちのサッカー技術はやはり別次元の技であるように思えた。そして、それ以上に自分にはサッカー選手としての可能性はまったくないことを今更ながら納得したのであった。とはいえ、この無謀で大それた挑戦を経験することにより、この国のサッカーがいかなるものかを知るいい機会にはなったのであった。それからほどなくして、自分のせいで日本人はサッカーが下手な民族だというような印象をこれ以上広げないためにもブラジル人とサッカーの練習をするのはそろそろ終わりにしようと思った。結局、そんな理由にもならない屁理屈で誠に身勝手な結論を下すと、いつしかジュベニールでの練習から足が遠のいていた。こうして、サッカーの本場での武者修行は終わったのである。

この国に生きる
日系人社会について

移民の歴史

近世に入ってからの日本人の集団的な海外移住の歴史は明治元年、つまり1868年のハワイ諸島への移住に始まるとされている。江戸時代が終わり、日本が近代国家への道を歩み始めたばかりの明治元年にはもう海外に新天地を求め、世界へ雄飛する人々がいたわけである。それからちょうど40年後の明治41年、すなわち1908年になると今度は日本からブラジルへの集団移住が開始された。その年の6月、最初の日本人移民団である約780名の人々を乗せた東洋汽船の笠戸丸がほぼ世界を一周してブラジルのサントス港に到着したのである。その第一回の移住から現在に至るまでの約1世紀の間におよそ25万人を越える日本人が新天地を求めてこのブラジルへ移住し、その子孫であるブラジル生まれの二世、三世などを合わせると今や100万人を越える日系人がこの国に暮らしている。これは海外における最大の日系人社会であり、ポルトガル系やイタリア系、あるいはドイツ系などの移民社会から見れば数の上では少数派のマイナーな存在とはいえ、日系人社会もまた今ではこの国の社会に枢要な地位を占める民族集団のひとつと言える。現在、この国に暮らす日系人のうちその7割ほどがブラジル最大の都市、サンパウロを中心とするサンパウロ州に集中している。しかし、南部のパラナ州やサンタカタリーナ州、それにアマゾナス州などにも多くの日系人社会が存在し、およそ日系人のいない州はないといわれるほどに日系人は深く広くこの国に根付いているのである。その上、日本人や日系人に対するこの国での社会的評価はすこぶる高く、厚い信頼を勝ち得ている。勤勉で真面目な民族性に加え、教育レベルが高く有能な人材を多数輩出してこの国の発展に少なからず貢献してきていることが日系人に対する評価につながっているものと思われる。ブラジルのポルトガル語に “japones garantido” という表現がある。これは、“日本人のやることに間違いはない” というのが本来的な意味ではあるが、それが転じて今では物事の結果や見込みについて “大丈夫である” とか “問題はない” というような確認や保証を意味する言葉として使われる場合がある。これこそまさにこの国での日系人や日本人に対する信頼の厚さを端的に言い表わす象徴的な表現にほかならない。ことほどさように、日系人に対する高い社会的評価は今やこの国の誰もが認める共通認識として定着しているが、それはむろん一朝一夕にして得られたものではない。歴史的に見れば当初、日本人は主に農業移民としてこの国に移住してきたが、その後、ブラジル生まれの日系人を中心にしだいに農業以外の様々な産業分野にも進出し、しかもそれぞれの分野において地道な努力を積み重ねながら成果を挙げてきた。その結果がまさにこの国における今日の日系人社会の姿であることは言うまでもない。

日本人のブラジル移民に関する歴史についてはすでに多くの優れた著作が出版されているので、ここでは簡単にその歴史的経緯や背景について触れてみたい。今から約1世紀前、この国に新天地を求めて笠戸丸でやって来た最初の移民団に始まる日本人のブラジル移住の歴史は決して平坦な道のりではなく、むしろ苦難と試練の連続であったと言える。移民という海外への集団移住とは結局のところ国家間の利害関係が一致することによって生ずる一種の人口調整政策であり、その時代ごとの経済環境や社会環境を背景とする国際的な労働力分配制度と捉えることができる。このブラジルでは、1850年に黒人奴隷の輸入が完全に禁止され、1888年には奴隷制度そのものが廃止されたことにより当時、国家財政を支える最大の輸出産品であったコーヒー栽培のための労働力不足が大きな社会問題となっていた。そのため、ブラジル政府は黒人奴隷に代わる労働力の確保を目指して積極的に海外からの移民受け入れ政策を推進することになる。その結果、主にスペイン、イタリア、ポルトガルなどヨーロッパからの移民による労働力の流入が急増し始める。しかし、やがて移民の流入がピークを過ぎて伸び悩みを見せると、今度はそれを補充する形でヨーロッパ諸国以外の国からも移民を受け入れることになる。そこで、東洋からはまず中国や日本がその対象となり移民を誘致する方針が決められた。とりわけ、コーヒー農園が集中するサンパウロ州が移民の受け入れに最も熱心であり、州政府はその誘致策として移住者の渡航費を一部負担するという条件を打ち出していた。一方、日本側はハワイへの移民事業を開始して以来、国内の不況対策や雇用調整策の一環として当時、積極的に海外移住政策を推し進めており、すでにペルーなどへの移民事業が始まっていた。そのため、ブラジル移住についてもその要請に応じる環境は十分整っており、日本政府は国策事業として推進することを決める。こうして、ブラジルへの移民事業は開始されることになり、ここにその波乱に満ちた歴史の１ページが開かれるのである。ところで、このように海外移住が日本の国策事業として本格化する中でいつしか政府の代行機関という立場で移民の募集や現地への送り出し業務を専門に担う移民会社が多数設立されていった。ところが、こうした民間の移民会社の中には悪質な業者も少なくはなく、杜撰な調査や曖昧な取り決めのまま移住者を現地へ送り出し、移住者が現地で不当な扱いに泣かされるという事態が起きていた。ブラジルの移住先に入植してみると環境条件や雇用条件が聞いていた話とはまったく異なり、騙されたと気付いた時にはもう後の祭りという事例が続発したという。特に、ブラジル移住が開始された初期の頃は契約内容とは異なる苛酷な労働条件や劣悪な生活環境の下でコレラやマラリアなどの病気によって肉親を失ったり、果ては全財産を使い果たして一家離散という悪夢のような悲劇に見舞われる移住者も多かったと当時の記録は伝えている。それに対し、日本政府による救済や保護対策はほとんど何も行われなかったという。こうした初期のブラジル移民が経験した予想もしない悲劇は直接的には民間の移民会社による詐欺的行為が原因であるとはいえ国策事業としての移住である以上、政府も本来その責任を免れることはできないはずであった。しかし、ブラジル現地での悲劇は放置されたまま移住者たちは政府の不作為の犠牲となっていった。
政府のこのような冷淡で責任放棄的な対応を見る限り、日本の移民政策というのは事実上、海外への棄民を意図した政策であったものと思われる。こうして異郷の地で夢破れ、失意に沈む多くの日本人移民をその後、さらに思いも寄らぬ不条理が襲う。それは、しだいに増え始めた日本や中国など東洋からの移民に対する人種差別的な排斥運動であった。毎日の仕事や生活の中で日本人移民社会は白人系を中心とするブラジル人たちの心ない差別や迫害に苦しむ日々が続くのである。生活習慣や文化が異なりブラジル社会にはなじまない危険で奇妙な人種であるというのがその理由とされ、明らかに黄色人種に対する無知と偏見に満ちた暴論であった。このような排斥運動の根底にあるものは昔から欧米社会に潜在するいわゆる「黄禍論」に通じる危機意識であろうと思われる。ところが、一方でこうした偏狭な排他主義はやがて良識あるこの国の有識者たちの声によって排除されてゆく。そして、むしろ勤勉に働く日本人移民を「東洋からの開拓者」として評価し讃える声が無知や偏見に毒された世論を圧倒し、理不尽な排斥運動はいつしか完全にこの国から消滅するのである。

やがて、長い苦難と悲劇の歴史を乗り越えてこの国に根を下ろした日本人移民の多くは祖国日本を振り返ることなくブラジル社会の一員として着実に日系人社会を確立していく。一方、こうして自立した日系人社会がこの国に定着するに及んで今度はその内部から新たな問題が巻き起こったのである。この国の一員として生きる日系人にとって、ある意味でいずれは克服しなければならない自己の存在確認とでも言うべき葛藤であった。昭和20年8月、日本は連合国側に対し無条件降伏して敗戦の時を迎えたが、その祖国日本の戦争結果を巡って日系人社会の意見は真二つに割れた。そして、それがきっかけで日系人社会はふたつの派に分裂し、深刻な内部対立へと発展するのである。つまり、祖国日本は戦争に勝ったと確信する信念派と、逆に戦争に負けたと主張する認識派との激しい対立が続き、死傷者まで出る血なまぐさい抗争に発展したのである。当時の通信事情からして正確な情報が得にくい上、日系人の多くが現地の地域社会からは隔絶した日系人だけの閉鎖社会の中で暮らしていたため情報から孤立しており、国際情勢には疎い環境にあった。しかし、この対立抗争の背景にあるものは単に情報不足による感情的な行き違いという問題だけではなく、実は個々の日系人がそれぞれの胸に秘めた祖国日本との心理的距離感の違いという根の深い問題でもあった。日本が戦争に勝ったと信じる「勝ち組」派の日系人は、このブラジルの地にあってもなお日本人の血が流れていることを誇りに思い、常に日本への愛着や郷愁の念を胸に抱いていた。そのため、日本の敗戦という事実を受け入れることができず彼らはあくまでも祖国日本が戦争に負けることなどあるはずがないという虚妄の信念にこだわり続けたのである。それを頑迷固陋な国粋主義と決め付けるのは簡単ではあるが、彼らの胸中に去来するものはそれほど単純なものではなかったかも知れない。その一方、「負け組」派の日系人というのは、自分たちはしょせん祖国日本には見放された根無し草のような存在であると達観し、この国でブラジル社会の一員として生きていくしかないと覚めた決意をした人々である。そのため、祖国日本への未練や執着はとうの昔に捨て去り、今さら日本人であることに殊更こだわる気はなかった。そうであればこそ、冷静に客観的な視点で日本という国を見ることができたに違いない。そしてまた、日本人であることを忘れこの国に生きることを選択したからにはもう日本人としての血に惑わされるようなことなどあるはずもなかった。ともあれ、日系人社会に深い傷跡を残しこの騒動はようやく収束したが、日系人一人一人にこの国で生きていくことの意味や立場を踏み絵のように突き付ける結果となったのである。

日系人社会

その時代からすでに数十年の歳月が流れ、今では日本人移民の先人たちが直面したあの筆舌に尽くしがたい苦難の歴史はもう完全に過去のものとなってしまった。そして、この国で生まれ育った日系人が過半数を占める現在、日系人社会は大きく変化し新しい時代を迎えている。言語はもとより生活様式、行動形態、考え方など様々な面において今日の日系人の姿に祖国日本の面影を求めることは期待できない。いうなれば、日本人の顔をしたブラジル人の出現である。古い世代の日系人は、かつてこの国の自分たち以外のブラジル人をみな“外人”と呼んで意識的に日系人社会との間に境界線を引いていたものである。しかし、それも今は昔となり、今日の日系人社会はそうした移民時代の日系人社会とは様相が大きく異なり、基本的にブラジル人との間に壁は存在しない。農業移民としてこの国へやってきた日本人は勤勉さとその地道な努力に加え、当初より子弟の教育に熱心な民族であることが知られていた。苦しい生活環境の中でも多くの日本人移民が教育にお金と時間を費やすことをいとわなかったという。その結果として、今では農業はもとより政治、経済、行政、社会、教育、文化などこの国のほとんどすべての分野で日系人たちの目覚しい活躍ぶりを目にすることができる。例えば、政界においてはガイゼル政権時代に鉱物・エネルギー相を勤め、その後ブラジル石油公団総裁に就任したウエキ大臣を筆頭に、日系人が首長や議員を務める全国各地の自治体や議会の例は枚挙にいとまがないほどである。また、中央政府の官僚や外交官、あるいは軍の高官など国家の中枢を担うような部署にも多くの日系人が幅広く進出しており、その能力の高さが評価されている。このように、有能な人材を数多く輩出する日系人は今では勤勉な働きぶりだけではなく学業においても勤勉であることが広く知れ渡っている。まさにそれを裏付けるかのように例えば、ブラジル有数の大学であるサンパウロ大学の場合、各学科を首席で卒業する学生のうちおよそその2割は日系人であると言われている。この国の全人口に占める日系人の割合は1パーセント以下であることを考えるとサンパウロ大学の首席卒業生の数に占める日系人の割合は驚異的な数字であることが判る。特に、理学、工学、医学など自然科学系の分野における日系人の活躍振りが著しいとされている。それから、大学の首席卒業生の多さもさることながら、日系人の大学進学率や入学試験での合格率の高さもまた際立っており、その猛烈な勉強ぶりは一般のブラジル人学生にとってはいささか脅威であるのかも知れない。数年前、大学進学を目指すブラジル人受験生の間では密かにこんな物騒な小話が流行ったことがあるという。

「日系人を一人でも殺せば、その分入学試験に合格する確率が高くなる……」

小話にしてもこれはさすがにいただけないが、日系人の学生に対する他のブラジル人学生の妬みや悔しさも含んだ羨望の思いがひしひしと伝わってくるようである。何はともあれ、勤勉に努力し優秀な成績で大学を卒業する日系人の人材をこの国は今後もますます必要とするのは間違いない。そうした意味で農業移民から出発した日系人社会は今や大きく変貌を遂げ、有望な人材の供給源としてこの国の未来をも左右するほどの重要な役割が期待されているのである。それにしても、日系人社会を取り巻く時代環境がこれほど大きく変化するとはいったい誰が予想できたであろうか。しかし、考えてみると日系人社会の変化以上に一番大きく変わったのは、むしろ日系人や日系人社会を見るこの国の国民意識そのものであろうと思われる。実際、日系人社会を取り巻くこの国の政治的、経済的あるいは社会的環境は今や、これまでのどの時代とも違うのである。

サンパウロの中心部にほど近い一角にリベルダージ地区と呼ばれる日系人を中心とする東洋人街が広がっている。ここは海外における世界最大の日本人街と言われるだけに通行人の大半は日系人であり、日々の生活や商売も通常、日本語で行われている。この地区のメインストリートとも言うべきガルボン・ブエノ街に入り、そのシンボルである大鳥居をくぐると、通りに沿って日本語の看板がところ狭しと溢れている。食堂や土産物屋はもとより寿司屋、バー、スナック、お菓子屋、床屋、時計屋、書店、写真館、旅館、薬局、医院、映画館、寺院、銀行など大小様々な店舗やビルがひしめくように軒を連ねており、その既視観のある街並みはまるで一昔前のどこか日本の地方都市の繁華街のようである。仏壇店や畳屋、呉服屋、布団屋、さらには麻雀荘というようなこの国ではおよそ日本人以外には用のないはずの店まであり、日本にあってこの街にないものはないと言われるほどである。そのため、日系人や日本人にとってこの街に暮らす限りは日常的に何ら不自由はなく、日本国内とまったく同じような生活をすることができる。

一方、ブラジル国内の他の地方に住む日系人一世などにとってはこのガルボン・ブエノ街という所はやはり一種特別な場所であるに違いない。買い物や娯楽を求めての楽しみな街であると同時に記憶の中に存在する祖国日本の空気に触れ、祖国の雰囲気に身を浸す郷愁の空間でもあると思われるからである。別の言い方をすれば、この街はいわば遠い祖国への里帰りを擬似体験する癒しの場であるかも知れない。そこでは本格的な日本の味を堪能したり、最新の日本の情報に接したり、地方では手に入らない日本の品々を仕入れたり、あるいは懐かしい知人と旧交を温めたりと、祖国日本との出会いが待っている。また、日系人に限らずこの街の風情にどこかしら形容しがたい懐かしさを覚えるのはこの街が凝縮された日本の原風景とも言うべき故郷のたたずまいを醸し出しているからなのかも知れない。この街の玄関口のようにそびえ立つ赤い大鳥居はまさにその象徴のように思われるのである。

入植地を訪ねて

こちらで知り合った日系人の知人の誘いで、ある時サンパウロから数十キロ奥地へ入った日系人の入植地を訪ねたことがある。広島県出身の農業移民団によって昭和初期に開拓された集落であるという。久し振りに見る“現代の日本人”の来訪とあって、その日の夜は集落を挙げての歓迎の宴が開かれた。恐らく女性陣が総出で準備したのであろう心づくしの日本風の料理が並べられ、老若男女の集落の人々に囲まれるようにしてテーブルの席に着いた。そして、簡単な挨拶と自己紹介を済ませると早速、日本語やポルトガル語が飛び交う賑やかな宴会が始まった。祖父母に当たる一世やその子供世代の二世までは問題なく日本語が話せるが、孫の世代以降になるとたとえ日本語が理解できてもポルトガル語で返事をするといった具合で、その世代以降は家庭内においても日常は完全にポルトガル語の生活だという。同じ屋根の下に暮らしていても世代間で異なる言葉を使って生活しているわけであるが、意思疎通の面で不都合は特にないという。初めのうちはそれこそ遠来の“現代の日本人”を物珍しそうに眺めていた集落の人たちもしだいに打解けてきたのか、日本語やポルトガル語、あるいはそのチャンポンで様々な質問が次から次へと飛び出してきた。見たことのない遠い祖国日本が今や世界有数の先進国に発展し、超近代的な生活をしていることを知ってか知らずか、東京タワーや新幹線の話には誰もが興味深げに聞き入っていた。しかし、そうした現在の日本の状況を自分の祖国の姿として誇りに思うのか、それとも自分の知らない日本という外国の状況として関心を持つだけなのか、人々の表情や反応からはその胸の内を十分読み取ることはできなかった。

やがて、賑やかな宴もお開きとなり、女性や子供たちは三々五々、引き上げていった。しかし、その後も最後まで残った集落の長老衆とでも言うべき一世の人たちとブラジルの地酒であるピンガというサトウキビから作られた焼酎を酌み交わしながら夜が更けるのも忘れて語り合った。彼らにとっての祖国日本とは記憶の中にだけ存在する戦前の日本の姿であり、時がそこで完全に止まっているため現在の日本の状況についてはいくら説明を聞いても、それはいささか現実感に欠ける夢か幻のような話に聞こえるようであった。もし仮に、今この一世の人たちが日本を訪れたならまさしく“浦島太郎”のような心境になるに違いない。部屋の壁には色あせた明治天皇の額入り写真が掛けられ、大正時代から昭和初期にかけてのセピア色の日本が時代を超えてそのままの姿で今も目の前にあった。この集落には遠い日の日本が止まった時計のように動くことなくその時代のままに静かに息づいているのである。しかし、この地に移住してからの長い日々は波乱万丈の時代変化に翻弄され続けたようで、彼らの顔の深い皺や節くれ立った手がそれを物語っている。思い出すようにとつとつと広島弁で語る数々の苦労談には日本の近代史が置き忘れた海外移民の悲哀が込められており、自分が今置かれている立場との落差を複雑な思いで考えさせられたのであった。

カリオカとパウリスタの街

二大都市、リオとサンパウロ

宿命のライバル

ブラジルを代表する世界的に有名な都市はどこかといえば、それはもう言うまでもなくリオデジャネイロとサンパウロのふたつの大都市ということになる。このふたつの都市は周辺部を入れるといずれも人口が1000万人近くのブラジル国内の第一位と第二位の巨大都市である。このブラジル国内で第一位の人口を有するサンパウロと第二位のリオデジャネイロはそのまま南アメリカにおける第一位と第二位の大都市でもある。現在はどちらもこの国の首都ではないという点が共通していること以外、多くの面で対照的な関係にあり、それぞれに特色のある都市としてその個性を競い合っている。実際、この両都市は昔から良くも悪くも互いに宿命の競争相手としてライバル意識を持っており、何かにつけて張り合う関係にある。それは、ちょうど日本では東京と大阪が一種のライバル関係にあり常に比較対照されるのと同じような感覚であると言えよう。

ところで、この両都市それぞれの特徴をごく単純化して一言で表現するなら、リオデジャネイロはまさに観光都市であり、片やサンパウロは産業都市であるということになる。こうした都市としての性格の違いは潜在的な環境要因としてそこに生まれ育った者や住んでいる者にもそれなりの影響を与えることからこの両都市の場合、それぞれの住民の気質や性格的特徴にはやはり一定の違いが認められる。この国ではリオデジャネイロの住民や出身者のことを「カリオカ」と呼び、サンパウロの住民や出身者のことを「パウリスタ」と呼ぶ。そして、そうしたリオデジャネイロ市民とサンパウロ市民に対する呼称にはもともと両都市それぞれの住民気質の違いを象徴する響きが込められている。また、両都市の住民をそのように区別して呼ぶことこそが、実はお互いのライバル意識や競合関係をいっそう助長しているようにも思われるのである。実際、「カリオカ」と「パウリスタ」はしばしば互いに相手の気質や性格をあげつらい、事あるごとに中傷し合ったり反目し合ったりするのである。例えば、「カリオカ」は陽気で楽天的ではあるが、遊び好きで少々いい加減な気質の人種だとされている。一方、「パウリスタ」はといえば真面目で働き者が多いが、四角四面の堅苦しい気質で人間的な面白味に欠ける人種だとされる。そのため、「カリオカ」から言わせると「パウリスタ」というのは－“奴らはせわしなく働くばかりで楽しみといえばせいぜい外食することと映画を見ることくらいのもの。奴らがあくせく働いている間に我々は大いに人生を楽しんでいるというのに”－ということになる。それに対し今度は逆に、「パウリスタ」から言わせると「カリオカ」というのは－“連中が遊び呆けている間にも我々は汗水流し懸命にこの国を引っ張っている。いったい誰がこの国を支えているのかということを連中はまるで判っていない”－ということになる。いずれにせよ、時や所を選ぶことなく繰り広げられるこうした中傷合戦にはどことなくあの有名なイソップ物語の“アリとキリギリス”の話を彷彿とさせるものがある。もし「パウリスタ」がアリであり「カリオカ」がキリギリスであるなら、ある意味でこの国の未来像が見えてくるような気もするのである。

リオデジャネイロ――世界で最も官能的な美しさをもつ都市

「カリオカ」の街、リオデジャネイロはポルトガル語で“一月の川”という意味であるが、その川という意味の“リオ”がつく地名はこの国には多数ある。ブラジル北部に位置するリオグランデドノルテ州や最南部に位置するリオグランデドスール州のような州名をはじめとして国内各地の市町村名に至っては無数と言ってもいいほどにある。だがしかし、ただ“リオ”と言った場合は当然のごとくリオデジャネイロのことを意味する。そのリオは今も昔もこの国の中心的な都市であることに変わりはない。1763年に、ブラジルの最初の首都であった東北部のサルバドールから遷都されて以来、リオデジャネイロは1960年に新しい首都として内陸部に建設された人工都市のブラジリアが完成するまでの約200年間にわたってこの国の首都であった。従って、このリオデジャネイロはブラジル近代史の中心的舞台として重要な役割を担った由緒ある歴史的な都市である。また同時に、その一方でこの街の真髄は“Cidade Maravilhosa”（魅惑の都市）と呼ばれる通り、やはりその壮麗な自然景観にこそあるものと思われる。リオデジャネイロを訪れる観光客の誰もが上るパンジアスーカル（砂糖パン）という釣鐘のような形をした岩山と手を広げた巨大なキリスト像がそびえ立つ標高710メートルのコルコバードの丘はこの観光都市を象徴する代表的な観光名所としてあまりにも有名である。そのいずれも頂上から眺める景色はまさに絶景であり、リオデジャネイロの街並みやグアナバーラ湾の島々が絵画を思わせるような構図で広がっている。その景色は、青い海、白い砂浜、いくつもの小さな島々、小高い岩山、それに緑に包まれた湖と、見事なまでに多彩な色彩に溢れている。その上、それらひとつひとつの自然景観が絶妙なバランスの下に配置されているのである。これはまさに創造主たる神のみが成せる天の差配というほかはない。これほどユニークな自然環境や地形構造に囲まれた大都市というのは世界的に見ても珍しいのではないかと思われる。その意味で、海あり山ありのこのリオデジャネイロが世界三大美港のひとつに数えられるのは当然と言えば当然のことと言えよう。また、「南アメリカの内幕」という著作で有名なアメリカのジャーナリスト、ジョン・ガンサーが“世界で最も官能的な美しさを持つ都市”とこの街の魅力を絶賛しているが、その賛辞もあながち誇張とは言い切れない。さらに、コパカバーナやイパネマに代表される美しく洗練された海岸の存在もまたこの街が世界に冠たる観光都市であることの決定的な要素となっている。まぶしいほどに白く輝く砂浜が約4キロにわたって弓状に続くコパカバーナの海岸は「カリオカ」にとってはまさに本拠地とでも言うべき場所であり、雨でも降らない限り一年中、水着姿が途絶えることはない。さんさんと降り注ぐ太陽の下、白い砂浜に寝そべる「カリオカ」の若い女性たちの水着姿はあまりにも大胆かつ刺激的であり、時には太陽よりもまぶしく思わず目をそらさざるを得ないこともある。砂浜に身を横たえただじっと陽光を浴びる者、波打ち際で波と戯れ歓声を上げる者、あるいは砂に足を取られながらビーチバレーに興ずる者など、この海辺ではいつも大勢の「カリオカ」や観光客がそれぞれ思い思いの流儀で底抜けに明るい南国の青空と太陽を満喫している。この爽快な空気が支配する海辺は本当に心地よくまさに人の心を解き放つかのような浮き浮きした解放感に溢れているのである。

コパカバーナは海岸に沿ってモザイク模様の石畳の遊歩道が続く。そして、その遊歩道に平行して走るアトランテイカ通り沿いには高級ホテルや高級マンションなどが建ち並び、リオデジャネイロの最も華やかな一帯として数多くの観光客を集めている。その中でも、とりわけ南アメリカでは最も格式の高い名門ホテルといわれるコパカバーナ・パレスはこの世界的なリゾート海岸の象徴的存在であり、これまで数多くの国際的な著名人が定宿としてその足跡を残している。そうした著名人の一人にボサノバというこの国の新しい音楽ジャンルを創出したブラジル人の作曲家、アントニオ・カルロス・ジョビンがいる。彼は、現役外交官であり詩人でもあった作詞家のヴィニシウス・デ・モライスと組んで「シェーガ・ジ・サウダージ」(想いあふれて) という曲を1958年に世に送り出した。この曲こそがそもそもサンバと並んで今やブラジル音楽を代表するもうひとつの旗頭であるボサノバの誕生となる記念すべき曲であった。その後、ジョビンとモライスのコンビはいくつか新曲を発表し、ボサノバという音楽の新風を確立していく。この作曲家と作詞家のコンビはイパネマの海岸沿いにあったとあるレストランを溜まり場にして、二人はいつもここで酒を飲みながら新曲の曲想を練っていたという。そしてある日のこと、たまたまこのレストランの傍らを肩を揺すりながら軽い足取りで通り過ぎる美しい少女がいた。その少女を何気なく見ていたジョビンは気が付くといつの間にかその足取りに合わせてメロデイーを刻んでいたという。世界的に大ヒットしたあの有名なボサノバの代表曲「イパネマの娘」はこうして誕生したのである。コパカバーナと並んでリオデジャネイロの海岸を代表するこのイパネマの海岸は若き作曲家と作詞家の出会いの舞台であり、そしてまたボサノバという新しい音楽の発祥の地でもあった。

ユニークな自然景観と芸術的な都市美を誇るリオデジャネイロは華麗で魅惑的な大都会である。街は明るく華やいだ空気に満ちていてどこかお洒落でもある。しかし、そうした華やかな表の顔とは別にこの街には一方でひどく対照的な裏の素顔もある。ファベーラと呼ばれるスラム街の存在である。ファベーラはこの街を取り巻く周囲の赤茶けた岩山のそこかしこにへばり付くように点在している。世界一貧富の格差が大きいとされるこの国ではリオデジャネイロに限らず大都市と呼ばれる街には例外なくこのファベーラが存在する。その中でもリオデジャネイロのファベーラが特によく知られており、しばしばスラム街の代表のように引き合いに出される。それはこの街が都市としての美貌に恵まれ、華やかで豊な装いに包まれているだけにその対極にある醜さや貧しさが余計に際立つからなのかも知れない。美しい街並みに対し、それを汚すかのように存在する醜悪なスラム街はあまりにも極端な別世界であり、その落差はまるで天国と地獄を対比するかのような違いである。ファベーラの多くは細い急坂を上り詰めた狭い土地に雨露をしのぐ程度の粗末な家々が密集し、水道や電気など生活に必要な最低限の設備も整っていない。すべてが不便で不衛生な環境の下で貧困から逃れられない人々が夢や希望のない不幸な生活を強いられている。そうした絶望的な貧しさは、一方で犯罪の温床ともなりファベーラの住民が関係する窃盗や強盗、売春や麻薬の密売、さらには酔っ払っての傷害事件から凶悪な殺人事件まで様々な不法行為や暴力事件が後を絶たない。ところが、ファベーラの多くは事実上、警察や行政の権限すら及ばない治外法権的な無法地帯と化しているのが実態である。そして、そのことがこの街の治安維持に暗い影を落とす結果となっている。犯罪と感染病の巣窟とされ、部外者がこのファベーラに足を踏み入れるようなことは非常識な行為であり、身の安全は保証されないとされる。とすれば、そうした危険な無法地帯の存在を糾弾し、根絶するよう求めることは正当な要求であり、確かに社会正義に叶ってはいる。だがそれにしても、いくら働いてもこの蟻地獄のような貧困生活から抜け出せないとすれば、またいくら努力しても明日に夢や希望を託すことができないとすれば、他にどのような選択肢や解決策がこの貧しい人々に残されているのであろうか。社会の最底辺に生きることの過酷さ、悲惨さは常識的に理解はできても当事者でなければその苦しみを本当に実感することはできないであろう。ファベーラという存在はこの国の社会構造に由来する根の深い問題である以上、単なる正論だけでは解決策にならないと思われる。根本的な社会改革にまで踏み込まない限り問題解決のための処方箋は見当たらない。しかしその一方で、リオデジャネイロという華やかな大都会の舞台裏を支える縁の下の力持ちも必要である。都市としての最低限の基本的機能を担い、街の美観を維持しているのはまさにこのファベーラの労働力にほかならないという現実を忘れてはなるまい。

ファベーラの住人にとって生きる拠り所があるとすれば、それはまさしくカーニバルに違いない。絢爛豪華な衣装を身にまとい強烈な照明に照らされながら晴れがましく、そして誇らしげにサンバのリズムに陶酔する。年に一度だけの晴れの舞台である。最低賃金で暮らす下層労働者の彼らにはカーニバル用の衣装は月収の数倍もする高額の出費となる。しかし、貧しいスラム街を飛び出し、カーニバルの晴れ舞台で年に一度だけきらびやかな主役を演じることを思えばそうした出費も決して惜しくはないのである。いや、むしろ彼らはカーニバルの四日間のために働き、年に一度の主役を演じるために一年間の稼ぎを惜しげもなく吐き出すと言った方が正しいのであろう。思えば、それはまるで生涯の大半を暗い土の中で過ごし、明るい地上に出たとたん数日間だけ精一杯鳴き続けて一生を終えるあのセミのようでもある。しかし、それはそれでいいのである。たとえカーニバルがわずか四日間だけの虚飾の祭典であるにしても、ファベーラの住人にとっては年に一度、この国家的なイベントの輝かしい主役として脚光を浴びることで満たされ、そこに喜びや生きがいを見出すのである。そして、その刹那的な享楽に日頃の思いの丈をすべて凝縮させ全身で爆発させるのである。やがて、四日間の祭典に幕が降り夜も明ける頃、カーニバルのパレードを終えた祭の主役たちは重い足取りで家路につく。誰もが華やかな衣装のまま疲れきった体を引きずるようにして夢の晴れ舞台からまたファベーラという現実の世界へ帰っていく。そして、電気もない粗末な床に身を投げ出し、彼らはもう来年のカーニバルのことを夢見ながら眠りにつくのであろう。

サンパウロ——最もブラジルらしくない都市

この国最大の都市であり、また南半球で最大の都市でもあるサンパウロは味気ないつまらない街だという。ある意味で最もブラジルらしくない都市だと人は言う。ことに日本やアメリカなどからの訪問者はそうした印象を強く抱くようである。超高層ビルが林立し、ビルの谷間の道路は朝夕のラッシュアワーでいつも大渋滞という日常風景は確かに東京やニューヨークと少しも変わらぬ光景である。しかも、ラテンアメリカ社会でありながらこの街を行き交う人々は絶えず時間に追われているかのように忙しく走り回っている。通常、誰もが思い描くあのブラジルの姿がここにはない。世界中の大都会の多くがそうであるようにサンパウロもまた、いうなればすべてが無機質で無色透明な顔のない都市のひとつなのである。都市にはやはりその街の空気とでも言うべきそれぞれ固有の風情や特徴が必要であり、そうした個性があってこそ初めて人は評価し、納得する。ところが、どうやらこの街にそれを求めるのは無いものねだりをするようなものかも知れない。それからまた、このサンパウロはリオデジャネイロとは違い、美しい自然の景観や有名な観光名所などにも恵まれてはいない。この点もまた都市としての魅力を欠く大きな理由のひとつかと思われる。その上、残念なことにこの街には取り立てて語るべき歴史も刻まれてはいない。現在のサンパウロが位置するこの地域一帯はもともとインデイオの部族が住む未開の高原であり、今日に至るまで注目すべき歴史上の舞台となるようなことはなかった。16 世紀にキリスト教の布教のためポルトガルから派遣されたアンシェッタ牧師の一行が現在のサントス近郊の海岸に上陸し、そこからさらに奥地へ向かったが、それがいうなればサンパウロの歴史の始まりと言える。目的地に到着し最初にミサを行った日がちょうど聖パウロの日に当たっていたことからこの地をサンパウロと名付けたと言われている。記録によれば、それは 1553 年のことであったという。それ以来、少しずつ入植者が増え始め現在のサンパウロが形作られていくが、それでも 19 世紀後半の 1870 年代に至ってもまだ人口はわずか 2 万 5000 人程度の名も無い小さな町であったとされる。そして、この国の歴史に残るような特別な出来事などないまま静かに時代が過ぎていった。ただ、その間しだいにヨーロッパを中心とする各国からの移民の流入が目立つようになり、その後の発展への基礎が徐々に築かれていた。そうした中で人口が急速に増え、大都市へと変身していくのは 20 世紀に入った 1940 年頃からのことで、それはちょうどサンパウロに各種の産業が集積し始め、工業化が進む時期と重なっている。1970 年に人口が 600 万に達してこの国最大の都市に発展すると、それからは人口の増加に拍車がかかる一方で瞬く間に今日の姿へと変貌をとげるのである。こうした人口の激増振りは、サンパウロという街が 20 世紀に入ってからのわずか数十年の間にいかに爆発的な勢いで一気に拡大したかを物語っている。しかも、サンパウロは今もなお風船のように膨張し続けている。この街の歴史に最初の一歩を印したアンシェッタ牧師が、もし今日のサンパウロの姿を見たなら一体どのような感想を抱くことであろうか。

都市としての誇るべき景観もなく、また語るべき歴史などもないサンパウロではあるが、それでもやはりこの街ならではの魅力や、個性とでも言うべき特色をいくつか見出すことができる。それは、例えば人種の坩堝と言われるこの国を象徴するかのようにこの街には出自の異なる多種多様な人々が存在することである。つまり、サンパウロはこの国の縮図とでも言うべき都市であり、まさに世界中のほとんどすべての人種や民族が同じパウリスタとしてこの街に暮らしているのである。原住民のインデイオや奴隷としてアフリカから連れてこられた黒人を別にすれば、そもそもこの街を築いたのは世界各地からやって来た移民であり、この街はその生い立ちからして民族や文化の多様性を土台にして発展してきたのである。新天地を求めてこのブラジルへやって来た移民の多くは、通常サントス港に上陸すると、まず最初にいったんはサンパウロの移民収容施設に入り定住地が決まるまでの間を過ごす。そして、その後一定の期間を経てそれぞれの定住地に入植することになるが、中には別の新天地を目指してさらにブラジル各地へと旅立っていくケースもあった。このように、サンパウロは移民の受け入れ拠点として世界に開かれたこの国の窓口であり、世界各地からやって来る様々な異民族集団が集結し、融合し、時にはここを起点にして旅立っていく街であった。この地に最初に足を踏み入れたポルトガル人をはじめ、イタリア、ドイツ、フランス、スイス、ポーランドなどヨーロッパ諸国からの移民はその数が多い上、今ではすでに４世、５世の時代に入っており、この街の基盤を構成する中核的な民族集団として不動の位置を占めている。特に政治経済の分野における彼らの活躍は顕著であり、この街の心臓部を支える重要な役割を果たしている。このサンパウロでの政治経済面における功績は時としてそのままこの国の大統領への登竜門になっているとさえ言われるほどである。それから、シリアやレバノンといった中近東諸国からの移住者は商業や流通部門において隠然たる勢力を誇り、これまたこの街にとっては無くてはならない存在とされている。一方、その多くが農業移民としてこの国へやって来た日本人をはじめ中国や韓国などアジア諸国からの移住者は移民の歴史の中では少数派であり新興勢力でありながら今では農業分野だけではなくサービス部門や製造部門を含むあらゆる産業分野に幅広く進出し、他の民族集団と同様にこの街の、そしてまたこの国の経済活動の一翼を担っている。とりわけ、日系人は産業分野に限らず政治や行政、あるいは研究や教育といったこの国の将来に貢献するような分野でも活躍が目立ち、その業績が高く評価されている。

ところで、ポルトガルの植民地として歴史が始まったこの国の文化は当然、本国ポルトガルのあるイベリア半島の風俗習慣を基本にして原住民であるインデイオ部族の土着文化や黒人奴隷がもたらしたアフリカの風俗習慣などの影響を受けて形成されたものである。こうした三種混交文化とでも呼ぶべき生活様式や生活風習こそがいうなればブラジル文化であるとして“ルーゾ・ブラジレイロ文化”と呼び、つい最近までそれをこの国の唯一正統な基盤文化と位置づける風潮が根強くあった。そのため、世界各国からの移民が持ち込む各民族固有の文化などは異質な風俗習慣とされ、この国にいる以上はブラジルの文化に融合、同化してブラジル社会に溶け込むべきであるという考え方がこの国では支配的であった。ところが、時代の移り変わりと共に今では各民族のそれぞれ異なる伝統文化の存在や価値を認め、逆にそれらをこの国の文化の中に包括し、そうした多様な文化との調和、共存を推し進める方向に変わってきている。このような社会意識の変化はこの街に都市としての多彩で奥深い魅力をもたらす結果となった。例えば、イタリア系移民が集中するベシーガ地区では本場の味を堪能しながらまさにイタリアの雰囲気に接することができる。また、リベルダージ地区の日本人街ではサンパウロにいながら日本という異国文化の擬似体験が可能である。はたまた、肉料理といえばブラジル版バーベキューのシュラスコ料理しか知らなかったこの国でも今や街角のアラブ料理の店で伝統的なアラブ式串焼きをつまむことなどパウリスタたちにとっても日常茶飯事の楽しみとなっている。このように、今ではブラジル文化という土俵の上で洋の東西が出会い、それぞれの違いを楽しむ時代を迎えたのである。この街全体を包む形容しがたい活気やエネルギーはまさにこうした多様性に富んだ様々な民族や文化の協調、共存による相乗効果がもたらす結果であろうと思われる。サンパウロというひとつの空間の中で異質の文化同士が接触し、影響し合い、そして調和することで都市としての大きな活力を生み出しているに違いない。とすれば、この街のひとつの魅力は結局のところ民族や文化の多様性が生み出すエネルギーの中に秘められていると言えよう。

サンパウロは人口の多さによる影響力もさることながら、この国最大の産業都市としてブラジルの経済、産業面に及ぼすその経済的影響力は圧倒的である。この国の国家財政に占めるサンパウロ州全体も含めたこの街の経済規模を見てみるとそれは一目瞭然であり、まさにブラジル経済の牽引車という立場にあることがよく判る。サンパウロを中心とするサンパウロ州全体の面積はこの国の国土全体の約3%にしか過ぎないが、この国全体の国民所得にしても各種の税収入にしても平均的にその50%以上はこのサンパウロ州だけで生み出しているのである。そうした結果を生む要因としてこのサンパウロおよびサンパウロ州自体の一極集中的な産業立地という特殊な構造が背景にはある。すなわち、この国の他の地域に比べると産業の集積度が群を抜いて高い上に、金属、機械、電機、自動車、紙パルプ、化学、石油化学、医薬品など主要業種の工場群がバランスよく配置されているのである。それから、もうひとつ特筆すべきことは世界的に有名な外資系企業や多国籍企業が軒を並べるようにこの地域一帯に進出していることである。これは、この国の潜在的な国力や市場としての将来性が認められている証であるが、同時にこうした技術や資金を含めた経営面で安定した信頼性の高い企業群が存在することに何よりも大きな意義がある。このように各種企業が集中しているため、サンパウロを含むサンパウロ州全体の工業生産高はこの国全体の約60%を占めており、特に機械や電機の生産高においてはこの国全体の約80%にも及ぶのである。また、そうした活発な産業活動に対応するかのようにサンパウロには主力金融機関が集まっており、ブラジル銀行（バンコ・ド・ブラジル）をはじめ大手商業銀行の半数以上がこの街に本店を構えている。さらに、投資銀行や保険、証券などの金融機関大手も集中しており、このサンパウロは産業都市であると同時に南アメリカ最大の金融の街でもある。そのため、商社、銀行、メーカーなどブラジルに進出している日本企業の多くもまたこの街を活動の拠点としている。このようにブラジル経済の牽引役として活気溢れるエネルギッシュなこの街は日々、大きく変化しながら進化し続けている。そこにこの街の無限の可能性を見る思いがして関心を持たざるをえない。取り立てて特徴的な個性はないとはいえ、やはりこの街もなかなか捨てがたい魅力を秘めているのである。

ブラジル各地の印象

主要都市を訪ねて

サルバドール

ブラジル東北部に位置するバイア州の州都であるサルバドールはこの国で最も古い歴史を誇る情緒溢れる古都である。1549年にポルトガルの総督府が設置されると、それ以来この街は1763年にリオデジャネイロへ遷都するまでブラジルの最初の首都としてポルトガルによる植民地統治の拠点であった。その頃、ブラジル東北部一帯で始まったサトウキビ栽培の労働力としてアフリカ各地から多数の黒人奴隷が導入され、この街は隣のペルナンブコ州のレシーフェと並んでその黒人奴隷の一大集積地であった。1850年に黒人奴隷の輸入が禁止されるまでこの街に富をもたらし、この街の繁栄を陰で支えたものはまさしく数知れぬ黒人奴隷たちの血と汗と涙であった。今もなおその時代の残滓が醸し出すアフリカの雰囲気がそこはかとなく漂い、この街は独特の風情に満ちたたたずまいを見せている。このサルバドールという街は、その奴隷制度の落とし子とでも言うべき黒人の街であり、街角を行き交う大多数が今も黒人やムラートと呼ばれる黒人と白人の混血人種である。そのため、この街では日々の生活の中にもアフリカの伝統や黒人文化の影響が色濃く残されており、例えば料理や服装などにもアフリカの面影を見て取ることができる。一般にバイア料理と総称されるこの地方特有の料理などはまさにアフリカ由来の調理法でヤシ油やココナッツ、それにピメンタと呼ばれる唐辛子をふんだんに使った辛くてエキゾチックなエビ料理や魚料理が特徴である。黒人文化がもたらしたこのバイア料理は今ではブラジルを代表する民族料理のひとつとして観光客にも幅広い人気がある。また、この街のそこかしこでは、なぜか皆一様に太った黒人のおばさんたちが道端に腰を下ろし、その場でバタパというコロッケのようなものをヤシ油で揚げながら売っている。これもまた、アフリカ伝来の代表的な庶民の食べ物でこの地方独特の名物である。場所を選ばずどこででも気軽に食べられることから地元では昼食代わりの軽食として重宝がられているようである。ところで、その道端でバタパを揚げている黒人女性たちが身に着けている服装もこれまたバイア衣装とでも言うべきこの地方独特の装束である。頭を白いターバンで巻き、大きく襟の開いた白いレースのブラウスに幅広の白いロングスカートをはいている。女性たちの黒い肌に純白の衣装があでやかに映えその清楚で民族色豊かな装いはアフリカの由緒正しき伝統を見る思いがするのである。

　サルバドールの中心部は海沿いに広がる“下の街”と丘の上の高台に広がる“上の街”に分かれており、高さ70メートルのエレベーターが断崖絶壁によって上下に分断された街をひとつに結んでいる。このような立体的な構造を持つ街の造りは世界的に見ても珍しいものと思われる。“下の街”は雑然とした商業地区で活気と喧騒に満ちた庶民の街である。体育館のような市場には様々な土産物を売る店が軒を連ねる一方、足の踏み場もないほどに野菜や熱帯の果物を並べた店が続き、猥雑な匂いや熱気でむせ返るようである。そして、もう一方の“上の街”は官公庁や住宅などが建ち並ぶ市街地でポルトガルの植民地時代の古い街並が今も数多く残されている。そうした石畳の続く街並みには過ぎし時代の残り香がそこはかとなく漂うようである。それから、この街は敬虔なる信仰と祈りの街でもあり、金箔の教会として有名なサンフランシスコ教会をはじめ、その数365とも言われる数多くの教会が街の随所に点在している。日本では京都の神社仏閣がそうであるようにこの街の教会すべてをひとつひとつ訪ね歩くと一年はかかることになる。このようにカトリック教の信仰が人々を支配する中にあって黒人の世界であるこの街ではアフリカ伝来の精霊信仰から派生した土俗的な黒人密教が一方で多くの信者を擁し隠然たる影響力を持っている。その黒人密教の一流派であるカンドンブレと呼ばれる教団などは海の女神「イエマンジャ」を信奉し、いつの日か海の彼方から「イエマンジャ」が黒人を救済しに来るものと説いている。夜の海辺で行われる信者たちの祈りの儀式では誠に鬼気迫る異様な光景が繰り広げられる。暗闇の中、集まった大勢の信者たちがローソクの灯りの周りを輪になって何か呪文を唱えながらゆっくりと、しかし時には激しく動き回る。そのうち、集団催眠状態にでも陥るのか突如、何人かが体を痙攣させ、そして最後は失神してしまうのである。まるで信者の体に何かが乗り移ったかのようなおどろおどろしいまか不思議な光景である。これは人間性を否定され、虐げられ続けた黒人たちの魂の解放を求める究極の秘儀なのであろうか。

海辺に面したとあるバイア料理のレストランで、かすかな潮騒を聞きながらこの古都に刻まれた黒人奴隷たちの不条理な受難の歴史に思いを巡らしていた。この堅牢な石造りの洒落たレストランも実はその昔、アフリカから運ばれてきた黒人奴隷たちの集積場であり牢獄であったという。建物の内部から古びたレールが壁に開いた開口部を通って海岸へと伸びている。奴隷運搬船から降ろされた黒人奴隷たちを運搬するためのトロッコが海岸との間を行き来していたのであろう。鉄格子のついた壁の小窓からは大西洋の海原が遠くに見える。そして、その海のはるか彼方は彼らの故郷、アフリカ大陸である。望むことなく、また捕らえられる罪もなくこの地へ連れてこられた黒人奴隷たちはいったいどのような思いでその海原を眺めたことであろうか。望郷、悲嘆、恐怖そして絶望、様々な思いに胸は塞がれたに違いない。あるいはまた、予想だにしない自分の運命を呪い、生きる望みさえ捨てた者もいたであろう。しかし、思うにそうした安直な感想などしょせんは単なる傍観者という立場からの物見遊山的な感傷でしかないと言えるかも知れない。歴史上の出来事には、とかく後世の第三者には窺い知ることのできない深く重い真相が隠されているものである。まして、正式な記録が残されていないこの黒人奴隷制度という暗黒の歴史の場合、当時黒人奴隷たちが直面した現実には後世の想像をはるかに超える悲劇があったに違いない。だがそれにしても、今日、この地を舞台にした黒人奴隷にまつわる悲惨な歴史物語の暗い影などどこにも見当たらないのである。南国の太陽と青い空の下、悲劇の子孫たちは無心に屈託もなく今日を生きている。どうやら、サルバドールはその歴史の重さに寡黙な街のようである。

ポルトアレグレ

考えてみると、ブラジルという国のイメージからは最もかけ離れた印象を受ける別世界のような都市、それがポルトアレグレである。この街は隣国のウルグアイと国境を接するブラジル最南端のリオグランデドスール州の州都であり、ブラジル南部最大の中心都市でもある。そのリオグランデドスール州と、隣接するサンタカタリーナ州にパラナ州を加えた南部の３州をこの国ではブラジルのヨーロッパと呼ぶことがある。この地域一帯には、1800年代前半からドイツ、イタリア、フランス、スイス、ポーランドなどヨーロッパ各国からの開拓団が次々と入植し、各国それぞれの特色を活かした新しい開拓地が開かれていった。そのため、そこかしこにヨーロッパ風の街並みが形成され、白人主体のいわば“白いブラジル”がこの地域の大勢を占めるようになったのである。特に第二次世界大戦後は、祖国の敗戦と混乱に嫌気がさした多数のドイツ人が新天地を求めてこの地に集団で移住してきた。ところが、謹厳実直なゲルマン魂を民族性とするドイツ人にとって当時のブラジルは必ずしも期待通りのパラダイスではなかった。経済的低迷に加え、政治的腐敗や治安の悪さなど彼らには納得のできないことばかりであった。そのため、一部のドイツ人の間では南部の３州を統合して「南アメリカ・ドイツ共和国」というような新しい国家を創設し、ブラジルから分離独立することを目指す動きさえあったという。しかし、当然ながらそうした不穏な動きは治安当局により鎮圧される運命にあり、この独立運動の場合も執拗な弾圧を受けてやがて何事もなかったかのように完全に消滅してしまう。それでも、この地方におけるドイツ系社会は今もやはり健在であり、特色のあるドイツ文化圏として伝統的なドイツ流の生活が営まれている。実際、日常生活は今でもドイツ語という家庭も珍しくはないという。このポルトアレグレはそうした地域世界の中心都市として、まさにヨーロッパ風の顔をした白人の街であると言えよう。近代的な高層ビルが建ち並ぶこの街の中心部はあくまでも整然としていてこの国の他の都市とは様相がずいぶん異なる。まるでどこかヨーロッパの都市にでもいるような錯覚さえ覚える街並みである。また、この街はパンパと呼ばれる広大な大平原の外延部に位置するためパンパが広がる隣国のウルグアイやアルゼンチンとは陸続きで、歴史的にも文化的にもその両国の影響を少なからず受けている。そのため、今でも多くの共通した風俗習慣が見られる。例えば、その代表的な事例としては“ガウーショ”と呼ばれるこの地方特有のいうなればブラジル版カウボーイの存在がある。彼らはアルゼンチンやウルグアイの“ガウチョ”と同じようにパンパの大草原で牛や羊など家畜類の放牧を仕事とする特異な職人集団である。いつもダブダブの乗馬ズボンにつばの広い帽子をかぶり、腰には装飾を施した短剣をさして一日の大半を馬上で過ごす。そうした伝統的な服装や生活様式なども独特ではあるが、それと同時に彼らガウーショを特徴付ける点は質実剛健な牧童精神とでも言うべき男らしい気風で、しかもそれを今も受け継ぐ彼らの生き様にこそある。信念として彼らは常に勇気と名誉を重んじて生きている。また、果てしない大草原を生活の舞台として野性的に生きる彼らの人生にはアメリカのカウボーイとは異なる男のロマンのようなものさえ感じられるのである。ポルトアレグレはそのガウーショの都である。

ポルトアレグレから山を越え北へ少し足を伸ばすといかにもヨーロッパを彷彿とさせる街や集落がいくつも点在している。例えば、ベントゴンサルベスやカシアスドスールは元々イタリア人によって開かれた街であり、今なおイタリア文化の色彩が濃厚である。また、ノーボハンブルゴなどはその地名が示す通り隣のサンタカタリーナ州のブルメナウと同じように典型的なドイツ人の街として発展してきた。そうしたヨーロッパを思わせる数々の街の中でも、とりわけグラマードはヨーロッパアルプスの山麓にある街のようなたたずまいで、ふとブラジルにいることを忘れてしまうほどである。澄み渡る冷涼な空気と清楚な景観に恵まれたこの美しい街は高原リゾートとしても有名であり、四季を通して訪問者が途絶えることはない。季節の変化に乏しいこの国にあってもグラマードは四季の変化がはっきりしており、冬には雪が降る。そのため、四季の変化に合わせて季節の花々が咲き誇り、この街は四季折々のヨーロッパの情緒を華麗に演出するのである。ことに、1月頃からこの街のいたるところで道の両側を埋め尽くすように咲くアジサイの花は実に見事であり、グラマードが最も精彩を放つ季節となる。毎年、その季節が巡って来るとこの地域には数少ない日系人が“グラマードのアジサイ”を見るためにこの高原の街へ集まってくるという。特に一世の日系人にとってアジサイは祖国、日本の記憶につながる季節感に溢れた懐かしい花であるだけにアジサイが街角を埋める光景には感慨深いものがあるのであろう。また同時に、地球の裏側に当たる異郷の地に日本の花が季節の彩りとして毎年咲くことに密かな誇りを感じてもいるようだという。

ヨーロッパの都市を思わせる端正な街並みを歩いていると、このポルトアレグレがなぜブラジルの街なのかという疑問めいた感想が浮かんでくる。また、さらにこのような街がブラジルの都市である以上、この国はなぜ先進国ではなく発展途上の新興国なのかという釈然としない思いもわいてくる。いつしか日が傾き始めた街並みを眺めながら、感覚的にはやはりサンパウロからポルトアレグレに至るこの国の南部地域はもうすでに経済的にも社会的にも先進国の範疇に入るのではないかと思えてならなかった。黄昏のこの街は夕風が冷たく、やがてどことなく物寂しいような哀愁を帯びた風情があたりを包み込み始めた。それは、まさしく北欧のどこかの港町に見る静謐な夕暮れの景色のようであり、とめどない貧困と混迷が渦巻く発展途上国の猥雑な姿とはまったく無縁の世界であった。静かな落着きをたたえた美しい街であるからこそポルトアレグレの一日の終わりにはこうした物寂しい哀愁がそこはかとなく漂うのであろう。

ベロオリゾンテ

「美しき地平線」という優雅な地名を冠したベロオリゾンテは内陸部に位置するミナスジェライス州の新しい州都であり、今ではサンパウロそしてリオデジャネイロに次ぐこの国３番目の人口を擁する大都市である。そしてまた、この街は周囲を大小の山々に囲まれた海抜800メートルほどの広大な高原にこの国初の本格的な都市計画に基づいて建設された人工的な都市である。そのため、街の中心部は碁盤の目のように整然と区画され東西南北に走る道路は直角に交差するようになっている。よく整備された道路は道幅も広く計画的に建設されたことが十分にうかがえる。州政府の庁舎へ続く広い一本道などは椰子の並木が美しく州都にふさわしい空間を作り上げている。街の近郊にあるマンガベイラスの丘に登ると、そこからはまさにパノマラのようにその整然とした街並みを眼下に一望することができる。また、周囲を山に囲まれた盆地のような地形であるため朝夕は霞がかかり、街全体が淡い乳白色のベールに包まれて遠くからはぼんやり霞んで見える。その霞に包まれた街の眺望は柔らかで幻想的な風情を感じさせる。気候的にも穏やかな土地柄であり、年間の平均気温が20度前後と安定し快適なためこの街は南アメリカ大陸では最も住みやすい都市のひとつとされている。しかしながら、産業都市として急速な発展を遂げたこの街は歴史の浅い新興都市の悲しさで見るべき観光資源や歴史遺産には乏しく、人を惹きつけるような魅力には欠けている。せいぜい、リオデジャネイロと首都のブラジリアとを結ぶ中継地といったような立場に甘んじざるを得ない。あるいは、この街から南東に100キロほど下ったオウロプレットという有名な古都の観光の帰りに立ち寄る程度の通過点にしか過ぎない。もし観光客を案内するとすれば、この地方の一大産業である各種鉱山から産出される鉱物資源の博物館がこの街一番の推奨スポットかも知れない。この鉱物博物館は、サンパウロにある毒蛇など有毒生物の研究で世界的に有名なブタンタン研究所などと同じように珍しい特殊分野の見学施設として訪れる価値はありそうである。鉱物に関する博物館が存在することで判るように、このベロオリゾンテを州都とするミナスジェライス州は多種多様な鉱物資源を豊富に産出する地域としてよく知られており、そもそもミナスジェライスという州の名称自体が実は鉱山一般という意味なのである。この"鉱山一般州"には金や銀はもとよりダイアモンド、トパーズ、トルマリン、アクアマリン、ガーネットなどの宝石類をはじめ鉄鉱石、マンガン鉱、ボーキサイト、ドロマイト、ニッケル、銅、鉛、石膏、石綿などの鉱石類から大理石、水晶、岩塩といったものまで100種類を越える鉱物資源が埋蔵されているという。この大地はさながら鉱物資源のデパートといった観があり、ある意味でこの州そのものが地下資源埋蔵地帯の上に存在していると言っていいのかも知れない。その中でも鉄鉱石とマンガン鉱の産出量が特に多く、鉄鉱石についてはその埋蔵量が100億トンを越えると推定されており、世界有数の鉄鉱石産地のひとつとなっている。ところで、このミナスジェライス州はなぜか昔から雷が多いことでも知られているが、その原因は地下に存在する膨大な量の鉄鉱石に関係しているという説がある。地下の鉄鉱石に向かって雷が落ちるからだとすればなるほどそれはあり得ない話ではない。ともあれ、こうした豊富な鉄鉱石資源の存在を背景にしてミナスジェライス州では、いわゆる資源立地型の製鉄産業が地場産業として昔から盛んであった。そうした中で、日本の資本と技術によって1965年に当時、まだ無人の荒野であった現在地に建設されたウジミナス製鉄所はその後、この国の製鉄産業の発展に大きく寄与し、とりわけ品質管理など技術面での貢献は大きな成果をもたらしたと言われている。ベロオリゾンテから東北東へ200キロほど行ったところにイパチンガという小さな街がある。ウジミナス製鉄所はその街に建設され、操業を開始して以来、期待通りの成果を挙げて日本とブラジルの経済協力関係を具現化した象徴的なモデルケースとされている。一方、日本国内の製鉄各社は製鉄原料の鉄鉱石をこのミナスジェライス州から毎年、大量に買い付け輸入している。そうした意味で、このミナスジェライス州は原料供給基地として日本にとっては無くてはならない重要な存在である。考えてみると、このように日本とこのミナスジェライス州およびその州都ベロオリゾンテはいわば鉄鉱石が取り持つ縁で元々深いつながりで結ばれているのである。

　ベロオリゾンテを出発し、南東方向へ向かって山肌を縫うように曲がりくねった道を行くとやがてオウロプレットという古都にたどり着く。このオウロプレットは海抜1060メートルの狭い渓谷に広がる小さな街である。18世紀初頭にこの渓谷の小川から砂金が取れることが偶然発見され、たちまち砂金を目当てに各地から様々な人々が集まってきた。そして、起伏の多いこの渓谷の傾斜地にバロック様式の州政府庁舎や教会などが建てられ、いつしかポルトガル風の街並みが出来上がっていった。街は石畳の道に沿って赤瓦の屋根に白壁の建物が続く。その調和の取れた荘重なたたずまいは歴史の風格がにじみ出て風景画のような美しい情景である。また、砂金で財を成した人々が贅を尽くして建てた邸宅や豪華な調度品の数々はこの街のその時代の栄華を物語るかのようである。小高い街の中心部に立つカルモ教会はサルバドールのサンフランシスコ教会と同じように内部は金箔が張られ、正面の入り口や内部のそこかしこには見事な彫刻が施されている。その威風堂々とした教会の姿はこの古都の象徴的な建造物としてひときわ印象的である。そのカルモ教会や旧州政府庁舎、鉱物博物館など歴史的な建造物が取り囲むように建つ中央広場がこの街の中心部でチラデンチス広場と呼ばれている。ちなみにチラデンチスとは“歯を抜く”という意味で、この街を舞台に共和国革命を目指した地元の歴史的な英雄が歯科医であったことから付けられた通称である。チラデンチスは本名をジョゼ・ジョアキン・ダ・シルバという。彼はヨーロッパ留学で革命思想の影響を受け、帰国するや同志を募りブラジルの独立に向けた革命運動を密かに企てる。ところが、この水面下の動きは密告によりポルトガル植民地政府に察知され、一斉蜂起する寸前にチラデンチス以下同志全員が逮捕されたため幻の革命運動に終わってしまうのである。そして、1792年4月、この革命運動の首謀者としてチラデンチスは処刑され、刑場の露と消えてしまった。そのチラデンチスをしのぶ中央広場に吹く風を肌に感じながらふと“夏草やつわものどもが夢の跡”という句を思い出したものである。その後、砂金の産出量が減少すると共に当然のごとく経済的衰退が始まり、さしものオウロプレットも活気を失ってやがて街の繁栄は終わりを告げる。栄枯盛衰が歴史の習いとはいえ、ゴールドラッシュに沸いた栄華の時代ははるか遠い昔となり、この街は歴史の時計が止まったかのように今はただ狭い山間の地に静まり返っているだけである。しかし、街全体がひとつの博物館ないしは美術館のようなその美しい過去の遺産は魅力的であり、この街がこれからも観光の街として生きて行くとすれば過去の栄華はかつての砂金に代わりうる十分な資源であると思われた。

ブラジリア

原始の世界と近未来の世界とが交錯しながら並存する非対称のこの国にとってブラジリアという人工都市は首都にふさわしい象徴的な街と言えるのかも知れない。1956年、大統領に就任したクビチェックは早速、“50年の進歩を5年で”という気宇壮大なスローガンの下、新しい国家建設に向けた取り組みを開始した。その目玉となる政策のひとつが広大なこの国のへそに当たる国土のど真ん中に未来型の新しい首都を建設するという計画であった。この計画の背景には海岸部にある首都を国土の中央部に移し未開拓の内陸部の開発を促進するという政策的意図があったが、もうひとつ大きな要因は軍事的な観点から決められた国防上の要請であったとされる。すなわち、首都が海岸部に位置していたのでは有事の際、海上からの攻撃を受けやすく安全を確保しにくいので敵の攻撃を避けるためには内陸部へ移転する必要があるという軍部の考えがあったという。ともあれ、いずれにしても首都のリオデジャネイロや最大の都市であるサンパウロからは1000キロ以上も離れたブラジル中央部に位置する標高1100メートルもの無人の荒野に首都を新たに建設するという計画そのものが常識的には狂気の沙汰と当時考えられていた。しかし、それでも様々な困難や紆余曲折を乗り越えながら1960年4月には未完成のまま、ともかく新しい首都、ブラジリアの誕生に漕ぎ着けたのである。都市計画を専門とするルシオ・コスタと国連ビルを設計したことで有名なオスカー・ニーマイヤーによって計画されたこの完全な人工都市はパラノア川をせき止めて造られた人造湖に向かって飛び立つ飛行機のような形をした配置になっている。その飛行機の機首の部分に当たる広場が三権広場と呼ばれ、それを取り囲むように立法権の国会議事堂、行政権の大統領府、それに司法権の最高裁判所が並んでいる。いずれも極めて斬新なデザインの建物で計画的な未来都市の姿を十分に表現している。飛行機の胴体部分は立体交差する広い道路が一直線に走り、その両側に沿って各省庁の建物が整然と建ち並んでいる。また、飛行機の両翼部分には住宅地区、大使館地区、ホテル地区などのように特定の地区ごとに割り振られた機能別の区画が計画的に配置されている。一方、そうした未来型の人工都市であってもカトリック教徒のこの国にふさわしくカテドラルと呼ばれるキリスト教の大聖堂が三権広場に向かって建っている。円形をした巨大な王冠を思わせるようなその大聖堂は教会というものの既成概念を超越した前衛的なデザインであり、極めて芸術的な建物である。ただ、未来の宗教施設を先取りしたイメージを意図したものであるにせよ、その内部は敬虔な祈りを捧げる場としてはいささか無味乾燥で無色透明に過ぎる観があり、どことなく空疎な空間のように思われた。人間が神と触れ合う神聖にして厳粛な場所である以上、宗教施設にはやはりある程度の荘厳さが必要なのかも知れない。それからまた、その大聖堂の印象とも基本的には共通する感想を抱いたのが三権広場で定期的に行われる大統領府を警護する衛兵の交代の儀式である。彩りも鮮やかな制服で、よく訓練された衛兵による交代の儀式は確かに凛々しくきらびやかなセレモニーではあるが、その一方で何かの祭典やイベントなどのパレードでも見ているかのような感じがして、格別印象に残るほどの光景ではなかった。それは、例えばロンドンのバッキンガム宮殿の衛兵のように、あるいはモスクワのクレムリン宮殿の衛兵のように形式美の中にも歴史と伝統に培われたある種の重厚さや格調の高さを感じさせるものがないからなのであろう。いうなれば、まだ熟成していない伝統の浅さゆえの悲しさということかも知れない。それにしても、考えてみればおよそこの街ほど人間と都市との共生についてあるべき理想像や逆に克服すべき課題を根源的にそして多面的に示唆している街は他にはないと思われる。その意味ではこのブラジリアは人間と都市との関係の未来像を巡る壮大な実験場であると言えよう。

この人工的な未来都市は厳格なまでに計画的な配置によって都市としての機能性や利便性を合理的に実現している。例えば、ホテルひとつ取ってみてもすべてのホテルがホテル地区という一角に集中的にまとまって建っているので目的のホテルへは誰もが迷うことなく迅速にたどり着くことができる。また、食事をするような場合もあちらこちら店を探して歩く必要はなくとにかくレストラン地区へ直行すればよい。すべてが計算づくで計画通りのこの街は無理や無駄が一切生じないような構造になっている。そのため、この街では目的や用件がはっきりしている限り道に迷って遠回りをしたり、時間を無駄にするような事態は起こらない。しかし、その代わり何をするにしても選択肢が限定されているのでことごとく画一的にならざるをえず何か物足りないような味気なさを覚えるのである。一見、便利で合理的な未来都市ではあるが、その反面、無駄のないその徹底した合理性こそが実はこの街から潤いや情緒を奪い、味気なさやゆとりのない窮屈さを感じさせる原因になっていると思われる。せっかくの都市計画も生身の人間からすると必ずしも快適な住空間を保証する結果にはなっていない。実際、住みにくさや居心地の悪さを訴える人が多く、当初は仕事のある平日だけはこの街に仮住まいをして週末には家族のいるリオデジャネイロの自宅へ帰るという政府関係者も少なくはなかったという。いうなれば、単身赴任でありこの国では通常考えられないことである。それはやはり、人間とはただ単に論理的な合理性や画一的な規則性だけに従って生きているわけではなく曖昧さや不合理さなども併せ持つ感覚的な動物であることを示唆している。それだけに、人間の行動心理学や人間工学からの視点に欠けるこうした完璧過ぎる都市機能はむしろストレスの要因となるのであろう。考えてみれば、人間にとって都市とは自由で多様な活動の場であると同時に生活の場でもあり、さらには情報や刺激を求めての交流や遊びの場でもあるはずである。とすれば、日々、無数の人間ドラマが交錯する変幻自在の舞台であることが都市本来の姿であるに違いない。例えば、街中をそぞろ歩くうちに意外な場所で意外な発見をしたり、思いも寄らぬ場所で偶然の出会いがあったりと、そうしたシナリオのない現実の展開もまた人間が都市に生きることの機微ではないだろうか。卑近な例で言えば、日本のサラリーマンのように仕事帰りに無計画なままあの場所、この場所と寄り道をしながらはしご酒をして歩くのも都市生活の日常風景であろうが、この街には到底望むべくもないことである。
しかしながら、といってブラジリアというこの人工的な未来都市が失敗であったと断言するのは早計であろう。都市の未来像を巡る壮大な実験は今もってその検証の途上にあり、まだ最終結論を出すには至っていない。やはり、その成否は時の流れという後世の歴史の評価に委ねるしかないのであろう。一方、経済的見地からはこの新首都を建設するための巨額の財政支出がインフレを加速させ、この国のその後の経済運営を苦境に陥れたという負の側面は否定できない。結局のところ、功罪相半ばする計画であったことは事実であろう。しかし、それでもこのような国家百年の大計に立った国土整備計画を断行した当時のブラジル政府の長期的な国家戦略はやはり評価すべきものと思われる。

マナウス

一般的にアマゾンという言葉からくるイメージには「秘境アマゾン」に代表されるような幻想がいつも付きまとっている。果てしない密林に覆われたジャングルが広がり、巨大な大河アマゾン川が流れるアマゾンという世界は未開の裸族が潜む人跡未踏の秘境というような認識が恐らく大方の一般常識であろう。しかし、今やそのアマゾンにもしだいに文明化の波が押し寄せており、現在の日本にかつて欧米人が日本のイメージとして連想した“芸者ガール”を見つけるのは難しいのと同じように原始部族が支配するアマゾンの秘境は過去のものになりつつある。そのアマゾナス州の州都がマナウスであり「秘境アマゾン」の中心都市である。この街はアマゾン川の河口から1400キロほどさかのぼったアマゾン川中流域の支流ネグロ川に面した工業都市であり国際貿易港でもある。アマゾン川河口の都市ベレンとの間を結ぶアマゾン川航路には１万トンクラスの貨物船が就航しており、このマナウス港からは積荷を移し替えた2000トンクラスの貨物船がさらに上流のペルー領イキトスまでアマゾン川をさかのぼっていく。川とはいえアマゾン川はこのように内陸部を横断する国際航路として物流の大動脈ともなっているのである。ところで、マナウス港の少し沖合いでネグロ川の流れにもうひとつの支流であるソリモンエス川が合流してアマゾン川の本流となる。不思議なことにネグロ川の黒っぽい水とソリモンエス川のチョコレート色の水は合流しても混じり合うことはなくいつまでも黒と茶の２本の帯のような流れに分離したままアマゾンの本流となって流れ下っていく。遊覧船のデッキからその２色の帯のような流れを眺めているとふいに大きな魚のようなものが姿を見せ、すぐにまた水面下に消えた。その正体は世界的にも珍しい淡水性の河イルカだという。数頭の河イルカがアマゾン川の水先案内人のように遊覧船に寄り添い水面すれすれを泳ぎながらどこまでもついて来た。マナウスはやはりアマゾンという非日常的な世界への入り口と言うべき街である。

当然といえば当然ではあるが、ほぼ赤道直下のこの街はひどく暑い。まさに灼熱の太陽が容赦なく照りつけ、昼下がりの街を歩いていると息苦しくなるような熱気に包まれて目まいがしてくるほどである。それにしても、このような熱帯の僻地にいったいどうしてこれほどの街が開けたのであろうか。それまで人間を寄せ付けぬ「緑の魔境」などと呼ばれ目を向けられることのないアマゾン地域ではあったが、ゴムを採取するためのゴムの木が豊富に自生していることがヨーロッパ諸国に知られるようになってからというものこの「緑の魔境」は一躍、世界の注目を集めるようになったのである。18世紀の半ば頃から雨合羽やゴム靴などの原料として生ゴムの需要はあったが、ゴムの加工方法が改良された19世紀に入ってからは爆発的に需要が拡大し、大量の生ゴムがアマゾンからヨーロッパ各国へ輸出されるようになる。そして、1850年頃から本格化したこのゴムブームはまさに狂乱の絶頂期を謳歌することになり、1890年頃にはピークを迎える。最盛期には世界全体のゴム需要量の約80%がこのアマゾン地域で採取され、アマゾン川を下って輸出されていた。当時、そうしたゴム取引の中心地として前代未聞のゴム景気に沸いたのがマナウスであった。その時代の繁栄振りを今に伝えているのがセバスチャン広場に面したアマゾナス劇場というオペラハウスである。まるで幻覚でも見ているかのように灼熱の大地にそそり立つその豪華極まりない劇場は、鉄骨や石材などの建築資材から内部の調度品や装飾品に至るまですべてを金に糸目をつけず最高級品だけをヨーロッパから輸入して建てたものだという。そうしたことから、このアマゾナス劇場は当時、本場ヨーロッパの一流劇場をもしのぐ世界最高レベルのオペラハウスとして名声を博し、ヨーロッパで人気の一流オペラ歌手がこぞって出演したという。まさしく、この街の栄華の時代を象徴する記念碑的な劇場である。ところが、このゴム景気というのはアマゾンという辺境の地に突如、咲いたあだ花のような束の間のブームであっただけにその幕切れもまた劇的なほどあっけないものであった。イギリスのゴム商人が密かにアマゾン産のゴムの苗木を持ち出し、自然環境がアマゾンと似通っているマレー半島に移植して大規模なゴム農園を始めたのである。密林の中で“セリンゲイロ”と呼ばれるゴム採取労働者が自生するゴムの木の幹に傷をつけ、しみ出たゴムの樹液を採取するだけの原始的で収奪的なアマゾンのゴム生産事業は生産性や品質の面でもはやマレー半島の近代的なゴム農園の敵ではなかった。瞬く間にマレー産のゴムが世界市場を席捲し、ほどなくアマゾン産のゴムは市場から完全に駆逐されてしまった。こうして、マナウスを舞台に繰り広げられた狂乱のゴム景気は幕を閉じたのである。

栄光と没落の歴史を刻んだマナウスは一方でアマゾンという緑の樹海に浮かぶ孤島のような隔絶された近代都市でもある。周囲に広がる樹海の奥にはその都市生活とは対照的に文明化の汚染から逃れて独自の未開社会を維持する少数のインデイオ部族が今も存在する。現代文明や欧米社会の尺度からすればこうした先住民族であるインデイオの社会や生活は非文明的な原始的世界として単なる好奇の対象でしかないであろう。しかし、人間本来の原点に目線を落として眺めてみるとそうした固定観念とは違った心象風景も浮かんでくる。ブラジルのインデイオ社会を研究したフランスの人類学者、レヴィ・ストロースの「悲しき熱帯」という古典的な著作の中にナンビクワラ族というインデイオ部族に関する記述として“そこには、もう人間だけしか見出せなかった”という印象的な一節がある。樹海に生きる密林の先住民たちは確かに科学や技術の進歩がもたらした物質的豊かさや生活上の利便性といった文明の成果とはまったく無縁の生活環境にある。しかも、良かれ悪しかれ現代人の生活を律する時間的観念や社会的規範などのような基本原理や行動基準も存在せず、日々の生活を束縛するものは何もない。ただ、あるがままに自然と共生しながら自分たちの生活を営んでいる。その上、彼らは物質欲とか名誉欲といった社会的欲望すら一切持ち合わせていないという。人間とは、本来こうした崇高で純粋無垢な存在であるに違いない。ある意味で聖人にも等しいそのような彼らの生き方を知るなら、インデイオが未開の原始的民族であるとする認識などは現代人の皮相な偏見や無知に思えてくるのである。

アマゾンの玄関口に当たるこのマナウスに来て、密林の中で自由にそして気高く生きるインデイオと総称される先住民族の実像に触れてみたい、そんな思いが一層募っていた。それは、未知の世界に対する探究心や冒険心でもあったが、それ以上に生来の好奇心に駆られての衝動的な思いであった。そして、とうとうマナウスから小型のボートでアマゾン川の支流のそのまた支流というような川をさかのぼって、あるインデイオ部族の集落を訪問するツアーに参加してみることにした。この部族は現代文明との接触もありすでにかなり俗化しているので特に危険はないとの説明ではあったが、一応安全のためライフル銃を持ったブラジル人のガイドが同行するという。やがて目的の場所に着きボートを降りて、獣道のようなぬかるみの山道をしばらく行くと急にジャングルが開けて大きな広場に出た。茅葺きのような小屋がいくつか並んでおり、ここがその部族の集落だという。ところが、広場は無人でどこにも人の姿が見えない。ただ、どことなく人の気配を感じているとそのうち広場を囲む周囲の森の中から一人、二人と小柄なインデイオが姿を現した。男も女も小さな子供たちもみな身にはほとんど何もつけておらず裸である。ブラジル人のガイドが彼らとは言葉が通じないので敵意がないことを示すためとにかくニコニコと笑顔を見せろと小さな声で注意してくれた。いつの間にか大勢のインデイオが目の前に現れ、見知らぬ突然の訪問者を眺めている。何か言いながら近づいてきた男たちには精悍な野生の雰囲気が感じられた。笑顔を見せながらもやや緊張気味に立ち尽くしていると、やがて一人の男がアナコンダと思われる大蛇を肩にかついで持ってきて触ってみろというおどけた仕草をする。恐らく、精一杯の歓迎の気持ちで突然の訪問者をなごませようとしているのであろう。また、案内されるままに広場の外れの方へ行くと、そこには小型のワニが横たわっていた。小枝でわき腹を突付いていたずらすると目を開けたワニが突如、口を開けて威嚇のうなり声を発した。大慌てで逃げ出すと、その姿がよほど可笑しかったのかインデイオたちは声を上げて笑い転げていた。こうして特別な儀式や接待があるわけでもなく、ただ笑顔を交わしながら広場を右往左往しているうちに小一時間が経った。結局、互いの思いや意思を確認するすべもなくこの名も知らぬインデイオ部族との束の間の交流は終わった。しかし、彼らの穏やかな人懐っこい表情には汚れのない無垢な人間性が感じられた。そしてまた、すべてがゆったりと流れる彼らの日常を垣間見て現代社会がどこかに置き忘れてしまった大事なものを見たような気がした。ネグロ川の黒い水面を夕日が赤く染めている。マナウスへ帰るボートに揺られながら夕焼け空を眺めているとブラジル人のガイドがここの夕焼けは世界一美しいと自慢げに説明してくれた。確かに、アマゾンの夕焼けは見事な美しさである。

ブラジルという国とは
秩序ある混乱の国

複雑で多様な様相を示す国

ひとつの国の国家像を簡潔かつ的確に言い表すということは国の大小を問わずどこの国についても本来極めて難しいことである。とりわけ、自然環境から人種、地域文化、経済構造などに至るまでどの観点から見ても複雑で多様な様相を示すこのブラジルのような国の場合、ひとつの国として共通する特徴を包括的に語ることはほとんど不可能と言える。例えば、国土の特徴としてその自然環境ひとつを取り上げてみても、アマゾン地域に代表されるような熱帯雨林地帯もあれば、また南部各州のように冬には雪の降る四季の明確な地域もある。一般的には熱帯の暑い国というのがブラジルのイメージであろうが、国土の広大なこの国には地球上にあるほぼすべての自然環境が存在すると言っても決して過言ではない。それほど変化に富んだ多様な自然環境がこの国の国土を形成しているのである。それからまた、この国の国民であるブラジル人という人種あるいは民族についても、その属性を具体的に定義することは非常に難しい。これについては、むしろ逆にブラジル人という特定の人種や民族はそもそも存在しないと言った方が正しいかと思われる。人種的な区分から見れば、この国の先住民族であるインデイオも、ヨーロッパ各国からの移住者である白人も、奴隷としてアフリカから連れて来られた黒人も、日本などアジア各国からの移住者であるアジア人も、そしてまた、それら各人種間の混血人種もみな同じブラジル人である。この国には、従って白いブラジル人も黒いブラジル人もそして褐色のブラジル人もおり、肌の色が様々に異なるブラジル人が存在する。人種の坩堝と言われる通り、多種多様な人種が渾然一体となった各人種の集合体が、強いて言うならブラジル民族であると言えないことはない。また、この国の地域性に関しても、自然環境や人種の多様性と同じように何か共通する要素を特定し、全体をひと括りにするということは実際上、難しい。例えば、首都ブラジリアのように超近代的な人工都市がある一方で、アマゾン奥地の密林には近代文明とは無縁の原始的な未開社会が今日も存在する。まさに過去と未来が併存するようなこの極端な文明的断絶はこの国ならではの特異な社会構造である。それからまた、都市の特徴に目を転ずればレシーフェやサルバドールのように今もなおアフリカの文化や伝統が街の情緒として色濃く残る都市もあれば、ポルトアレグレのようにヨーロッパの街並みを思わせるような都市もある。その一方で、サンパウロのように世界の大都市に共通する没個性的な姿を特徴とする無国籍型の都市もある。いずれにしても、それぞれ都市としての特徴や形態は千差万別であるが、当然ながらみな同じブラジルの都市であることに違いはない。このように、この国は言語と宗教以外はどの切り口から見てもひとつの国として全体を括るような共通要素が見当たらない。つまり逆に言うなら、そうした混沌とした多様性や相互の相違性にこそこの国ならではの特徴があるということになる。

　視点を変えてこの国の経済構造を眺めてみると、そもそもこの国はまだ貧しい発展途上の後進国なのか、それとも今では発展した豊かな先進国なのかという点がまず大きな疑問として浮かんでくる。例えば、この国の東北部を中心とする各州には今もなお社会の底辺で絶望的な貧しさに苦しむ多数の貧困層が存在する。路上で恵みを乞う貧しい親子の姿などは紛れもなく発展途上国の光景であり、それがこれら地域の偽らざる日常風景でもある。ところが、そうした現実はただ単に貧しい東北部の地域に特有の経済構造であるばかりではなく、この国では都市部においても例外なく街の周辺には豊かさから見捨てられた貧困社会が存在する。リオデジャネイロのファベーラと呼ばれる有名なスラム街などはまさにその象徴的な存在である。しかも、リオデジャネイロの場合、風光明媚なブラジルを代表する観光都市であるだけにその華やかさとは裏腹に貧しさの中に生きるスラム街の実態はこの国の経済的落差や社会の矛盾をことさら際立たせるのである。いわば、社会的恥部とでも言うべきこうした貧困社会の存在はこの国にとって克服すべき構造的な政策課題であるが、解決の道筋はなかなか見えてこない。どうやら、この国では貧富の格差というのは、もともと人間社会の不可避な宿命であるとして始めから誰もが諦めているかのような感じさえする。とすれば、やはり今後もこの国は一方で貧しさを引きずりながら進歩と発展への道を模索していくしかないのかも知れない。そうした負の側面に対してその一方で、この国にはまったく対照的な別世界も存在する。例えば、貧困地帯とされるあのブラジル東北部に日本の四国全体にも匹敵する広大な農場を所有するような大地主も決して珍しい存在ではない。こうした富裕層の中には、いささかまゆつば的な逸話ではあるが、昼食を食べに自分の農場からはるか数千キロも離れたリオデジャネイロやサンパウロのレストランまで自家用ジェット機で通うような途方もない大富豪までいるのだという。そのような桁外れな富豪は別にしてもこの国の総人口の5%くらいが富裕層とされ、彼らの総資産たるや欧米や日本の資産家をもしのぐ巨額な場合が多いという。このように、典型的なあるいは伝統的な資産家や上流階層の存在に加えて今ではこの国の都市部に住む中産階級の所得水準もすでに先進国の仲間入りを果たすほどになっており、貧困とは無縁の世界にいる。従って、富裕層や中産階級に限るならばこの国はもう十分に先進国の領域に達していると言える。しかしながら、大きく明暗の分かれるこの国の経済的格差はやはりあまりにも極端であり、国連の調査によれば世界で最も所得格差の激しい国という結果になっている。すなわち、この国は極貧層から大富豪までが存在する貧しくもあり、そして裕福でもある二重構造の分裂国家ということになる。このひどくアンバランスな現実が打破される日は来るのであろうか。

さらにまた、この国が発展途上の後進国なのか、それとも発達した先進国なのかと考えさせられるもうひとつの要因がある。それはこの国の産業構造である。ブラジルといえば反射的にコーヒーが思い浮かぶように、この国の主要産業はこれまでコーヒーを始めとする農産物や鉄鉱石など各種鉱物資源のように伝統的な一次産品が主体と考えられていた。その点からすれば、この国は未だ一次産品を中心とする発展途上国のひとつという位置付けになる。しかしその一方、実はこの国は今では高度な工業技術力や先端的な産業分野を有する先進工業国としての側面も併せ持っているのである。というのは、この国の輸出産品を見てみると農産物や鉱物資源のような従来の一次産品に加え、輸出品目としては工業製品の占める割合も決して小さくはないのである。例えば、国営の航空機メーカーであるエンブラエール社製のジェット機や、マフェルザ社製の鉄道車両、あるいはまた装甲車を始めとする各種の軍事用機器類などが海外へ輸出されている。しかも、それらの輸出先はアメリカ、イギリス、フランスなど欧米先進諸国が中心であることを考えると、その技術力や製品の信頼性が高く評価されているものと思われる。また、それ以外にも造船やプラントエンジニアリング、自動車部品などの産業分野においても技術的信頼性を証明するような数多くの実績を挙げている。そうした中でもとりわけ、高度で総合的な技術力を必要とする航空機産業の分野においてこの国が世界でも数少ない航空機生産国の一角を占め、それなりに国際的な評価を得ているという点は特筆すべきことかと思われる。それからまた、この国にはドイツからの移住者が多い関係からなのかドイツ資本の大手製薬メーカー各社が進出しており、伝統的に医薬品の分野における各種研究開発も活発である。その結果としてこれまで多くの優れた医薬品を世に送り出し、この国の医療活動に大きく貢献している。そうしたことから、この国の工業技術力の一端やその技術水準の高さに関して知れば知るほど、この国はもうすでに立派な先進工業国のひとつとしてその地位に値するものではないかと思えてくるのである。しかし、そうは言っても産業構造の面からすると、この国は農産物など一次産品を主体とする低開発国型の部分が、やはり今もまだかなり大きな割合を占めており、工業製品の生産を中心とする完全な先進国型の産業構造を形成するまでには至っていない。そのため、現状ではまだどっち付かずのふたつの特徴を持った混合型の産業国家と言うほかはないであろう。

バグンサ・オルガニザーダ——秩序ある混乱

それにしても、このようにいくつかの視点から全体を大きく眺めてみてもこのブラジルという国は捉えようのない不思議な国である。国としての輪郭を特徴付けるものが明確に浮かんでこない。自然環境にしても人種構成にしても、また各地域の特性にしても前述の通りそれぞれに多種多様でひとつの国としての統一性や共通性はない。そうした意味では、この国はひとつの国というよりはむしろひとつの大陸と言った方がいいのかも知れない。さらに、経済的見地からはこの国の貧困層と富裕層の格差には天国と地獄ほどの違いがあり、その極端な格差は世界一であるという。その点からすると、この国は貧しさと豊かさとにはっきり色分けされたふたつの顔を持つ対極的な分裂国家とでも言える。それから、この国を産業構造の面から見た場合も同じように、発展途上国型の側面と先進工業国型の側面との両面を併せ持っている。そのため、見る角度によってはこの国は今もなお発展途上の後進国であると言えるし、また同時に今や発展した先進工業国であるとも言えるのである。ことほどさように、この国は見る立場や立ち位置によってその姿を様々に変える。例えるならば、その多様性は様々に絵柄や模様を織りなし、さながら万華鏡の世界を見るかのような国である。従って、例えばブラジルという国はそもそも“このような国である”とひと括りにして要約するようなことはやはりいささか乱暴であり、この国の特徴をある一定の定義でまとめることは現実的とは言えない。実際、この国の姿なり特徴を包括的に表現する方法は見当たらない。もしあるとするなら、それはこの国の社会構造に潜在する不規則や不整合、あるいは不統一や不合理などの種々雑多な矛盾や無秩序が入り混じって作り出す混沌としたこの国の現実そのものであるかも知れない。有り体に言えば、まとまりがなくどこかいい加減で、当てにならない国、それがこの国の特徴ということになるであろう。しかし、そうだとしても、実際のところはこの国は社会全体としてそれほど混乱することも破綻することもなく、それなりに独自の“わが道”を着実に歩んでいる。そればかりか、未来の大国としてその可能性さえ大いに期待されている。とすれば、考えてみると、そこにはこの国のあり方を可能にし、支えているこの国なりの何らかの基本法則や基本原理のようなものがあって、それが社会全体を貫くように底流しているに違いない。そこで、たまたま思い出したのが、いつか何かの本で読み、なんとなく印象に残っていた“バグンサ・オルガニザーダ”（Bagunca Ordanizada）というポルトガル語の表現である。この“バグンサ・オルガニザーダ”とは日本語に訳せば「秩序ある混乱」あるいは「まとまりのある混乱」とでもいうような意味になる。また逆の言い方をすれば「多様さの均衡」などと言い換えることもできる。一見、論理矛盾のおかしな表現ではあるが、この国の本質を一言で表すとすれば、これはまさにぴったりの表現形式であるように思えるのである。すなわち、日常の個々の局面においては、たとえまとまりがなくいい加減であっても全体という大枠の中でこの国の秩序が維持され、社会の調和が保たれているのは、まさにこの“バグンサ・オルガニザーダ”という社会風土が根付いているからではないかと思うのである。そして、それがブラジルという国を表わす大きな特徴のひとつかも知れない。ブラジルの国旗にはその中央部に丸く濃紺の天体が描かれており、そこにはこの国の国家的スローガンとでも言うべき“秩序と進歩”という象徴的な標語が印されている。これはまさしくこの国が目標とするあるべき姿を現しているのであろう。考えようによっては、まさにこの標語こそ逆説的にこの国の実体的本質を図らずも示唆しているのではなかろうか。とすれば、ある意味でこの標語は“秩序ある混乱”の国にとってはけだし至言と言うべきであり、これぞこの国の何たるかを物語っているように思われるのである。

左：マチュピチュの遺跡／中央（上から）：世界一高い場所にあるチチカカ湖の夕暮れ／ペルー リマの大統領府／エクアドルの首都キト市内／ベネズエラの首都カラカス市内／右（上から）：サンチャゴへ向かう夜汽車でのチリ人たちとの交流／ペルー クスコの路上市場

南アメリカ諸国紀行

石油に浮かぶ貧富のコントラスト

ベネズエラ

República Bolivariana de Venezuela
Capital: Caracas

首都カラカス――林立する近代的高層ビル

産油国として石油がもたらす富に潤うベネズエラという国はスペイン語を母国語とすること以外、特異な異質のラテンアメリカ社会であると言えるかも知れない。この国を訪れる者、とりわけ欧米諸国や日本などのような西側先進諸国からの訪問者が第一印象としてこの国に感じることは、恐らく自分たちの社会に見るあの繁栄と喧騒とが醸し出す高度先進国の機械的で物質的な生々しい空気であるに違いない。豊富な石油資源を背景に重化学工業化政策を推進するベネズエラでは都市化が進み、首都カラカスの中心部などはニューヨークのように近代的な高層ビルが建ち並んでいる。林立するビルのはざ間を縫うように高速道路が走り、街を埋め尽くす車はアメリカ製の大型車ばかりである。異国からの旅行者にとってカラカスはいわば無味無臭な大都会であり、忙しげに人々が行き交う繁華街の雑踏には少しもラテンアメリカの匂いがしない。何の惜しげもなくリンカーン・コンチネンタルのような大型高級車がタクシーとして街を流しているが、それは世界有数の産油国としての豊かさを象徴するとともに社会の動きから生活の仕方まで見事にアメリカナイズされたこの国にとっては最も似つかわしい光景であるように思われる。ラテンアメリカ世界に属する国でありながらカラカスでの滞在中はそのラテン的エキゾチズムに対する旅情や感興を覚えることもなく、妙に快適な居心地のよさを感じたのはまさしくそうした見覚えのある情景を目の当たりにするからかも知れない。

また、南アメリカ各国どこの国でも外国人が訪れるような観光地や名所旧跡にはだいたい例外なく、その国の特産品や民芸品などを並べた土産物屋が軒を連ねているものである。ところが、このベネズエラにはなぜかそれが見当たらない。外国人が興味を示すようなこれといった特産品や民芸品が特に存在しないということも一因かも知れない。しかし、実際は、この国にとって外国人旅行者相手の商売などそれほどの関心事ではなく、観光事業による外貨獲得など初めから当てにしていないというのがその背景にある真相であろう。輸出の7割を石油や石油製品が占めるこの国にとって石油資源がもたらす外貨収入こそが富の源泉であり、それ以外の収益にはさしたる興味はない。いかにしてオイルマネーの恩恵に与るかが人々の関心事であり、その利権獲得への努力と情熱がベネズエラ人を支えている。幸運にもオイルマネーがもたらす富を手に入れた者は、その氏素性が何であれ一躍、億万長者の仲間入りを果たす。一攫千金の夢や富を求め、誰にでも立身出世の可能性が与えられているという意味で、ベネズエラという国はいわゆるアメリカンドリームに代表されるような経済的あるいは社会的な成功物語が生きている社会と言えよう。そのためか、ベネズエラ人は他のラテンアメリカ諸国の人々に比べると一般的に活発で精力的であり、上昇志向が強いと言われている。また同時に気性が激しく、強引なところもあり、ラテンアメリカ社会においてはいくぶん異質の民族性を特徴としているのである。

神の賜物「燃える水」

現在のベネズエラを中心にカリブ海沿岸に沿って点在する湖沼地帯には今日の石油である“燃える水”が存在することが太古の昔から知られており、時おり近くの沼などに突如、発生する不思議な炎を当時の先住民たちは謎の鬼火として恐れていたという。やがて、時代が進みヨーロッパからの探検者や移住者が増えるにつれてベネズエラ国内の探検や調査が本格化し、19世紀後半に至って西部のマラカイボ湖に石油が大規模に埋蔵されていることが明らかとなった。ベネズエラ政府はもとより欧米の国際石油資本がいっせいに油田開発に乗り出し、瞬く間に大小様々な油井が林立するマラカイボ油田へと変貌するのである。しかし、ベネズエラにとってこの豊富な石油資源の開発は、ある意味で禁断の木の実を手にしたのに等しいことであった。というのも、この国のその後の歴史はまさに石油が生み出す潤沢な経済的果実の争奪戦に汚されていくからである。ベネズエラにとって石油の輸出がもたらす膨大な国庫収入は、各種の公共事業や社会資本整備の財源として国土を整備、発展させる上で極めて大きな役割を果たしてきたのは事実である。しかしながら、その一方で油田開発や石油採掘事業に伴う許認可や、そうした利権をめぐる汚職の横行は構造的な社会問題として、この国の経済的配分や社会的正義を大きく歪めることになる。とりわけ、欧米の国際石油資本は豊富な資金力と優れた技術力で事実上、この国の石油資源を独占し、いわばその見返りとして巨額のリベートが時の独裁政権を支える政治家や一部の特権階層にばらまかれていたのは公然の秘密であった。

石油という地下資源がベネズエラの国民にとってまさに神の賜物として、本当の意味でその恩恵に与るようになったのは、自国の天然資源は自国のために存在し、自国が保全するという民族主義的意識が芽生え始めてからのことである。そうした資源民族主義の立場からこの国の石油政策を主導し、国際石油資本から自国の石油資源を取り戻すきっかけとなったのが、石油の専門家でもあるペレス鉱山相の登場であった。彼は自国ベネズエラの石油資源はベネズエラのものであり、その利益はベネズエラ国民に還元されるべきものであるという主張をする。それと同時に、産油量を調整することで石油価格を常に一定水準に維持すべきであるというカルテル論者でもあった。その考え方は、やがて中東の産油国の強い支持を得る結果となり、国際的な石油カルテルである石油輸出国機構、いわゆるOPECの結成へと発展していくのである。加盟国は発案者であるベネズエラに加え、中東の産油国であるサウジアラビア、クエート、イラク、イランの計5カ国であった。OPEC結成の最初の成果は世界の石油価格を産油国側が決定する力を持ったことであった。その後、インドネシアやリビアなどその他の産油国もOPECに加盟し、OPECは文字通り世界の石油政策を牛耳る国際組織へと変貌していくのである。こうした石油の国際カルテル化と平行して、多くの産油国では資源民族主義の高まりを背景に石油資源の国有化も進み、最早かつてのような巨大国際石油資本による支配構造は完全に過去のものとなった。順調に成果を発揮するOPECではあったが、一方で加盟国間の利害調整や世界経済に及ぼす影響力の増大など、しだいに困難な問題に直面することも多くなっていった。例えば、世界の需給バランスをにらみながら産油量を一定水準に抑えて価格を維持することを主張する国もあれば、需要の変動に合わせた産油量の調整を主張する国もあり、各国の利害や思惑がからんだ政治的駆け引きがしばしば繰り広げられるのである。石油という現代社会の最重要エネルギー資源は本来、政治的あるいは経済的利害関係に左右されることなく供給者から需要者へ適切に配分されなければならないはずである。しかしながら、石油は特定の国に偏在する地下資源である上、今や現代人の生活にとって必要不可欠なエネルギー資源として大きな価値を持つだけに、現実的には利害や打算を抜きにした完璧な供給体制を求めることなど望むべくもない。とすれば、この貴重かつ必要なエネルギー資源の配分は、やはり人間の欲望など及ばぬ神の采配に委ねるほかはないのであろうか。

広がる経済的格差

極端な貧富の差に象徴される国民の経済較差や社会較差が多くのラテンアメリカ諸国にとって共通の現象であるならば、ベネズエラにおける国民経済の二重構造もまたその例外ではない。このベネズエラも、そうした意味ではまさにラテンアメリカ的特徴を持った国のひとつと言える。首都カラカスの都心部を取り巻く周囲の山腹には、林立する高層ビル群とは悲しいほどの対比を見せながら貧困層が住む粗末な家屋が密集している。その情景は“ファベーラ”と呼ばれるブラジルのリオデジャネイロのスラム街とまったく同じ構図である。十分な水や電気もなく不衛生な環境の下で貧しい生活を生きるこの地区は麻薬、売春、強盗、誘拐さらには殺人など、ありとあらゆる犯罪の温床とされ、人々から恐れられると同時に、常に見捨てられてもきた。事実上、ここは警察や行政の力さえ通用しない治外法権的な無法地帯と言っていい。そのため、当然のことながら外の世界からあえてこのスラム街に足を踏み入れるような者はなく、住民との接触は限られている。考えてみると、社会の最底辺に生きる不幸な階層であったとしても、例えば日本の場合なら、少なくとも経済的発展がもたらす豊かさや便利さからの何がしかのおこぼれにありつけるという意味で、そうした不幸な状態もいわば程度の問題であり、まだ若干の救いがある。しかし、ブラジルにせよ、このベネズエラにせよ、ラテンアメリカ諸国の最底辺層における貧困とは、社会からまったく認知されることもなく、そこから抜け出すことも難しいいうなれば蟻地獄のような世界に生きることを意味する。その一方で、このベネズエラには石油が生み出す途方もない富や豊かさを享受する数多くの富裕層も存在する。例えば、カラカスの中心部には自家用飛行機専用の飛行場があり、週末ともなると多くの人たちが保養やレジャーのため、一斉にカリブ海の島々へ飛び立っていくという。はたまた夜毎、高級ナイトクラブに繰り出しては一晩で庶民の年収を上回るような金を浪費する石油成金も少なくはないようである。このように、貧困とはまったく無縁の世界に生きる裕福な人種もまた、まさに同じベネズエラ人である。それだけに、この絶望的なほどの貧富の差はあまりにも悲惨な現実であり、残酷である。だがしかし、そうした見方も考えようによっては、人間は本来的に平等でなければならないという社会正義や社会的公平を理念とする立場からの観念論的な発想に過ぎないと言えるのかも知れない。なぜなら、ラテンアメリカ世界の現実的論理では、強者と弱者あるいは富者と貧者の対立的併存こそが人間世界の基本的構図であると見るからである。いささか腑に落ちないものの、そうした観点からするとカラカス周辺の山腹に広がるスラム街など、結局はただの日常的な風景として特別な関心を呼ぶものではないのかも知れない。

国民の経済的格差は大きいにしても、表面的にはこのベネズエラという国は繁栄を謳歌する豊かな国であり、活気に満ちている。そうした活況をもたらす経済発展の要因は主に産油国としての石油収入によるものであることは言うまでもない。しかし、その一方で、世界の超大国アメリカに隣接しているという地理的環境による影響も大きいように思われる。南アメリカ大陸を自国の裏庭と見るアメリカにとってはベネズエラという国はまさにその戦略的要衝の入口に当たる。従って、交易関係はもとより一般のビジネスに至るまで両国の経済的なつながりは極めて大きい。そうした意味では、アメリカがあって、そして石油があってこその国、それがこのベネズエラであると言えよう。とすれば、ラテンアメリカ世界では異例とも言うべきこの国の経済的繁栄もしょせんはアメリカという巨大な傘の下で、いわば“石油の海”に浮かぶ国家経済が織り成す幻影を反映したものなのかも知れない。その上、この国はアメリカとの関係においては単に経済活動だけではなく情報や人的往来など、あらゆるつながりを通して社会制度から文化や娯楽、さらには国民の生活様式に至るまでその影響を強く受けている。例えば、南アメリカ各国いずれの国にも共通して最も盛んなスポーツといえば、それは言うまでもなくサッカーであり、ほとんどの国で国技のような位置付けである。ところが、このベネズエラだけはサッカーよりもむしろ野球の方が盛んであり、野球が最も人気のある国民的スポーツとなっている。そのため、アメリカのメジャーリーグなどで活躍するベネズエラ出身の選手も少なくはなく、時には国民を挙げて彼らの活躍に熱狂するという。南アメリカではベネズエラ以外に野球というスポーツが広く国民一般に普及している国は皆無であり、そのことひとつを取ってみても、この国においてはいかにアメリカの文化的影響が大きいかがよく判る。このように、国の経済活動から国民の日常生活に至るまでアメリカとの関係を抜きには語れないのがベネズエラの現実的社会構造と言える。ところが、そうした現実とはまさに対照的にアメリカに対するベネズエラの国民感情はすこぶる反米的であり、時として憎悪や嫌悪の対象とさえなるのである。ひどく矛盾した国民感情ではあるが、考えてみると、これは日韓関係における韓国の日本に対するあの愛憎入り混じった国民感情に似た現象であるのかも知れない。日本の植民地支配に対する屈辱から、今なお民族的怨念を払拭しきれずに反日感情を抱きながら、その一方で世界有数の経済大国に発展した隣国日本との関係に大きく依存せざるをえない立場にある韓国の、あのどこか屈折した国民感情が思い浮かんでくる。そして、ベネズエラの立場から見たアメリカという国に対する国民感情が、まさしくその日韓関係における韓国の立場に重なって見えるのである。ベネズエラの場合も、好むと好まざるとにかかわらずアメリカという超大国の経済力に依存せざるをえない立場にあり、事実上、国家としての存立基盤もその支配下に置かれている。しかし、その反面、石油という価値ある戦略資源を有する国だけにベネズエラはことのほか自立国家としての自負心が強く、常に自主、独立路線による国家運営を目指している。それだけに、政治的であれ、経済的であれ、他国による干渉や介入に対してはベネズエラ国民は一致団結して強い抵抗を示すのが常である。とりわけ、超大国アメリカのいわば帝国主義的支配や独善的介入に対する反感はベネズエラ国民に共通する感情であり、その潜在的な国民感情が時として激しい民族的反発に発展して反米感情を爆発させるのである。

植民地支配からの脱却

考えてみると、そもそもベネズエラという国にとって大国の政治的、あるいは経済的な支配や、圧制に対する民族的抵抗というのは、ひとつの歴史的な伝統であると言えよう。というのは、南アメリカの歴史を振り返ってみるとベネズエラは国の生い立ちそのものが本国スペインの植民地支配への反逆から始まっており、まさにそうした民族精神の起源とも言うべき歴史的風土をそこに見るからである。当時の世界帝国であるスペインは、現在の南アメリカ各国を植民地としてその支配下に置き、キリスト教の布教のかたわら搾取的統治で人々の自由や権利を束縛していた。その植民地支配体制に対し最初に反乱の狼煙をあげたのはまさにこのベネズエラであった。植民地政府やスペイン本国軍に対し独立を求めて立ち上がったベネズエラの市民蜂起こそが、そもそも南アメリカにおける植民地支配に対する戦いのきっかけとなったのである。このベネズエラに始まった独立へ向けての解放闘争はやがて南アメリカ大陸全土に広がり、ベネズエラはもとより南アメリカ各国が完全に独立を達成するに及んで、ついにあの栄華を誇ったスペイン帝国の植民地時代はその歴史の幕を閉じることになるのである。

今日、超大国アメリカに対するベネズエラ国民の根強い反米意識を見るにつけ、この歴史的な独立の戦いを勝利に導いた不屈の闘争心と支配者や権力者に対する抵抗精神がまさにベネズエラの国民性として現在に至るまで連綿と受け継がれていることを思わざるをえないのである。

その独立運動を指揮して祖国をはじめ南アメリカ各国をスペインの植民地支配から解放した歴史的英雄こそベネズエラ生まれのシモン・ボリバールである。

シモン・ボリバールの生涯

首都カラカスのビル街の谷間に、そこだけがまるで18世紀の植民地時代を彷彿させるかのようなたたずまいに包まれて、ひっそりと静まり返った一角がある。今は、カラカスを訪れる旅行者の誰もが足を運ぶ観光スポットのひとつになっているシモン・ボリバールの生家である。白壁と瓦屋根のスペイン風の生家と、シモン・ボリバールの生涯を今に伝える往時の数々の遺品や記録を陳列した国立歴史博物館とが隣合って建っている。シモン・ボリバールは1783年に比較的裕福な農園主の長男としてこの地に生まれた。しかし、相次いで両親が亡くなり、早くから天涯孤独の身となったシモン・ボリバールの子供時代は決して恵まれたものではなかった。そうした彼を精神的に支え、人格形成に大きな影響を与えて、その後の人生を方向付けることになったのがシモン・ロドリゲスという革命家くずれの知識人との出会いであった。そのロドリゲスは家庭教師として、まだ多感な年頃のシモン・ボリバールに学問的な知識を教えるだけではなく、自信と勇気をもって自由に生きることの大切さを折にふれて説いたという。記録によれば、わずか一年にも満たない短い期間ではあったが、濃密な師弟関係を通してシモン・ボリバール少年は恩師ロドリゲスの薫陶を受け、人間的に大きく成長を遂げる。やがて本国スペインへ留学したシモン・ボリバールであったが、たまたまヨーロッパ各地を旅行中、祖国を追われてヨーロッパに亡命していたロドリゲスと偶然にも数年ぶりにウイーンで再会することになる。二人は、かつての師弟関係からたちまち同志のような立場で意気投合し、遠い異郷の地にあってあらためて絆を深めることになった。祖国ベネズエラのあるべき姿を熱く語り合いながら、二人はともにスペインの植民地支配からの解放、独立に想いを馳せては帰国の日を待ちわびていた。このヨーロッパ旅行でシモン・ボリバールはもうひとつの忘れられない印象的な出来事と遭遇し、その後の活動を示唆するような啓示を得るのである。それというのは、フランス革命を成し遂げさらにヨーロッパの覇権を目指す、かのナポレオン皇帝との出会いであった。閲兵式に臨むナポレオンの姿はまさに威厳に満ち、神々しいほどに輝いていた。眼前に見るその勇姿にシモン・ボリバールはいたく感動し、その一挙手一投足が発する言いようのないパワーに圧倒されてしまったのである。祖国の解放を目指す者にとってこの衝撃的とも言うべき体験には大いに触発されるものがあった。

ところが、一方でその頃、シモン・ボリバールはスペイン留学で出会い結婚したばかりの若い新妻に先立たれ、その突然襲った悲劇に打ちひしがれてもいた。またしても一人きりになってしまったシモン・ボリバールは沈む心で陰鬱な日々を過ごしていたのである。それだけに傷心のシモン・ボリバールにとって恩師ロドリゲスとの再会は思いもよらぬ僥倖であり、祖国の独立に向けた熱い議論は悲しみに沈んだ心を癒し、高揚させてくれる格好の材料であった。実際、新妻を失った悲しさを紛らわすかのようにシモン・ボリバールはその後、帰国するやいなや祖国ベネズエラを皮切りにひたすら植民地解放闘争にのめり込んで行く。

本書の「歴史の夜明け」で見た通り、スペインの植民地支配からの解放、独立に向けた戦いにおけるシモン・ボリバールの功績はベネズエラに始まり、コロンビア、エクアドル、ボリビアにまで及び、それら各国を独立へと導いた。そして、その結果として今日の南アメリカ諸国の基礎が形作られたのである。このベネズエラが生んだ英雄、シモン・ボリバールはアルゼンチンの英雄、サン・マルテインとともに、南アメリカの「独立の父」としてその歴史に大きな足跡を残し、今なお人々の記憶から消え去ることはない。時として神経質、あるいは衝動的とその性格的な短所を指摘されながらもシモン・ボリバールは民衆の心をつかみ、南アメリカ各国の独立に献身した彼の勇気、情熱、そして信念は高く評価されている。独立を果たし目的を達成したいずれの国においても権力や地位などを求めることもなく、自分の生涯の大半をただ一途に南アメリカ各国の独立運動に奉げた男、それがシモン・ボリバールであった。実際、彼は晩年、自身の生涯を振り返りながら次のような心境を語ったという。「私はこれまで自由と栄光を求めてきたが、今はその両方を手に入れた。だから、もうこれ以上望むものは何もない」と。それにしてもシモン・ボリバールの波乱の日々はただひたすら孤独な少年時代の寂しさや、若くして新妻を亡くした悲しさなど、そうした自分の悲運や不幸を忘れ去るための行動であったのであろうか。彼をそのような人生に駆り立てたものはいったい何であったのか、この義侠な英雄の心の内について歴史は多くを語らない。考えてみると、南アメリカ各国をスペインの植民地支配から解放することだけではなく、すべてのラテンアメリカ諸国を統合し、ひとつの統一国家としてまとめ上げることこそ、実は彼が心に描いていた理想であり、夢であったのかも知れない。しかし、その思いを叶えることなく1830年シモン・ボリバールはひっそりとその生涯を終えた。享年47歳であった。

　ベネズエラという国はラテンアメリカ世界に属する国にしては、珍しく効率性や時間の観念がしっかりと人々の日常を支配しているようで、何事も随分とビジネスライクである。カラカスを発つ日、朝の早い時間だけにいささか心配ではあったが、案に相違して約束の時間ぴったりにホテルの前へ予約のタクシーはやって来た。そして、手際よく荷物をトランクに詰めると、そのアメリカ製の大型タクシーは肌寒い早朝のハイウエーを空港へと向かい走り出した。旅の余韻や感慨に耽ることもなく、霧に包まれたカラカスの街を後にすることになった。そして、極めて事務的で迅速な出国手続が終わるや、ほとんど待つ間もなく次の目的地、コロンビアのボゴタ行き国際線の機中の人となっていた。眼下にはカリブ海の大海原と広大な緑の大地が広がっていた。

古代の黄金郷

コロンビア

República de Colombia
Capital: Bogotá

黄金空港――エルドラド国際空港

その昔、この地に「プレ・コロンビアナス時代」と呼ばれる黄金の文化を築き上げた先住民の栄光を称え、その名もまさに“黄金空港”という意味であるコロンビアの首都ボゴタの「エルドラド国際空港」にビジネスライクなベネズエラ航空機は定刻通り到着した。入国手続を終え空港ロビーに出ると、搭乗手続なのか係員もいない空港カウンターに大勢の人がのんびりと長い列を作って並んでいる。時間を気にするような様子もなくいつか始まるのであろう手続を気ままに待つ人々の姿をながめながら、これはまさしくラテンアメリカ世界の光景であると思った。ずいぶん時代がかったタクシーは空港を出るや、左右にのどかな田園風景が広がるおよそハイウエーとは言いがたいような道をボゴタ市内へ向かって走り出した。産油国としての物質的な繁栄を謳歌する隣国ベネズエラの姿と比較すると、その落差はいかにも大きく国としての経済力の違いが歴然としている。しかし、ここは紛れもなくラテンアメリカの国であり、価値観や文化の異なる世界に足を踏み入れた実感がわいてきて、その国力の差はやむを得ないものとして納得できるような気がした。

見知らぬ土地を訪れる場合、その目的や方法によって楽しみ方が異なるのは当然であろうが、いずれにしてもその土地の人情、食べ物、そして景色の３点こそが、やはり旅には欠かせぬ基本的な要素に違いない。その意味では、このコロンビアは旅人にとってまさに三拍子そろった満足のいく国のひとつであるように思われる。いくぶん好奇心も入り混じったコロンビア人の素朴な人情はことのほか異国の旅人には温かく、心安らぐものがある。日本ならさしずめ田舎料理の店とでも言うべきコロンビアの郷土料理を専門とするレストランへ行った時のことである。わら葺屋根が特徴的なその洒落たレストランは壁には様々な農具やランプが下がり、薄暗い店内の奥には小さな舞台があって２組の男女による動きの激しい農村の民族舞踏が演じられていた。ほぼ食事が終わってコロンビアワインのかすかな酔いがまわってきた頃であった。ちょうど舞台の踊りも休憩に入り、幕間のつなぎに司会者が現れるや巻き舌で早口のスペイン語で何やら口上を述べ始めた。聞くともなしに耳を傾けていると、口上の最後に不意に「皆さん、本日は光栄にもはるか東洋の日本からお客様を迎えております」というような趣旨の紹介を始めた。満席の店内から「ハポン、ムイビエン！」（いいぞ、日本！）と掛け声がかかり、大きな拍手がわきおこった。あわてて周囲を見回したが、同胞とおぼしき“東洋の日本からの客人”は他には見当たらない。あまりに突然のことで、大いに照れながらもまるで日本国全権大使にでもなったかのように起立して、周囲の歓迎の拍手に対し、そしてさらにはわが日本への親愛の情に対して「グラシアス！」（ありがとうございます）と軽く一礼しながら手を挙げてみた。すると、周囲の客のコロンビア人たちも立ち上がって次ぎから次と握手を求めてテーブルのまわりに集まってきた。それから後はもう矢継ぎ早やの質問攻めで、「コロンビアをどう思うか」に始まり、果ては「日本語というのはギリシャ語に似ているのか」などという誠に不可思議な質問を浴びせる人まで現れる始末であった。

見ず知らずのコロンビア人たちの純朴な親愛の表現に圧倒されつつ、その思いもよらぬ温かい人情に触れて本当に心が和む一夜であった。同じ南アメリカの国々の中でもチリとこのコロンビアはなぜか特に親日的な気風が感じられ、日本人にとってははなはだ居心地の良い国と言える。

コロンビア人たちの素朴で温かい人情を垣間見たそのレストランでのメインデイッシュは、ウエイターお薦めの“プチェーロ”と呼ばれる一種のビーフシチューのような郷土料理であった。それだけで十分満腹になってしまうほどのボリュームもうれしいが、その味付けがまたなかなか繊細で調理人の心が伝わってきそうな手のこんだ一品であった。他にも肉や野菜をじっくり煮込んだ料理がいくつかあり、こうした煮込み料理や様々なスープの類がコロンビアでは料理として一般的であるようだ。やや大味な肉料理が主流の南アメリカ諸国にあって、コロンビアではステーキにしても入念に手が加えられており、四季折々の味覚を楽しむような日本人の贅沢な舌にも十分馴染む味と言える。材料や調理法はもちろん異なるにせよ、全般的にコロンビアの食べ物は日本人の味覚にも合うのではないかと思われる。中でもカルタフェナとかサンタマルタといったカリブ海沿岸の地方では海産物が豊富に取れることから各種の魚介類を材料とする料理が数多くあり、日本人の好みにも合っている。もっとも、近世からの歴史しか持たないいわゆる新大陸ではどの国もそうであるように、コロンビアの場合も厳密にいえば長い時の流れに育まれた伝統的コロンビア料理と称するようなものは特にないと言うべきであろう。現在のコロンビアで一般的な料理はかつての本国であるスペインの食生活を基本にこの国の気候、風土、食材、先住民の影響などを織り込んで発展したものである。その意味では、たとえフランス料理のように世界に冠たる名の通った料理ではないにしてもこの国の人々にとってコロンビアの料理は十分満足のいく自分たちの誇るべき食文化であるに違いない。

コロンビアの青い空

かつてこの国を訪れたことのある日本のさる財界人が、コロンビアの青空は世界で一番美しいと、その印象を語っていたのを新聞で目にしたことがある。実際、この国の美しく平和な景色はコロンビアの知られざる一面として訪れる者に強い印象を与えるに違いない。南アメリカ大陸の西側を南北に連なるアンデス山脈はこの国から始まり、その抜けるような青空を背景に雄大な山並みや広大な山麓が続く自然の景色はまさに絵画のように美しい。しかし、そうした美しさとは別に、例えば首都のボゴタから車で一時間も走ればのどかな風景の中に見飽きることのない穏やかな田園風景が広がっており、それはそれで旅情を感じさせるものがある。はるか遠くに青い山並みが連なり、飾り気のないその自然のながめは何の変哲もないが、平和な美しさである。自然が描く景色には、例えば南アメリカ大陸であればイグアスの滝のように、あるいはアルゼンチンのバリローチェのように圧倒的な雄大さや華麗さで見る者を魅惑してしまうような、いわば“これ見よがし”的な顕示性の強い美しさもある。その一方で、このボゴタ近郊のように、そこに住む者には日常の風景であり、取り立てて特別な思いなど抱くことのない眺めではあっても外からの訪問者にとっては印象に残る景色としてその美しさを感じる場所もある。そうした平和な美しさを車窓にながめながら車は1時間半ほどボゴタ市内から走ったところで、「ジパキラ」という大規模な岩塩鉱山に到着した。

地下約120メートルの地底に網の目のように広がる坑道は辺り一面、塩の結晶が輝く暗闇の世界であった。鼻をつくような独特の塩分の臭気と、肌に粘りつくような湿っぽいひんやりとした空気に包まれながら薄暗い坑道を進んでいくと、突如、広い空間に出る。そこには世界のどこにも例のない地底教会が建っており、礼拝堂のマリア像以外は岩塩の壁を削って作られている。ライトの光に照らされた祭壇や十字架が塩の結晶を反射させながら暗闇に浮かぶ様は荘厳な雰囲気を漂わせ、誰もが厳粛な思いで立ち尽くす。今でこそ岩塩鉱山の坑道を巡る地底散策という興味深い体験を提供することにより、観光資源としての役割を果たしているが、元来はここに働く鉱夫たちの敬虔な祈りの場であった。数知れぬ鉱夫たちの汗とともに作業の安全や家族の幸福などを願う様々な祈りがこの岩塩の壁には刻まれているに違いない。深く暗い地底での岩塩掘りは危険と背中合わせの過酷な重労働であったという。そうした鉱夫たちにとってこの塩の結晶が輝く地底教会は心の安息を求めて神に祈りを奉げる場として無くてはならない存在であった。

プレ・コロンビアナス時代

現在のコロンビアが位置する南アメリカ大陸北部のこの一帯には、かつて「プレ・コロンビアナス時代」と呼ばれる黄金の文化を開花させた先住民族、インディオの優れた文化が栄えていた。その先住民族が残した数々の金製品を現在も目にすることができ、その精緻で華麗な文化遺産には息を飲むほどである。首都ボゴタの旧市街にその名も黄金博物館という金の博物館があり、約3万点にも及ぶその時代の様々な金細工が展示されている。

カービン銃を肩にした警備員が警戒する物々しい雰囲気の中を入館すると、すべて金で作られた仮面、装身具、生活道具などが妖艶な輝きを放ちながら整然と並んでいる。金の美しさもさることながらそれらの金細工に見られる鋳造や打出し、また失蝋法と呼ばれる製作技術などは現代にも通じる水準であり、その見事さには本当に感心させられる。金の放つ鈍い輝きにはやはり人の心を魅惑する不思議な力があるのか、多くの人がその目も眩むような金細工の数々を食入るように見つめては立ち止まってしまう。しかし、たわいもない装飾品や生活道具にまで贅沢なほど多量の金が使われていたことを考えるとこの絢爛たる文化を築いた先住民たちは果たして現代人と同じように金が持つ価値や意味を十分認識していたのであろうか。ふとそうした素朴な疑問さえわいてくるのである。この「プレ・コロンビアナス時代」は黄金の文化であると同時に陶芸にも優れた芸術性を持っていたことで知られている。当時の遺跡からは壷をはじめ人間や動物をかたどった様々な焼き物が発掘されており、そのユニークな造形美には先住民たちの芸術的感覚がうかがわれる。また、そうした出土品は当時の生活様式や文化風習をも伝えており、学術的な面からも価値のある貴重な遺産と言える。

　コロンビアはかつての本国スペインの文化や風習を今なお色濃く残しながら南アメリカ大陸という風土に同化し、独自の民族文化を形作った代表的な国のひとつである。その象徴的な風習として、例えば闘牛と民族衣装のポンチョを挙げることができる。

　あまり知られてはいないが、この国では闘牛が国民的娯楽として人気があり、その見せ場は本場のスペイン以上に凄惨で残酷であり、闘牛場で繰り広げられるそうした血なまぐさい白昼劇が観衆を熱狂させ、興奮の坩堝に陥れるのだという。そして、闘牛士との戦いに斃れた猛牛の鮮血に人々は満足し、勇敢な闘牛士の技に盛大な拍手喝さいを送るのである。一体、いつの頃からどのような経緯でこの国でも闘牛が始まったのかは定かではないが、まさにスペインならではの伝統的風習を受け継ぎ、この新大陸にその本国の伝統を定着させたのはやはりコロンビア人の血に今も流れるスペインとの民族的な絆なのであろうか。また一方、飛び散る赤い血に興奮し、熱狂する様はある意味で情熱的なラテン民族の本能や血統がそうさせるのかも知れない。

　一方、アンデス山麓の住民に共通の民族衣装であるポンチョはコロンビアにおいてもごく一般的な服装として多くの人が日常的に着用している。一枚の大きな長方形の布で全身を包むように両肩から羽織るだけの単純極まりない構造ではあるが、この地の気候、風土に適した合理的な衣服であり、生活の知恵が生んだ伝統的ラテンアメリカ文化のひとつと言えよう。コロンビアは国土の大半が海抜2000メートルを越える高地であるため寒暖の差が激しく、気まぐれな暑さや寒さに対応するためにはこの布切れ一枚のポンチョは融通がきき、誠に便利である。その上、服装としてのファッション性から見ても斬新な現代性さえ感じられ、民族衣装であるがための珍奇性などほとんど感じさせない。街角のそこかしこでは、いかにも暖かそうなポンチョに身を包み、山高帽をかぶった男たちが午後の陽だまりの中でいつ果てるともない長談義に夢中になっている。コロンビアではそうした何気ない日常風景の中にいつもポンチョ姿の人々がいる。

この国の２つの定説――「美人産出国」「教養豊かな文化国家」

　ところで、この国の人々について語るときその一般的な特色としてよく知られている２つの定説がある。ひとつは女性に関することで、コロンビアという国はコスタリカとチリの両国と並んでラテンアメリカ世界での三大美人産出国のひとつとされる。偶然にもその３ヶ国いずれもが“C”で始まる国名のため“３C”としてそれら３ヶ国の女性はラテンアメリカ諸国の男性陣にとっては垂涎の憧れの的となっているのである。そう言われてみれば、ボゴタに到着早々、空港で見かけた赤いポンチョ風制服を身にまとったコロンビア国営アビアンカ航空のうら若きスチュワーデスたちなどはスタイルもさることながら確かに皆そろいもそろって飛び切りの美人ばかりであり、思わず見とれてしまうほどであった。また、実際そうした定説を立証するかのように例えば美人世界一を競うミスユニバース・コンクールなどではこれら３ヶ国の代表が栄冠を勝ち取ったり、上位入選の常連としてしばしば選ばれるようである。人種構成としてこの国では相対的に白人系が多いが、アルゼンチンやウルグアイのように完全な白人国家ではなく、さりとて黒人や先住民族インデイオ、そして白人などに加え、それらの様々な混血人種が大半を占めるブラジルやベネズエラのような国でもない。考えてみると、どうやら母体を成す特定の人種があってそれに多少異人種の血が混じった程度の微妙な混血具合がちょうどいいのかも知れない。コロンビアという国が美人の産地である理由はまさにそうした程よい混血加減が関係しているのであろうか。とすれば、世界的にも稀な単一民族で構成される純血種族の日本の場合は異民族に対してより積極的に門戸を開放し、異文化交流を促進することも悪いことではないと思われる。美貌に溢れるコロンビアの魅惑的なセニョリータたちを観賞しながらそんな不見識な思いを巡らしたものである。

そして、もうひとつの定説というのはコロンビアという国は南アメリカ諸国の中ではとりわけ国民の教育レベルが高く教養豊かな文化国家とされている点である。この国ではスペインの植民地時代から早くもカトリック教会の手により各地に大学が創設され、文化的あるいは学術的な活動が盛んであったという。また、言語にしてもスペイン語を母国語とするラテンアメリカ諸国の中ではこの国のスペイン語が最も由緒正しき正統なスペイン語とされ、将来ラテンアメリカ地域に赴任する外交官の卵たちの研修の場としてコロンビアを選ぶ国が多いという。そうした伝統を背景にしてこの国はこれまで数多くの文化人、学者、芸術家などを輩出してきた。中でも特に現代のコロンビアを代表する世界的に著名な作家であり、またラテンアメリカ世界で初のノーベル文学賞に輝いた作家としてガブリエル・ガルシア・マルケスなどは、そのコロンビアの知的系譜を象徴するまさに典型的な存在と言えるであろう。彼の代表作とも言うべき「百年の孤独」という作品は日本語を始め世界の十数ヶ国語に翻訳され、スペイン語で書かれた小説としては記録的なベストセラーとなった。ガブリエル・マルケスが生まれ育ったカリブ海沿岸地方を舞台にある一家の家族関係や日常風景を軸にして現実と非現実とが交錯しながら展開する物語である。その文学性とともにラテンアメリカ社会が内包する悲劇、喜劇あるいは不条理を巧みに描写した作品としてことに欧米諸国において評価が高いという。厳密な論理や事実による合理主義を伝統とするヨーロッパの精神構造からすればガブリエル・マルケスが描く伝統的なラテンアメリカ世界の混沌とした無秩序と不条理は異質な現実として興味をそそられるのかも知れない。いずれにしてもラテンアメリカ社会の実像に触れ、先進諸国が置き忘れてしまった何かを思い出させる作品であり、その知的刺激は挑戦的でさえある。

この国を支える３色の経済的基盤

“天は二物を与えず” とはよく言ったもので、その格言を拡大解釈して適用したくなるのがこの国の偽らざる現実でもある。コロンビア人が誇りとすべき知性と教養とはまったく裏腹に、一方でこの国は長年にわたり不法な闇取引や陰惨な暴力が公然とはびこり、そうした反社会的勢力による犯罪行為に国民の生活が蝕まれてきた。南アメリカ諸国の多くがそうであるようにコロンビアもまた豊富な地下資源や特産品に恵まれながら、いやそれ故にこそ国民の経済格差は大きく貧富の差を抱えた二重構造の社会体制となっている。公式であれ、非公式であれ実質的にこの国を支えている経済的基盤は「白」、「黒」、「緑」の３色によって象徴される特産品である。すなわち、「白」は麻薬の白い粉、コカインであり、「黒」は香り高い黒い粉、コーヒーである。そして「緑」は世界最大の産出量を誇る緑の宝石、エメラルドである。

白

それら３色の経済資源のうち“白い粉”こそがこの国の社会を蝕む元凶であり、その病根は国家としての機能不全を招きかねないほどに深く広く根を張っている。事実上、今や世界の麻薬取引の中心とさえなったこの国ではメデリン・カルテルと呼ばれる麻薬密売組織などが公然と組織的に麻薬の生産、販売を行っており、その莫大な不法収益で地下経済を支配している。その上、コカインの原料であるコカの木を栽培する秘密農場が点在する山里一帯は武装した密売組織によって厳重な警戒網が張り巡らされ、警察力も及ばぬ無法地帯と化している。そのため麻薬撲滅に取り組むコロンビア政府が出動させる政府軍との間で時として内戦さながらの攻防が繰り広げられたりするのである。また、政府側の取締りによる密売組織の摘発や組織幹部の逮捕に対し麻薬カルテル側は警察や司法関係のトップ、さらにはマスコミ関係者などの誘拐、暗殺といった血の報復で応酬するのである。そうした事件は、いわば日常茶飯事のイタチごっことなって国民の間には無力感さえ漂う。とはいえ、この絶望的な報復の連鎖に人々はただ沈黙し、無関心を装うほかはないのであろうか。これは、しかし、この国だけにその解決を委ねて済む問題ではないと思われる。コカの木はもともとアンデス山脈周辺の高地に自生する植物で、古来よりインカ人をはじめ先住民族のインデイオたちが強壮剤としてその葉を噛んだり、お茶として飲んだりしていたものだという。その葉を加工し、精製した白い粉が麻薬として強い覚醒効果があることが知られるようになってコカの木はまさに呪わしい悪魔の木に一変することになる。しかも悪魔はこの木がお金を生む木であることを人間に教えたのである。そのため、貧しさから脱出するために貧困な農民などはたちまち先を争ってこの悪魔の木の栽培に手を染めていった。そして、堕落の白い粉は誘惑に溺れる人々を次々と引き付けながらやがて巨大な闇のマーケットを形成し、その闇世界はいつしかこの国を蝕む社会病理として顕在化するようになったのである。これからも、たとえどれほど無益な血が流されようと麻薬による幻覚を求める人々がいる限り、そしてまた貧困による不安に苦しむ人々がいる限り、麻薬取引という負の連鎖を断ち切るための様々な努力も結局は徒労に終わるのであろう。とすれば、この国から麻薬に係わる不法な取引を一掃するためには、やはりまずは最大の需要先である先進諸国の水面下に潜む麻薬常習者を撲滅することから始めなければならないであろう。そのためにはとにかく麻薬の需要と供給に関係する国々すべてが協力し合って地道な国際的連係プレーを重ねることが求められる。そしてまた、たとえ迂遠な回り道であってもやはりこの国の経済的格差を是正し、貧困をなくすことこそが何よりも有効な解決策であるように思われる。

黒

一方、黒い粉、コーヒーは主要な輸出品としてこの国の表の経済を支える重要な特産品であり、白い粉、コカインに比べると当然、優等生的立場にある。コロンビアはブラジルに次いで世界第二位のコーヒー生産国で、コロンビア・マイルド・アラビカ種と呼ばれるそのコーヒーは品質に関しては世界最高級のひとつとされる。味、香りとも優れたコロンビア産コーヒーは最大の消費国、アメリカはもとよりドイツ、フランス、イタリアなどヨーロッパ各国においても人気があり、生産量の大半が輸出されている。ただし、課題を抱えてもいる。この国のコーヒー栽培はブラジルの大規模プランテーション栽培などに比べると一般的に高地での小規模なコーヒー農園が中心であり、その上、機械化が遅れていることから生産コストが割高となっている。世界的にコーヒーの消費需要が低迷する中で、価格競争力に欠けるコロンビアコーヒーが今後どのように生き延びていくのかその方向性を見定めることが求められている。例えば、品質的に優れたコーヒーである特性を活かし、さらに高品質で高級なコーヒーの生産に特化するということも選択肢のひとつとして考えられるであろう。

緑

緑の宝石、エメラルドもまたコロンビアが誇る特産品であり、世界の取引量の約80%がこの国に集中している。アンデス山脈西側の3000メートルを越える山中にムゾーという国営エメラルド鉱山のひとつがあり、そこでは厳重な監視体制の下で露天掘りによりエメラルド原石が採掘されている。“エメラルド・グリーン”と呼ばれ、かのクレオパトラも好んだというエメラルドが放つ神秘的で奥深い緑色の輝きは妖しく人の心を魅惑してやまない。実は、その神秘の宝石に夢とロマンを求めてコロンビアへ移住し、成功を収めた一人の日本人がいる。エメラルドの取引というのは、それまで不正な方法で直接、鉱山から原石を持ち出しては法外な値段で売り付けたり、欧米諸国へ密輸出したりする闇の宝石ブローカーなどが暗躍する世界であった。ところが、昭和30年代にまだ日本人がほとんどいないコロンビアへ単身渡った京都出身の青年、河合誠一氏が様々な苦難を乗り越え、苦労の末にこの国に公正で信頼のできるエメラルドの取引市場を定着させたのである。今ではコロンビアから海外へ輸出されるエメラルドの大半を河合氏の宝石会社が一手に取り扱っており、同氏は世界一のエメラルド宝石商であると言われている。実際、同氏のことを人呼んで“エメラルド・キング”という。

コロンビアと日本人移民

南アメリカ大陸へ渡った日本人移民の移住先としてはブラジル、さらにはペルーなどが一般的に知られているが、実はこのコロンビアに新天地を求め移住した日本人の一群もごくわずかながらいた。記録によれば、大正12年に最初の移住者がコロンビアに入植してから昭和10年頃まで福岡県出身者を中心に約1000名の日本人がこの国に移り住んだとされる。入植初期はブラジルやペルー、パラグアイなどの場合と同様にこの国においても日本人移住者の描いた夢と現実の落差に誰もが失望し、落胆し涙なしには語り尽くせない苦労を重ねたという。しかしながら、実直で勤勉な日本人の民族性に加え入植地の土地が肥沃で気候にも恵まれていたため、その後、比較的順調に現地での生活が軌道に乗り始めていった。また、地元のコロンビア人たちの人情の良さに助けられることも多くこの国の日本人移住者は恵まれていたと言えるかも知れない。現在では、ほとんどの入植者が農園主として大規模な農業経営に成功し、しかも農作物の多角化を実現して地域社会に多大な貢献をしているという。そのため、特に日本人入植地にほど近い太平洋側南部のカリやパルミラなどの地域ではこうした日本人の勤勉な努力や創意工夫による地域貢献を歓迎し、高く評価する声が多いという。前述の“エメラルド・キング”、河合氏の活躍はもとより、日本人移住者たちの長年にわたるコロンビア社会への地道な貢献が日本に対する評価を高め、この国の親日感情に結びついているものと思われる。

República del Ecuador
Capital: Quito

赤道直下のジャングル物語

エクアドル

インカ帝国第二の都市、そして現在の首都キト

エクアドルとはスペイン語で赤道という意味であり、その名の通り、ちょうどこの国の首都キトのほぼ真上を赤道が走っている。赤道直下というと、ともすれば灼熱の太陽が照りつける熱帯地方を連想しがちであるが、このエクアドルは国土の大半が海抜高度の高い場所にあるため、昼間と夜間の温度差が激しいこと以外はむしろしのぎやすい快適な気候に恵まれている。キトはこの国の首都ではあるが、人口規模からすると150万人を超える南部の商工業都市でエクアドル最大の港町でもあるグアイヤキルに次ぐエクアドル第二の都市ということになる。キトはその昔、インカ帝国の北の都として首都のクスコに次ぐインカ帝国第二の都市であった。その古い歴史を物語るかのように、現在のキトはまるでコインの裏表を思わせるかのごとくまったく異なるふたつの顔を合わせ持っている。つまり、特徴のある旧市街と新市街とが際立った対比を見せながらそれぞれ南北に分かれて広がっているのである。その風情の違いはとても同じ市街地を形成しているとは思えないほどである。新市街は近代的なビルが建ち並ぶビジネス街と瀟洒な住宅街とから成っており、どこにでもありそうなその都市としての街並みは格別珍しいものではない。ところが一方、旧市街はまさに古色蒼然とした街並みで、インカ帝国時代の遺構からスペイン植民地時代の建造物まで歴史の面影をしのばせる。煤けて薄汚れた印象の街並みではあるが、その一種異様なかび臭ささえ感じさせるたたずまいは重厚な風景にも見える。独立広場を中心にして大聖堂やサンフランシスコ教会など歴史の重みを塗りこめたような黒ずんだ

石造りの建造物が建ち並び、その間を石畳の狭い路地が縦横に入り組んでいる。どこからともなく歴史の息遣いが漏れてきそうなその古い街角に立っていると、ふと過去の時代へ迷い込んでしまったかのような錯覚にさえとらわれる。そして、今にも鎧兜をまとったスペインの騎士が馬にまたがり長い槍をかざして、ひずめの音を響かせながら石畳の路地を駆けてくるのではないかと、そんな不思議な気さえしてくるのである。

キトという都市は海抜2850メートルの高度に位置し、ボリビアの首都ラパスに次いで世界で2番目に高い場所にある首都である。そのため、空気が希薄で下界からの訪問者はたちまち軽い高山病の症状を呈する。街中を歩いているだけでただならぬ息苦しさに胸を締めつけられるほどであるから、試しに階段の昇り降りや駆足でもしようものならどれほど強健な体力の持ち主でも心臓の鼓動は極に達し、息も絶えだえの状態になるであろう。例えば、富士山の山頂で駆足などをしたらどのような結果になるかを想像すれば、この事態は容易に理解できるというものである。ところが、二、三日もすれば高山病の症状である頭痛や息苦しさも治まり、現地の人間とほぼ同じように活動できるようになるというのだから人間の環境順応力はやはりたいしたものである。一方、このキトは赤道直下に位置しているため太陽が常に真上にあり、日差しはかなり強い。しかし、気温は平均して13度から14度前後と、寒くも暑くもなく快適な気候に恵まれている。その上、天候は安定しており、一年を通していつも同じように穏やかな小春日和のような気候が続く。晴天の下、街のそこかしこには絶えず花々が咲き乱れ、空気が希薄であることを除けばむしろ過ごしやすい快適な環境である。ただ、四季のある国に育ったものにはキトの気候はいささか変化に乏しく、季節感に欠けることから逆に物足らなさを覚えるという。

この国最大の都市、グアイヤキル

他方、エクアドル南部の海辺に近いこの国最大の都市、グアイヤキルはキトとはまさに対照的に普通の平地に位置するため高山病に悩まされることはないものの、その代わり赤道直下という地理的条件の影響をまともに受けることになる。すなわち、標高のない平地における典型的な熱帯気候であるためグアイヤキルは一年中、蒸し暑く気候的にはエクアドルで最も住みにくい場所とされている。実際、日が暮れ夜になっても一向に涼しくなる気配はなく、街中が湿度の高い蒸し暑さに包まれている。快適でさわやかな気候に恵まれた首都キトからはるか下界のこのグアイヤキルに降り立つと、今度は息苦しいほどの蒸し暑さに体調を崩しそうになるのである。エクアドルを離れる最後の日も肌に絡みつくような湿気と暑さでびっしょり汗をかきながら深夜の空港ロビーでただひたすらこの街を脱出する時を待っていた。暑さは収まることもなく、少しでも涼しければと思い空港ビルの外へ出てみた。街の明かりが遠くに見え、あたりは一面ジメジメした暗闇に包まれて蒸し暑さに変わりはなかった。すると、どこか遠くで鳴く虫の音が涼しげに聞こえてきて、ふと日本の夏の夜を思い浮かべたものである。

貧困国家から石油産出国へ

かつてはバナナを輸出すること以外にこれといった見るべき産業がなかったエクアドルは経済的停滞が常態化し、財政危機に苦しむ貧困国家であった。ところが、1960年代に東部のアマゾン地域のジャングル地帯に石油資源が発見され、油田開発が始まるに及んでにわかにこの国の経済的立場は変貌を遂げる。産油国として石油輸出に伴う外貨収入が急増し国家財政が安定し始めた。そして、それまでの対外的累積債務の返済にいち早く取り組んだため、その律儀な姿勢が国家として思わぬ国際的信用を得ることになったのである。原油の推定埋蔵量は50億バレル以上とされ、石油がもたらす外貨収入はこの国の経済財政基盤の確立に今後も大きな貢献を果たすことは間違いない。今やベネズエラとともにOPEC、すなわち石油輸出国機構の構成メンバーであり、ラテンアメリカ世界を代表して各アラブ産油国のオイルビジネスを支配する王侯貴族や業界首脳陣を招いて国際会議を開催するまでになった。考えてみると、アンデス山脈の名もない貧しい小国が世界のエネルギー市場において少なくとも一定の立場を認知されるようになったわけでその意味では石油とはまさしく神の恵みであり、石油資源の発見は僥倖というほかはない。こうして石油が生み出す富は巨額に上る対外債務を一掃した上、立ち遅れたこの国の社会資本整備や医療、福祉、教育など国民の生活向上につながる施策にも投資され、低迷する小国に将来への展望を与える結果となった。しかし、物事にはすべからく光と影がつきまとうようにエクアドルにとって石油資源がもたらすものは経済的恩恵だけではなかった。原油が埋蔵されている油田地帯はアマゾン地域の未開の密林地帯にあるため油田開発に伴う道路や採掘現場の建設、油送管の敷設などにより広大な原始の森が切り開かれ、やがてその大半が消滅してしまった。その上、有害物質の流出による地下水や河川の汚染も深刻で地域住民の健康被害が発生しているという。さらにまた、この壊滅的な環境破壊により太古の昔から維持されてきた地域一帯の生態系も崩壊したため貴重な動物や植物がことごとく姿を消してしまった。自然環境はいったん破壊されると完全に元に戻ることはないとされる。だが、経済原理と環境保護とを天秤にかけた時、人間はやはり経済原理を選択するのであろう。それに対し異議を唱えることは社会的正義の立場からは正しいとしても単純に100対ゼロの判別で善悪を決め付けることにはやや違和感を覚える。問題はそれほど簡単ではないと思われるからである。まして経済発展への足がかりとしてこの地下資源に将来を託す貧しい小国にとって他に取るべき選択肢はあったであろうか。しかしそれにしても、環境破壊という取り返しのつかない人類的損失を代償に油田開発はこれからも続く。

密林の首狩り族

かつては人跡未踏のジャングルであったその密林地帯では先住民としてヒバロ族に代表されるいくつかのインデイオ部族が石器時代そのままの原始生活を営んでいた。この地域のインデイオ部族は、いわゆる“首狩り族”として敵の首を切り落とす風習を持っており、一説ではつい最近までその伝統は続いていたという。実際、彼らとの接触を試みた何人かの白人宣教師が密林の奥へ入ったまま戻らず消息不明になっていることが報じられている。その昔は部族間の戦いで捕らえた捕虜や戦死した敵の首を切り落とし、戦士たちはその数の多さを競ったものと思われる。そして、彼らは戦利品とも言うべき人間の生首を加工してリンゴくらいの大きさに縮小し、それを軒下に吊るしたり、飾ったりするのだという。そのためヒバロ族の戦士たちにとって持ち帰った生首を手際よく加工することもまた戦士としての作法であり、必要な技術であった。まず頭蓋骨を取り外した生首を煙でいぶし、それから一定期間、天日で干し固めてこのおぞましくも醜悪な魔よけは完成するという。不適当な例えではあるが、それは人間の首の燻製もしくは干物とでも言うべきものである。どのようなルートで仕入れるのかは不明ながらキトでは土産物としてこの小さく縮められた人間の首が売られているという。しかし、現地の事情通によると実際はそのほとんどが粘土やゴムで精巧に作られた模造品のようである。それでも好奇心旺盛な好事家がいるらしく世にも珍しいこのグロテスクな土産物を記念に買い求めていくのだという。人間が生み出した様々な科学技術は今では人間を宇宙へ送り出すほどに進歩を遂げたが、この生首を加工するヒバロ族の伝統技術もまたある意味でその対極にあるひとつの人類の技術と言えるのかも知れない。現在の文明社会から見れば未開の原始部族によるただ単なる野蛮で残酷な奇習でしかないが、といってこのヒバロ族を邪悪な未開人とさげすむ資格が現代人にはあるのであろうか。例えば、瞬時に地球上の全人類をも殺戮可能な核兵器のような現代技術が生首の加工技術より野蛮で残酷ではないなどとはどうしても思えないからである。

世界的にも異例の長寿地域ビルカバンバ

エクアドルの奥地にはもうひとつ謎の集落が存在する。ペルーとの国境に近い三方を山に囲まれた秘境にビルカバンバと呼ばれる山村があり、世界的にも異例の長寿地域として知られている。この地域一帯には100歳以上の住民が多数暮らしており、中には推定年齢140歳以上とされる長寿者までいてこの地域は突出した長寿社会となっている。これまで何回か住民の医学的な調査が実施されたが、なぜこの地域一帯に長寿の人たちが集中しているのか、それは単なる偶然なのか、あるいはやはり何か特別な要因が関係しているのか、今もって不明とされている。調査の結果、判ったことといえばこの地域の住民には高血圧、糖尿、心臓疾患といったいわゆる成人病の所見がほとんど見られないという事実である。それが結果として住民の長寿につながっていることは明らかであるが、そもそもそうした健康状態を生み出す原因がどこにあるのか専門家にも判らないという。その上、普通は男よりも女の方が長生きするのが世界の常識であるが、不思議なことにこの地域では男の方が長生きであり、その原因も謎とされている。人間の健康や寿命に関係するものとして食生活や日常の生活習慣のような生活環境、それに生活を営んでいる自然環境などが影響するものと思われるが、このビルカバンバには他の地域と比べて特別注目すべき事象は見当たらないという。ただ、強いていくつかこの地域の特徴を挙げるとすれば、まずひとつはこの一帯は海抜1500メートルほどの高地であるため常に気温は20度前後、そして湿度は60パーセント前後で安定しており、極めて快適な自然環境に恵まれていることである。また、もうひとつはアンデス山脈から流れ出る川がいくつかこのあたりで合流しているため清浄で豊富な水に恵まれていることである。一方、食生活に関していえば非常に質素でジャガイモやトウモロコシ、それに若干の肉を入れたスープのようなものが毎日の平均的な常食であるという。そして、日々農作業などの軽い労働に従事しながら物質的な豊かさや便利さとは無縁の世界で変化の少ない、しかし自由な暮らしをしているという。そうしたこと以外、健康に関して何らかの影響を及ぼしそうな要因は何一つ見当たらない。むしろ逆に、男たちなどは健康に悪影響を与えるはずの飲酒や喫煙の習慣があり、自家製の酒を飲み自家栽培のタバコの葉から作る煙草を吸うのを日課のようにしているという。結局のところ、この地域の長寿を生み出すものが何であるのかは不明であるが、恵まれた自然環境の下で適度の労働をし、競争や葛藤などの社会的軋轢からは隔絶された世界に暮らす毎日の生活の中にこそ答えがあるように思えるのである。とすれば、ある意味で過酷なストレス社会に生きる先進工業国の都市生活者にとって日々の生活が健康にどのような結果をもたらすのか、ビルカバンバの長寿社会は何かを示唆しているのかも知れない。

野口英世の功績

このエクアドルを舞台に世界的な研究成果を上げたひとりの日本人医学者がいる。黄熱病の発見など細菌学の研究で今も世界的に有名な野口英世博士である。幼い頃に囲炉裏に転落し大やけどをして両手の指を失うという身体的ハンデイキャップを負いながら医学の道を志し、アフリカやこの南アメリカで黄熱病をはじめ様々な風土病の研究に取り組んだことはあまりにも有名な物語である。研究していた黄熱病に自ら罹り、アフリカの地で亡くなったことからアフリカでの活躍がよく知られているが、実は野口博士の研究の舞台は南アメリカであった。エクアドルのグアイヤキルを本拠地としてメキシコ、ペルー、ブラジルなどで研究活動を続けたのである。17世紀頃からグアイヤキルのような熱帯や亜熱帯地域の港町を中心に黄熱病が広がり、その致死率の高さから人々に非常に恐れられていた病気であった。ペストやコレラの大流行と同じように当時、南アメリカではその恐ろしい黄熱病が猛威を振るっていたが、原因が判らないため治療方法もないまま数多くの人たちが犠牲になっていたという。そうした状況の下、ニューヨークで細菌学の研究生活を送っていた野口博士は1918年、単身エクアドルに渡り本格的に黄熱病の研究に取り組むことになったのである。研究を開始してほどなく博士はついに黄熱病の病原菌を特定することに成功する。その成果は周囲の医療関係者を驚かすとともに原因不明の疫病に多数の犠牲者を出してきた地元の人々を狂喜させたのである。そしてその結果、治療方法が開発され熱帯地域の人々を長年苦しめてきた黄熱病の撲滅への道筋が付けられたのである。この研究成果はまさに世紀の大発見と賞賛され、“ドクトル・ノグチ”の名は一躍、南アメリカ各国に鳴り響くこととなった。その後、活躍の場をアフリカの地に移した野口博士は引き続き黄熱病をはじめ熱帯特有の風土病の研究に取り組んでいたが、悲運にも自らの研究対象である黄熱病により命を奪われてしまった。南アメリカでの研究拠点であったエクアドルをはじめメキシコ、ペルー、ブラジルなど各国の医療研究機関は野口博士の死を深く悼むとともに、それぞれが博士の銅像や胸像を立ててその偉大な功績を讃えたのである。また、南アメリカの独立の父と呼ばれるシモン・ボリバールと同じように南アメリカ各国には野口博士の名前を付けた広場や通りがいくつも存在する。恐らく野口博士は南アメリカにおいて最も名前の知られた日本人の一人であると思われる。

ガラパゴス諸島――観光と環境保護の両立

エクアドルの沿岸から洋上はるか約1000キロの太平洋上に“進化論”の舞台として世界的に有名なガラパゴス諸島が広がっている。“大きな亀”を意味するエクアドル領のこの島々は1835年に英国の博物学者チャールズ・ダーウインが動植物の学術調査を行い、その成果を「種の起源」という著作で発表して以来、世界的な注目を集めるようになった。大小約30の島々から成るガラパゴス諸島は今ではエクアドル最大の観光スポットとして多くの人々が訪れるようになった。一方、それと同時にガラパゴス固有の珍しい動植物や稀少種の保護区として、その貴重な生態系を保護するためこの島々は政府の管理下に置かれている特別な地域でもある。世界最大の陸亀とされ、ガラパゴス諸島を象徴するガラパゴスゾウガメは体重が200キロ前後もあり、その歩く姿はまるで岩が動いているようだといわれる。昔は島ごとにそれぞれ種類の違うゾウガメが生息していたというが、その肉を取るために漁民などが見境もなく捕獲したためゾウガメがすでに絶滅した島がいくつもあるという。一般的に、ゾウガメは極めて寿命が長く自然の状態では100年以上生きる動物であるとされている。ところが、人間の都合で乱獲された結果、この長寿命の貴重なゾウガメが今では個体数が激減し、絶滅の恐れさえ指摘されている。そのため保護対策と同時に繁殖のための環境作りが何よりも急務とされ、ユネスコを始め環境保護団体などによる国際的な支援活動が開始されている。また、恐竜の姿を今に伝えるかのようなウミイグアナもガラパゴス諸島を代表する珍しい動物である。このウミイグアナは本来、陸生の動物でありながら海藻類を餌とするようになってから生活圏を広げ、水中での活動もできるようになったとされる。ガラパゴス諸島は赤道直下に位置する熱帯ではあるが、南極大陸から北上する寒流のフンボルト海流が近くを流れているため寒冷地に棲むはずのペンギンも生息している。しかも、彼らは環境に適応するため長い年月をかけてガラパゴス独特の固有種に変化したものと考えられ、類似種は世界のどこにも見られないという。同じ種族の生き物でも生息する自然環境や得られる食物が違えば、それぞれに与えられた環境や条件に適応するため長い時間をかけて変化し、進化の過程をたどることが、まさに他の世界から隔絶されたこのガラパゴス諸島において実証されていたわけである。実際、ガラパゴス諸島に生息する陸上生物の約75パーセントがこの島々で独自の進化を遂げた固有種であり、ガラパゴス諸島にしかいないとされる。ところが、ダーウインが生物の進化について考えるきっかけとなったそれらの様々な生き物たちは今、多かれ少なかれ危機に直面している。その最大の原因は、世界中から押し寄せる人間にほかならない。ガラパゴスへの玄関口とも言うべきグアイヤキルから空路1時間半で到着するこの生き物の楽園を訪れる観光客は年々増えており、さらにまたその観光客目当ての商売で本土から移住して来る人々も増えているという。そのため、エクアドル政府の様々な規制にもかかわらず、例えばガラパゴスには本来いるはずのない犬や猫が持ち込まれ、島の生き物が被害を受けたり、また不法投棄され散乱するゴミが自然環境に悪影響を及ぼすような事態にもなり始めているという。エクアドルという国にとってこのガラパゴス諸島の観光による収入は重要な財源であり、石油輸出に伴う収入と並んで国家財政に貴重な貢献をしている。それだけに、観光収入を確保するための観光資源開発と、自然環境を保護するための環境保護対策との両立をどのように実現させていくか、まさにその難しいさじ加減をエクアドル政府は求められているのである。一般的に、開発計画と保護政策とは常に相対立する概念であり、それをいかに調和させるか最適な解答を見出すのはやはり簡単なことではない。

頻発するクーデター

ところで、南アメリカ諸国にとって経済的不均衡や経済的停滞は程度の差こそあれ各国に共通した構造的問題と言える。それと同じように政治的混乱や政治的腐敗もまた南アメリカ諸国にとっては共通の社会的構図であり、人々の政治に対する不信や不満は根深いものがある。初めて訪れたキトの街中はちょうどそうした政治的混乱の最中にあり、どこか騒然とした空気に包まれていた。というのも、軍の一部が政府転覆を狙って蜂起した軍事クーデターが勃発し、その余燼がまだ冷めやらぬまま日常生活が始まったところであったのである。宿泊していたホテルの窓ガラスには銃弾の跡がいくつも生々しく残されていた。その宿泊していたホテルは議会にほど近く、部屋の窓から議会を見下ろすような位置にあるためこのホテルに立てこもった反乱軍と議会を守る政府軍との間で激しい銃撃戦が展開されたのだという。結局、反乱軍は短期間で鎮圧され、このクーデター騒ぎは失敗に終わったところであった。このエクアドルに限らず南アメリカ諸国においてはクーデターによる政変はいわば一種の年中行事のように頻発する。その背景としては南アメリカ諸国の場合、政治体制が伝統的に独裁政権による統治形態が多いため政治的不満が蓄積されやすいことがある。そのため、政権の腐敗や一部の特権階級による政治支配に対する国民の不満が爆発寸前にまで高まると、その暴発を防ぐかのように軍部が介入し、軍主導によるクーデターが勃発するのである。南アメリカ諸国の政変では、こうした軍の出動によるクーデターという形を取るケースがほとんどであるが、それは南アメリカ諸国には軍部以外に国家運営を担えるテクノクラート集団が他には存在しないという事情によるものと思われる。このように、南アメリカの多くの国ではしばしば軍事政権が登場し、政府機能を果たすことになる。ところが、国民の政治的不満を背景に登場したはずの軍事政権もやがて独裁色を強め強権政治に走り始めると、今度は軍部の別のグループが蜂起しクーデターを起こす。こうしたクーデターによる政変劇の繰り返しには、政治的実権を握る上層部での権力争いであったり、いわば覇権をめぐる一種の政治ゲームであったりという側面もあることは当然、否定できない。しかし、クーデターの頻発という政治的現象は、考えようによっては南アメリカ各国には少なくとも国家としての健全な良識やバランス機能が存在していることを示す政治的バロメーターであるのかも知れない。

その国の政治体制がたとえ独裁政権であれ軍事政権であれ、政治権力そのものは本来、善悪とは関係のない正当な統治権限であり、何ら批判されるべきものではない。問題は、それがいかなる目的の下にどのように行使されるかという点にこそある。そうした意味では、このエクアドルを含め南アメリカ諸国の独裁政権や軍事政権の実態には常に影の部分や負の側面が付きまとっており、その権力行使のあり方にはやはり少なからず疑問が残る。ただ、国民全体の政治経済的な同質化あるいは国民全体の統合がまだそれほど進んでいない社会においては、国家としてその社会全体を有機的に機能させるためには独裁的な政治体制や軍事政権のような力を背景とする強権的な統治体制が求められるのかも知れない。逆の言い方をすれば、極端な経済的格差や社会的格差が解消され、ある程度国民全体の平準化が進まない限り、南アメリカの多くの国々には独裁政権や軍事政権が今後も生まれる下地が残されているということである。多くの先進諸国に見られる民主的な政党政治の実現は市民社会の成熟化や平準化を前提としており、このエクアドルを始め南アメリカ諸国が同じように自由で民主的な議会制度に基づく政治体制を確立するためには何よりもまず経済的格差の是正が求められる。さらにまた、理よりも情、そして正義よりも力に価値を置くラテンアメリカ世界特有の社会構造の改革にまでメスを入れることも必要であるように思われる。

隣国ペルーとの緊張関係

ところで、エクアドルは半世紀以上にわたって怨念とも言うべき対外的対立の解決に苦闘している。それは隣国ペルーとの間で緊張が続く国境紛争であり、アマゾン地域の国境線をめぐってエクアドルとペルーはこれまで激しく対立を繰り返してきた。そして、しばしば軍事的衝突にまで発展し、両国は数回にわたって本格的な戦火を交えてきた。ところが、そのたびにエクアドルは敗北を喫し、すでに国土の半分にも相当する領土をペルー側に割譲させられてきたのである。アマゾン地域の密林という無人地帯であることからもともと厳密な国境線の画定が難しい場所であり、いずれの側に正当な権利があるのか真相は判然としない。しかし、この問題に対するエクアドル側の怨嗟、屈辱感は拭いがたいものがあり、鬱積した不満は国家的フラストレーションの様相を呈している。そのため、あくまでもペルー側の一方的で不法極まりない侵略行為であるとして、今もなおエクアドル政府は領土奪還の意図を捨ててはいない。実際、ペルー軍との戦闘に備えてエクアドル政府は毎年、数億ドルにも及ぶ軍事予算を計上しているという。ペルーに略奪されたとする領土を取り戻すためのこうした財政支出はこの国にとって決して小さな負担ではないと思われるが、長年の宿敵であるペルーに対する国民感情がそれを無条件で容認しているのである。その点では、エクアドルの軍当局は軍事作戦面での不名誉は甘受せざるをえないとしても財政面でははなはだ好都合な環境に置かれていると言える。この国境紛争の背景には両国の政治的面子に加え、紛争地域に存在が確認されている石油資源に対する思惑が絡んでいるとされる。いずれにしても、石油資源の争奪という利害関係が根底にあるとすれば当事国同士による問題解決はやはり期待できそうにはないと思われる。このエクアドルとペルーの国境紛争に限らず南アメリカにおいては他にもいくつか領土問題が存在しており、それが政治的障害となって地域全体の密接な協調体制や連帯を妨げる原因のひとつとなっているのも事実である。

　この国最大の都市、グアイヤキルはかつて南アメリカ大陸をスペインの植民地支配から解放し、各国を独立に導いた二人の英雄、シモン・ボリバールとサン・マルテインとが歴史的な会談を行った記念すべき土地である。その歴史的事実を想い起こすならばエクアドルこそは南アメリカ各国全体の政治経済的協調を推進するためのまとめ役として象徴的な存在感を発揮すべき国であるのかも知れない。

República del Perú
Capital: Lima

アンデス山頂にインカ文明を訪ねて

ペルー

近代的都会、首都リマ

日本の３倍以上の国土を持つペルーはその広い国土にアンデス山脈の高山地帯、アマゾンの熱帯雨林地帯そして海岸部の砂漠地帯とまったく異なる３つの特徴的な気候帯がそれぞれ大きく広がっている。太平洋に面した海岸線は北部のエクアドル国境から南部のチリ国境まで約2200キロも続いており、この国は山岳国家であると同時に一方で典型的な海洋国家でもある。

首都のリマは南アメリカ大陸の西岸では最大の都市であり、活気に満ちた最も近代的な都会である。エクアドルのキトほどではないがリマの街並みもまた、まさに好対照を見せながら旧市街と新市街とに分かれている。このリマはインカ帝国を滅ぼしたフランシスコ・ピサーロが南アメリカ大陸を植民地支配するための拠点として16世紀半ばに築いた都市で、その後南アメリカ各国が独立を果たすまで約300年にわたって本国のスペイン国王が任命する副王の統治下にあった。旧市街の随所にはその時代の面影を今に伝える数多くの歴史的な建造物が残されている。古い教会や石造りの重厚な建造物が建ち並びスペインの植民地時代をしのばせる街並みではあるが、一日中多くの人出で賑わっておりそれほど古めかしい歴史の空気を感じることはない。それはやはり今もなおリマの中心街として雑踏と喧騒の只中にあるからであろう。一方の新市街はまさに新興のビジネス街として近代的で瀟洒なビルが建ち並び大都会の雰囲気が漂う。しかも、世界の大都市はみなそうであるようにその街並みは絶えず姿を変えながら進化しているという。しかし、そうした街並みの外側にはまったく異なる光景が広がっている。生きるために職を求めて地方から多くの貧困層が吸い込まれるようにこの大都会に流れ込み、粗末なバラック街が無秩序に新しい市街地を形作っているのである。こうして膨張し続けるリマ首都圏には今ではこの国の全人口のおよそ3分の1が集中しているという。この不自然な現実は南アメリカ諸国の多くに共通する変わらぬ社会構造であり、ペルーの場合もまたそのひとつの事例にしか過ぎない。

死者のすすり泣きが聞こえてきそうな不思議な街

リマには青空がないという。特に冬の間はほぼ毎日どんよりとした曇り空の下、霧に包まれ街全体が灰色に霞んで見える。確かにそれはこの街の第一印象として感じたことでもあった。一年中ほとんど雨が降ることもないかわりにリマでは太陽や青空を見ることもほとんどないという。重苦しい灰色に塗りこめられたリマの街を見て、ある詩人はかつて“死者のすすり泣きが聞こえてきそうな不思議な街”と形容したほどである。この陰鬱な天候をもたらしているものはスペイン語で“ガルーア”と呼ぶ霧雨で、ペルーの沖合いを北上するフンボルト海流の冷たい海水が赤道上の太陽に温められることにより発生する自然現象なのである。霧雨に煙る街などというのはいかにもロマンテイックで詩的な情景を思い浮かべるが、それもやはり程度問題でリマのように毎日が霧雨となると気が滅入ってしまうに違いない。実際、束の間の青空を求めてこの街の人々はいつも春の訪れを心待ちにしているという。また、雨が少ないということもどうやら都市にとっては必ずしも都合のいいことではないようである。というのは、本来ならば時折降る雨がシャワーの役目を果たして排気ガスや粉塵などの都会が吐き出す諸々の汚れを洗い流してくれるはずのところが、リマではほとんど雨が降らないため街の汚れがそのまま積もり積もっていくのである。リマの街並みが灰色にくすんで薄汚れたように見えるのは霧のせいだけではなく自然の力による浄化作用がほとんど働かないことも影響しているのかも知れない。

リマの街並みを陰鬱な灰色に染める霧雨の原因となるフンボルト海流は皮肉にも一方で、この国に大きな恵みをもたらす豊饒の海流として無くてはならない存在でもある。寒流のフンボルト海流が赤道付近の太陽と出会うペルー沖合いの海域はプランクトンが豊富なためそれを餌とするイワシが群生し、さらにそれを追ってマグロなどの大型魚が集まる絶好の漁場となっているのである。そのため、この好漁場を抱えるペルーは世界有数の水産国として一時期、日本をもしのいで世界一の漁獲量を誇っていたのである。しかし、海流の変化なのかそれとも漁業資源の枯渇なのか、近年は不漁続きで漁獲量が激減し、この海域も今ではかつてのような賑わいはないという。リマ近郊のカヤオがそのイワシ漁業の中心地で春から夏にかけて連日400隻を超える漁船が出漁するという。水揚げされたイワシはカヤオ港周辺やリマ市内などの水産工場に運ばれ、魚粉に加工されて家畜の飼料として主にヨーロッパ諸国へ輸出される。この魚粉の輸出でペルーは年間1億ドル前後の外貨収入を得ており、重要な輸出産業のひとつとなっている。ただし、水産工場から立ち昇る臭気は強烈で風の向きによってはほぼリマ市内全域にただならぬ悪臭が漂い市民を悩ませているのも事実である。これは一種の公害問題とはいえ、外貨獲得に貢献する輸出品の副産物であるだけに表立って苦情を申し立てることはやはり憚られるのかあえて問題視する動きはないようである。ただ、外国からの賓客を迎えるような場合はさすがに当局からのしかるべき通達でも出されるのか水産工場は一斉に操業を中止するという。

日系人移民の苦難の道程

現在、ペルーには7万人とも8万人ともいわれる日系人が居住しており、南アメリカにおいてはブラジルに次ぐ大きな日本人社会を形成している。ペルーへの日本人移住は明治32年に始まったがこの国での移民の歴史もまた苦難の道のりであった。海外雄飛の夢や決意は瞬く間に破れ、日本人移住者には失意と落胆の日々が待っていた。過酷な生活条件に耐えかねてアンデス山脈を越え隣国のボリビアやブラジル、アルゼンチンなどへ逃避する家族も少なくはなかったという。しかし、それはただ単に異国での思いもよらぬ劣悪な生活環境や過酷な労働条件などによる苦労ばかりではなく、この国の社会に底流する非白人に対する差別的な不合理や日本人に対する理不尽な排斥感情による様々な苦難でもあった。ペルーという国はもともとスペインの南アメリカ植民地支配の拠点であっただけに現在でもこの国を実質的に支配し、政治や経済の実権を握っているのは植民地時代の貴族や大地主であったスペイン人の流れをくむ白人層である。ことに“四十家族”と呼ばれるごく一部の富裕な特権階層がこの国の富の大半を独占しているとされる。そうした白人を中心とする支配階級は先住民族であるインカ帝国の末裔に当たるインディオを差別し、徹底的に搾取、略奪を繰り返しては莫大な資産を蓄積していったのである。その歴史と因習は絶えることなく連綿と繰り返されこの国の社会構造を形作ってきた。富を独占し、異人種を排斥する特権的階層が支配するこの社会に新天地を求めた日本人移住者が当初、直面した数々の苦難は恐らく誰も想定していなかったに違いない。移民の歴史というものはどの国においてもほぼ同じような経過を辿っているが、ペルーの日本人移民の場合はさらにもうひとつ不運な時代環境に翻弄され、辛酸をなめる時期があった。それは第二次世界大戦の勃発であった。連合国側についたペルーにとって日本は敵国であり、日系人は敵性国人であった。そのため、新聞やラジオはペルー国民を扇動するかのように反日あるいは排日のキャンペーンを繰り返し、当時日系人に対する不穏な動きは日増しに強まっていった。そして、こうした日系人に対する差別や迫害はやがて大規模な暴力行為へとエスカレートし始め、日系人や日系人経営の商店が暴徒化した群衆によって襲撃されるという事態がしばしば発生したのである。罪のない多くの日系人が大きな被害を受けて心身ともに傷つき、その不法な迫害に泣いた。しかし、それでもこの国に生きることを決意した彼らは希望を捨てることはなかった。教育を身につけていればいつかはこのような屈辱をはね返しペルー社会の一員として認められる時がくることを信じていたからである。実際、日系人の多くが苦しい生活の中でも子弟に対する教育の機会と費用を工面することだけは惜しまなかったとされる。勤勉で実直な民族性に加え、そうした血のにじむような努力と忍耐の結果、日系人社会はいつしかこの国に確かな地位を築き始めていた。まさにその象徴的存在が後にこの国の大統領にまで昇りつめるアルベルト・フジモリである。熊本県出身の両親を持つフジモリもまた農業移民の子として日系人の苦労と受難の日々に生きた一人なのである。

　リマの郊外に日系人の篤志家が私財をつぎ込んで開設したインカ文明の貴重な収集品を展示する博物館がある。インカ文明の研究家でもある天野芳太郎氏の天野博物館で、その収蔵品の数々は世界的なコレクションとして研究者の間ではつとに有名である。

　フランシスコ・ピサーロが率いるスペイン兵の一団によって滅ぼされるまで北はエクアドルから南はチリ中部まで広大な文化圏に栄華を誇

ったインカ帝国の高度な文化レベルの一端をそこに垣間見ることができる。それにしてもインカ帝国とは一体、どのような国であったのか、またその帝国を築いたインカ人とはいかなる民族であったのか。文字を持たない民族であったためその歴史には今もなお幾多の謎が残されている。

インカ帝国の首都クスコへ

リマから空路、インカ帝国の首都であったクスコを訪れた。その日はあいにくの雨模様で、しかも震えが止まらないほどの寒さであった。その上、到着早々、軽い頭痛と息苦しさが襲ってきた。考えてみると、ここは地上はるかなアンデス山脈の標高 3300 メートルの高地である。そもそも、このように希薄な空気と猛烈な寒気が支配する劣悪な場所にインカ人はなぜ首都を築いたのであろうか。大きく息を弾ませ、寒さに震えながらインカの旧都をものに取り付かれたように一人さまよい歩いてみた。

クスコの街には、薄い刃物ですら差し込めないほどぴったりと寸分の狂いもなく積み重ねられた石垣が両側に続く“インカ道”と呼ばれる石畳の小路がいくつか往時のまま今も残されている。その“インカ道”のひとつを通り抜けると石造りの古い荘厳な教会が見えてくる。インカ帝国の時代には宗教と政治の中心である太陽の神殿として重要な役割を果たした場所であるが、その後スペインの征服者たちによってスペイン風の教会に改造されたサントドミンゴ教会である。15 世紀のインカ帝国の残滓とスペイン植民地時代の情緒とが入り混じった遺跡のようなこの街には今も征服した者と征服された者との恩讐がそこかしこに漂っている。街中を行くインカの末裔であるインデイオたちは昔からそうであったのか、ほぼ例外なくみな同じ格好をしている。男たちは民族衣装のポンチョに毛糸の頭巾のようなものを被り、女たちは山高帽の下からお下げ髪を２本垂らしてポンチョの上に大きなふろしき包みのようなものを背負っている。そして、なぜか男も女も足は泥だらけで衣装は上から下まで異様に薄汚れている。インカには入浴という習慣がないからだという俗説があるが、真相のほどは判らない。それは異邦人の誤解や偏見であるかも知れない。また、どの顔も赤銅色に日焼けして垢で汚れたように見えるが、恐らくその原因も彼らが地上よりははるかに紫外線の影響が強い高地に暮らしているからだと思われる。

街角の一角には、地べたにそのまま野菜や魚、はては日用雑貨まで並べたインデイオたちの青空市場が連なっている。そこは生活の糧を求める場であるとともに情報交換や社交の場でもあるらしく、ポンチョ姿の男や山高帽の女たちでなかなかの賑わいを見せていた。

だが、そうした日常風景の中にインカ帝国の輝かしい繁栄を謳歌したあの時代につながるものを見出すことは最早できない。時の流れに取り残されたかのようなクスコの街はただ過去の栄光だけが幻のように影を落とすのみでそのたたずまいはどこか物寂しげであった。

クロニスタの記録

インカ帝国という歴史的な国家が築いた社会や文化は一体、いかなるものであったのか。文字を持たないインカ人は自らの民族の記録を残すことなく滅亡したためその歴史や文明の全貌を文献で体系的に解き明かすことは難しい。今日、広く知られているインカの歴史や文明は遺跡の調査や発掘品の考古学的研究、それにスペイン人など征服者側が残した当時の記録類の解読や分析から得られたものであり、今も未知の部分が少なからず残されている。この帝国を侵略したスペイン人たちは本国への報告のためかインカの社会や文化を専門に記録する一団を常に抱えていた。彼らは日々の生活や地方への旅行を通して見聞する様々なインカ帝国の風俗習慣や自然環境を観察し、さらには日本のアイヌ民族の伝承叙事詩“ユーカラ”と同じようにインカ民族が代々口伝えで語り継いできた民族の歴史物語などを丹念に聞き取り記録に残していったのである。こうしたクロニスタと呼ばれる記録作成者はスペイン人と主にインカ帝国の貴族出身の女性との間に生まれた混血児が多くスペイン語とインカの言語であるケチュア語の両方に精通した、いうなればバイリンガルであった。彼らによってこの時代にスペイン語で書かれたインカに関する各種の記録は文字で書かれた唯一の歴史的文献として後世のインカ帝国の研究に大いに役立ったことは言うまでもない。

記録によればインカ帝国が成立したのは1200年代で、それ以前は前インカ時代と呼ばれてこのアンデス山脈一帯はインカ族を始めチムー族、チャンカ族など有力な諸部族が覇権を競う群雄割拠の時代であったとされる。その中でインカ族がいつしか他部族を圧倒し始め、特に最大の宿敵であったチャンカ族との戦いに勝利してからは急速に勢力圏を拡大して、北はエクアドルから南はチリ中部にまで至る広大な帝国を築き上げたのである。そのインカ帝国は始祖マンコ・カパックに始まり、フランシスコ・ピサーロによって処刑された最後の皇帝アタワルパに至るまで約300年間に13人の皇帝が存在したと言われている。皇帝を頂点とする典型的なピラミッド型の国家構造を特徴とするインカ帝国では統制のとれた完全な中央集権政治が行われていた。皇帝に仕える貴族や役人、兵士以外の一般大衆は大部分が農民として土地を耕し、家畜を飼う生活であった。一方、農地を含め土地や鉱山など国家のすべての資本財は最終的には皇帝に属するものとされ、このインカ帝国には個人的財産権や土地の私有制度などは存在しなかった。そのため、例えば農地として皇帝が農民に貸し与える土地も制度上はその地域ごとの地縁、血縁共同体の共有物とされ、集落の長老たちによって共同管理されていたという。そして一般の農民にはそれぞれの家族の人数に合わせて生活ができるだけの一定の土地がその共同管理の土地から配分された。それ以外は皇帝のための土地であり、そうした土地は各集落ごとに全員の共同作業で耕作を行い、収穫物はそのまま特別な皇帝の食料倉庫に納めることが定められていた。それはまさにかつての日本の年貢制度によく似たシステムであった。ところで、インカ帝国には文字がないため国家統治に伴う行政手続上の通達、指示、記録などはキープと呼ばれる紐の様々な結び目の組み合わせによって意味を表す、いうなれば紐文字とでも言うべき手段を用いて行われていた。日常生活での計算、連絡、契約などもまた同じようにそのキープによって表現され、記録された。インカ人が発明したこのキープという紐を使った特殊な表現手段は粗略ではあるが、かなり複雑なことまで正確に記録することが可能であったとされる。しかもキープによって表現された情報は驚くほど迅速にはるかな遠隔地まで日常的に伝達されていた。それはインカ帝国の広大な領土に縦横に張り巡らされた道路がいわば通信網の役目も果たしていたからである。そうした道路沿いには一定間隔で中継所や宿泊所が設置されており、チャスキと呼ばれる専門の飛脚が定期的にその間を交替でリレーしながら走って情報や物資を各地へ運んでいたのである。

前述の通り、インカ帝国は君臨する皇帝を頂点に中央集権的政治機能と高度な行政組織や社会制度などが整った先進的な文明国家であった。しかし、この帝国の偉大さは単にそうした完成された社会体制だけにとどまらない。科学や技術の面においてもその水準の高さは当時の最先端を行くものであり、現代の科学技術レベルから見ても驚くべきほどの技術や知恵が駆使されていたことが知られている。例えば、灌漑施設や下水道施設に見られる土木技術は数百年を経た現在でも当時の施設がそのまま使用できることからしてその完成度の高い技術水準にはただただ感服するほかはない。また、日常生活での身近な技術としては当時、人々が身に着けていた衣類に見られる繊維の染色技術や織物技術に注目しなければならない。ことに、精巧に織られた織物は現代の織物技術をもってしても再現するのは困難とさえいわれるほどで人類が作った最も手の込んだ織物とされている。それから、小さな金属片に10分の数ミリというような微細な穴を開けて作られた装身具類も数々発見されているが、これなども当時の高度な加工技術を証明しており、一体どのような方法で加工したのか今もなお謎である。

さらにまた、この帝国では当時、人間の脳外科手術が頻繁に行われていたことがよく知られている。しかし、現代においてもかなり高度な医療技術と医療設備が求められるこのような外科手術が当時すでに行われていたという事実は本当に驚くべきことである。治療のための純粋な医療行為として行われた脳外科手術であったのか、あるいは何らかの呪術的行為の一環として行われた宗教的儀式であったのか断定材料はないにしても様々に想像は尽きない。いずれにしても、インカ時代の遺跡や墓地からは頭蓋骨の一部が切り取られ孔の開いたミイラが多数発掘されており、脳外科手術が広く行われていたことを物語っている。しかも、どの頭蓋骨も切り取られた孔の周辺の骨に成長の痕跡が認められることから、ミイラとなったその死者は脳外科手術が行われた後も一定期間は生存していたことが明らかである。どのような手術環境の下で、そしてどのような方法によって脳外科手術を行っていたのかはっきりしないが、手術に当たっては少なくとも何らかの麻酔剤は用いられたものと推測される。アンデス山麓の密林には多量のコカイン成分を含むコカの木が生育しており、コカの葉は麻薬として幻覚症状を引き起こすことを考えると麻酔作用もあるものと思われる。それからまた、アマゾン上流部には中枢神経に強く作用する成分を含むチャミーコ、キナイン、ラクレなどといういくつかの植物が存在することが昔から知られていた。従って、インカの外科手術にはそうした麻酔作用のある植物を加工したものが麻酔剤として用いられていたものと考えられるのである。

帝国の幕切れとフランシスコ・ピサーロ

そのように高度な文明でアンデス一帯に輝かしい一時代を築いたインカ帝国ではあったが、その歴史の幕切れはあまりにもあっけないものであった。思うに文明の栄枯盛衰とはまさにそのような歴史の繰り返しであるのかも知れない。フランシスコ・ピサーロに率いられた少数のスペイン人侵略者たちの謀略や略奪によってこの帝国はもろくも崩壊し、一気に滅亡の道を辿る。この新大陸に黄金郷を求めてやって来た侵略者たちの最大の目的は最初から金銀財宝を手に入れ本国へ持ち帰ることであった。従って、その目的のためには数百年にわたってアンデス山麓に花開いた文化や文明を破壊することにも彼らは少しも躊躇しなかった。実際、ピサーロ一行などは海路、太平洋岸を南下しインカ帝国領土内に上陸するや道すがらの村々で略奪、暴行、破壊を繰り返しながら黄金を求めて進軍を続けるのが常であった。やがて、時のインカ帝国皇帝アタワルパが北部のカハマルカという保養地に滞在していることを知ったピサーロはひとつの陰謀を胸に早速、200名弱の兵力を引き連れその高原の町へ向かう。カハマルカに到着したピサーロは巧妙にキリスト教布教のための平和使節であることを装いつつ皇帝アタワルパとの面会の機会を窺っていた。そして、いよいよその時がやってきた。皇帝の玉座が広場に到着すると、十字架と聖書を持ったピサーロの使者である神父が皇帝の前へ進み出てキリスト教への改宗を強要する。皇帝アタワルパがそれを拒否し、無礼な行為に怒りを見せると、ほどなく一発の銃声が響いた。それを合図に一瞬の隙を突くかのように突如、スペイン兵は無防備のインカ人貴族たちに襲いかかったのである。広場は瞬く間に血の海と化した。皇帝に付き添っていたその数、数千の従者たちは突然の惨劇になすすべもなく逃げ惑うほかはなかった。そして、ついに皇帝アタワルパは捕らえられ、ピサーロの命令で無理矢理、薄暗い石造りの建物に監禁されてしまう。やがてピサーロはアタワルパに対する形ばかりの裁判を行い、皇位の不正継承や一夫多妻の罪などを口実に火あぶりによる処刑の決定を下す。一方、アタワルパはそれに対し、望む限りの金銀と引き換えに助命を求めたが、ピサーロはそれを聞き入れず非情にも処刑を命じたのである。1533年8月29日のことであった。こうして、第13代皇帝アタワルパはインカ帝国最後の皇帝となり、その死とともにインカ帝国は崩壊し、その歴史の幕を閉じたのである。

　このインカ帝国が、なぜわずかばかりのスペイン兵の侵略によってかくも簡単に崩壊し、滅亡してしまったのか、その原因は歴史上の謎とされている。ただ、ある学説によれば、ふたつの要因が滅亡の理由として考えられるという。すなわち、そのひとつは銃という武器と馬という動物を知らなかったインカ人たちはスペイン兵が持っていた鉄砲の威力や、人馬一体となって走り回るスペイン兵の機動力に恐れをなし抵抗の意思を失ってしまったことである。見たこともない未知の火を噴く道具や四足で機敏に動き回る正体不明の大きな生き物にインカ人は度肝を抜かれ、恐れおののいたのであろう。その上、実は彼らの恐怖心をさらに増幅させるような民族的伝承が背景にあったのである。それは、インカ人を始めアンデス一帯の諸部族に昔から伝わるピラコチャに関する伝説である。ピラコチャとは背が高く白い肌をした神の使いで不思議な能力を持ち、海の彼方からやって来るという。大きな音とともに火を噴く火縄銃や馬にまたがったスペイン兵の姿を見たインカ人たちは、まさにその伝説のピラコチャが雷鳴を轟かせながら半獣半人の姿をした戦士を引き連れ目の前に現れたと思い込んだのかも知れないのである。戦意を喪失したインカ人はまったく無力であった。そして、もうひとつの要因は、インカ帝国を国家として形作っていた統治体制そのものに原因があるというものである。インカ帝国は典型的なピラミッド型の社会構造になっており、常に強力な中央集権体制で統治されていた。そのため国家の頂点に立つ皇帝が囚われ、上意下達の命令系統が機能しなくなると、たちまち国家としての秩序は乱れてパニック状態に陥る。その結果、連鎖的な自壊作用を起こし、帝国は崩壊してしまったとされる。女王蜂がいなくなった蜂の巣は二度と使われることなく放棄されてしまうように頂点を失った組織とは脆弱で壊れやすいものなのであろう。歴史上、永遠に続く国家や文明はいまだかつて存在しない。その意味では滅亡の原因が何であれ、このインカ帝国もまたいずれは終焉の時を迎える運命にあったものと思われる。

空中都市マチュピチュ

　インカ帝国の首都であったクスコからさらに約110キロほど北上した奥深いアンデス山中に考古学上、20世紀最大の発見のひとつとされるマチュピチュの遺跡がある。このマチュピチュへはクスコから列車に乗り、ウルバンバ川という切り立った渓谷に沿って雄大なアンデスの山間を約３時間がかりで下って行くことになる。「空中都市」とも呼ばれるマチュピチュはケチュア語で“老いた峰”という意味であり、“若い峰”を意味するワイナピチュがそのマチュピチュの峰に向かい合うようにそびえ立っている。このふたつの峰にはさまれた谷間に今は廃墟となった古代都市が整然と広がっている。世界的な遺跡として今でこそその名は広く知られているが、このマチュピチュの遺跡発見には自分の信念に半生をささげた一人の学者の感動的な物語が秘められている。かつて、トロイの遺跡を発見したドイツのシュリーマンがそうであったように、ラテンアメリカ史を専門とする無名の研究者であったアメリカのハイラム・ビンガムは研究を続けるうちにアンデス山中のどこかに人類の知らない歴史から忘れられたインカの都市が存在するはずだという結論に達した。しかし、当時そうした大胆な仮説に耳を傾ける者はだれ一人いなかった。それどころか、根拠のない空想として一笑に付されるだけであった。それでも未知のインカの都市が存在することに確信を持ったビンガムはインディオのガイドを伴い、単身アンデス山中をくまなく踏査し続けたのである。まさに道もない密林に分け入り、あるいは切り立った断崖を下っての難行苦行の連続であった。そして、1911年とうとうビンガムはアンデスの峰々に囲まれた幻の遺跡を探し当て、インカの古代都市が存在したことを立証したのである。急な斜面を登り切り平地に出たとたん突如、目の前に朽ち果てた廃墟の光景が広がった。それは紛れもなくビンガムが探し求めた幻の古代都市であり、その時の興奮と感動を彼は終生忘れることはなかった。まさにビンガムの信念と情熱の結晶とも言うべき著書「The lost city of Inca」（日本語版：インカ－失われた帝国）はマチュピチュの遺跡の全貌を余すところなく世に伝え大きな反響を呼んだことは言うまでもない。

　このインカの古代都市は外部からの侵入が難しい場所を選んで建設されたと思われるだけに地上からは見えないアンデス山中のしかも周囲をそそり立つ岩山が屏風のように取り囲む一画に広がっている。街並は大小の広場を囲むいくつかの区画が連なっており、今は廃墟となった住居をはじめ貴族の宮殿や神殿、さらには天文台、牢獄、霊廟などが機能的に配置されている。しかもすべてが精巧な石積みの構造物である。そして、建造物を構築できない斜面は階段状の段々畑となっており、この古代都市の自給自足体制を支える重要な役割を果たしていたものと思われる。その灌漑用の水路などは水を通せば今でもそのまま使えるという。それにしても、インカ人たちは一体いつ頃いかなる目的で、またどのような方法によってこうした険しいアンデス山中に空中都市を築いたのであろうか。いまだそれは謎であり、想像を巡らすほかはない。さらにまた、その大きな謎にも増して神秘な驚きを覚えるのは、ひとつの都市文明が20世紀の現代に至るまでまったく人類の歴史に存在せず、しかも歴史に痕跡すら残すこともなく消滅していたという事実である。それを考えると、果たして人類は歴史という自分の過去を本当にすべて認識しているのであろうか。この世界のどこかには歴史に記録されることなく興亡の幕を閉じた人類の知らない未知の文明社会がまだ他にも存在するのではないかと思えてくるのである。また同時にインカ帝国の時代に普及していた科学知識や技術水準を考えると、今日、我々が享受している現代文明が人類の歴史においてあらゆる面で最も優れた最高のものであるという疑いのない常識でさえ考え直す必要があるのかも知れない。というのは、例えば最新の先端技術とされているものの中にも必ずしも近代以降の科学技術や研究開発の成果によるものばかりではなく、先人たちの考え出した過去の技術の再現や模倣であったり、忘れ去られていた技術の復活にしか過ぎないという事例もあるかも知れないからである。文字のない社会の知識や技術というのは人の記憶の中にだけ存在するものであるからそれが伝承されなければ忘れられ、消えてしまうだけである。とすれば、人間の知識や能力もしょせんは限られたものであり、さながらお釈迦様の手のひらを飛び回って三千世界を見たかのごとく思い込んでいた“孫悟空”の思い上がりにも似ている。

その日は終日、この古代都市の廃墟を隅から隅まで歩き回ってみた。時折立ち止まっては石積みの冷たい壁に触れたり、インカ人たちのざわめきにも聞こえるアンデスの風の音に耳を傾けたりしながら心は遠い日のインカの世界に浸っていた。そして、その存在を後世に伝えるすべもなく滅亡した文明の興亡に思いを巡らせては深い感慨にとらわれていた。休憩のため腰を下ろした傍らに若いアメリカ人の女性が何か物思いに耽るかのようにじっと遠くを見ながら座っていた。彼女もまたこの謎の古代都市の廃墟を前にして感動していたに違いない。ふと目が合うと思わずお互いに「素晴らしい」、「信じられない」と言葉を交わしていた。やがて、いつしか日が陰り始め、覚めやらぬ余韻を胸に謎とロマンに満ちた古代都市を後にすることにした。一日一往復の列車は右手に濁流渦巻く急流を、そして左手には暮れなずむアンデスの白い峰々を見ながら朝登ってきた同じ線路をクスコへ向かってゆっくり走り出した。夕暮れの車窓に広がる雄大な景色を眺めながらふと異郷を一人旅する孤独感を覚えて感傷的な旅情が胸にこみ上げてきた。

かつて、サイモンとガーファンクルによる“El condor pasa”（コンドルは飛んで行く）という曲が世界的にヒットし、美しくも物寂しいその旋律が多くの若者の心をとらえて一躍、アンデス山麓のインカ音楽を世界に紹介することになった。今、車窓に広がる景色こそまさにその曲が流れる場面であるように思えてならなかった。笛と太鼓の簡単な構成が奏でるインカ音楽はいかにも素朴でそしてどこか物悲しい。アンデスの山並みを眺めながら、その旋律がなぜこのように寂しく人恋しげであるのかが判るような気がしたものだった。この曲の原曲は元々、インカの皇帝を象徴的に歌ったひとつの叙事詩であるという。物悲しい哀調を帯びた旋律は、ローマ帝国のように輝かしい栄華の絶頂を見ることなく歴史の幕を閉じた悲運のインカ帝国の鎮魂歌であるのかも知れない。

チチカカ湖のさざ波

クスコから次はボリビアとの国境に近いプーノという町へ夜汽車で向かうことにした。その夜汽車はちょうど日本の戦時中の買出し列車を彷彿とさせるような混乱と喧騒に満ちた満員列車であった。薄暗い車内は大小様々な荷物と人で通路まで足の踏み場もないほどごった返し、貧しいペルー庶民のひたむきな生活の臭いに溢れていた。何も見えない暗闇の中を列車は小刻みに振動しながら南アメリカ大陸の背骨とも言うべきアンデス山脈に沿って一路、南東方向に走り続けた。乗客の大半がインディオの家族連れで夜通し彼らの好奇の視線にさらされながら長く単調な夜を持て余していた。見知らぬ異国をあてもなく一人で旅する若い外国人を周りの貧しい乗客たちはどんな思いで見ているのであろうか。周囲の現実にはあまりにもそぐわない自分の姿を複雑な思いで一人とりとめもなく考えていた。

列車の終着駅プーノは世界で最も高い地点にある湖として知られているチチカカ湖のほとりに位置している。この辺りまでくるとさすがに閑散として寂しいほどに人通りも少なく、はるばる遠くまでやって来たという実感がこみ上げてくる。その上、先進社会の価値基準がまだそれほど浸透していないこの辺りでは時間とか規則といった社会生活を円滑に機能させるための規範が確立していないのか、物事が我々とは異なる尺度で動いている。例えば、あるはずの列車が前日に出てしまったり、行くはずの列車が終着駅まで行かずに途中で突然、目的地を変更してしまったりというような信じがたいことがしばしばあるのだという。ここからさらに国境を越えて隣国のボリビアが次の目的地であるが、時間を行動基準のひとつとする世界からやって来た者にはその日の風まかせで動く交通手段に頼ることはできず結局タクシーを雇いボリビア国境へ向かうことになった。

さざ波が立つチチカカ湖に沿ってでこぼこ道に揺られながらタクシーはボリビア国境を目指してひたすら走り続けた。途中の道すがら、行手に展開する大自然のパノラマは壮麗で純粋な自然のままの美しさであった。そして、何よりも目を奪われたのは自然とはこれほどまでに鮮やかなものかと再認識させられた色彩の多さ、豊かさである。識別できるものだけでも、青、水色、緑、薄紫、黄色、橙色、薄紅色、赤、茶色、灰色、白など10色を超える。しかも、時の流れに連れて移り変わる微妙な色調の変化は形容しがたいほどに多彩であり、人間にはとうてい描くことのできない景色であった。目を転ずれば、チチカカ湖には漁をするトトラ船と呼ばれる葦でできた小船が遠くに浮かんでいる。そして地平線まで続く牧野には放牧の牛やアルパカがのんびりと草を食んでいる姿が見える。国境付近は緊張感もなくひたすらのどかで平和な光景であった。

高山に生きる無力な人々

ボリビア

Estado Plurinacional de Bolivia
Capital: La Paz

ペルーとボリビアの国境

チチカカ湖に注ぐ小さな川にかかった橋がペルーとボリビアの国境であった。橋のたもとの管理事務所でペルー側の出国手続を済ませ、トランクを引きずりながらその橋を歩いて渡ると、そこはもうボリビア領内である。四面を海に囲まれた島国に生まれ育った人間には国境という観念がなく、国境を意識する機会もほとんどないので橋を渡り終えたとたん、そこはもう外国であるという事実はなかなか実感として理解できないところである。ボリビア側に入ると今度は入国手続となり、ひどく待たされた割にはパスポートを見るだけのすこぶる簡単な手続であった。国境を後にして古めかしい旧式のバスでボリビアの首都であるラパスへ向かう。ペルー側での買出しの帰りなのか食料品やら日用品やらの包みをたくさん抱えた山高帽のインデイオたちでバスは定員オーバーの超満員である。満員の乗客と大量の荷物を満載したバスは砂ぼこりを上げながら殺風景な景色の中を喘ぐように走り始めた。そのうち、なぜか周りのインデイオの女たちが葡萄酒のビンや食料品の包みを取り出し、ラパスに着くまで一時預かってくれと強引に押し付けてきた。訳も判らず女たちの懇願するような真剣な表情に負けて預かることにしたが、バスが30分ほど走ったところでその理由がようやく理解できた。バスが税関とおぼしき事務所の前に止まると税関の検査官なのか目つきの鋭い男たちが数人、バスの中へ乗り込んで来て乗客の荷物を手荒く片っ端から調べはじめたのである。バスの屋根にも荷物がたくさん積んであるので何人かが屋根の上に登って調べているようであった。ところが、おかしなことに外国人の荷物は調べないばかりか、まったく見向きもしないのである。インデイオの女たちが自分の荷物を押し付けてきたのはどうやら税関検査を逃れるためであったらしく、頼まれたこととはいえ間接的に密輸あるいは関税逃れの手助けをしたわけである。それにしても、こうした貧しいインデイオたちの生活のためのささやかな買出しに対してそれほど厳格なチェックをすることもなかろうにと内心思ったものだった。それから30分も経たないうちにバスはまた税関らしき建物の前に止まると先ほどと同じことが始まった。ペルーとの国境に接するこの一帯は密貿易のルートとしてボリビア政府当局が厳しく目を光らせている場所なのかも知れない。しかし、たとえそうであったとしても、バスがラパスに到着するまでの道中、なんと5回も同じような荷物検査が繰り返されたのにはまったく呆れてしまった。外国人としてなぜか荷物検査を免除され迷惑を被ったわけではないが、このような意味のない検査の繰り返しを見ているうちに仕舞いには腹立たしささえ覚えた。日本の江戸時代の関所のように道路沿いに立ちふさがるこれらの税関と思われる機関の真の目的や役割は一体なんであろうか。よもや税関検査に便乗してこっそり通行料まで徴収しているなどというようなことはないであろうが、どう考えてみても不可解な荷物検査であった。

　こうして、いささか不愉快な出来事からボリビアの第一日は始まった。その上、ペルー国境からラパスに着くまでの約3時間のバス旅行で目にした道々の光景が一層、ぶ然とした思いに輪をかけてしまったとも言える。バスの車窓に映る景色は見渡す限り地肌むき出しの荒涼とした大地で潅木すら見当たらない。茶褐色の荒地が延々と続くだけで、途中どこにも町らしきものはおろか人影さえ見られず、その殺伐とした大地はまるで砂漠のようであった。さらに、首都ラパスへ通じる道路が未舗装のでこぼこ道であるのはまだいいとしても、所々、道路が橋の架かっていない小さな川の流れに寸断されているのはやはり寂しくも情けない光景であった。そのため、バスはそのつど慎重に浅瀬を選んでは川の中へ進入し、水しぶきを上げながら川を横断しなければならないのである。雨が降って水かさが増した場合などは恐らく通行不能となるのであろう。南アメリカ大陸の中では、ブラジルのアマゾン地域のような辺境の地を別にすればこの内陸の高山国であるボリビアは最も開発の遅れた貧困地帯のひとつとされている。それだけに、この国に入国早々目にするものは甚だ実感の伴う光景ばかりであった。「アンデス山脈に腰掛けた貧乏人」などと揶揄される隣国ペルーに比べてもその差は歴然としており、発展から取り残された国土には果てしない不毛の大地と青空が広がっているだけである。内陸の高山国という不利な自然条件はいかんともしがたいが、その自らが置かれた逆境を運命と諦観しているのか、この国の人々はひどく無表情でどこか無気力でさえあるように見える。実際、他の南アメリカ諸国と比べてみてもボリビア人たちのそうした傾向は際立っており、この国では生気のない日常が人々の生活を支配しているようであった。

世界で一番高所にある首都ラパス

周囲を標高5000メートル級の山々に囲まれた首都ラパスはまるですり鉢のような地形をした都市で、その底の部分に広がる街並みを見下ろしながらバスは山腹を螺旋状にぐるぐる回って中心部に到達するのである。南アメリカ諸国の他の大都市から見れば必ずしも大都会とは言えないが、それでもラパスはやはりそれなりに活気のある街であり、中心街のマリスカル・サンタクルス通りや7月16日通りなどは散歩やウインドーショッピングを楽しむ市民で夜遅くまで人通りが絶えない。擦り減った古い石畳の道が街の至るところに見られ、エクアドルのキトやペルーのクスコなどと同じようにスペインによる植民地時代の歴史が醸し出す古都のたたずまいを感じさせる。その風情は一種独特で微かな哀愁さえ漂わせている。しかしその一方で、日が暮れ夜ともなると暗がりがこの国の現実を覆い隠すかのように虚飾に満ちたラパスのもうひとつの顔が暗闇に浮かび上がってくる。アンデスから吹き下ろす夜風は冷たく、肩をすぼめてラパスの街を歩いてみると目にとまるのはきらびやかな街の灯りと楽しげに行き交う人々の姿ばかりで、大きな荷物を背負い満員バスに揺られていたあの貧しいインデイオたちの姿がどうしても目の前の光景とは結びつかないのである。超えることのできない壁の向こうには、生きることに苦しむ大多数の人たちの不安と絶望が横たわり、壁のこちら側には生きることを楽しむ一部の人たちの欲望と享楽が渦巻いている。南アメリカ諸国に共通の構造的社会格差はこのボリビアにおいても、またやはり明白な現実であった。それは一種の社会病理と言うべきかも知れない。

ラパスは標高3700メートルの世界で一番高い場所に位置する首都

である。そのため、空気が非常に希薄で普通の地上にある世界とは異なる珍現象がいくつか見られる。例えば、世界のどの都市においても閑静で景色の良い高台や山の手は通常一等地とされ、高級住宅街が広がっているのが普通であろう。ところが、このラパスではできるだけ薄い空気から逃れるために上流階級や富裕層に属する人たちほど少しでも低い場所を求めて下へ下へと集まる。そのため、すり鉢の底に当たる地域こそが一等地であり、高級住宅街なのである。そして逆に、貧困層ほどまさに閑静で眺めのよい高台やすり鉢の中腹に当たる高い場所に居を構えて、すり鉢の底辺に広がる高級住宅街を上から見下ろすように暮らしているのである。しかも、見上げれば眼前には万年雪に覆われて頂上が白く美しいイリマニ山の雄大な眺望が開けている。一方、高級住宅街の住民は視界いっぱいに広がる貧民街の猥雑な生活を見上げながらすり鉢の底に沈殿するかのように暮らしている。空気の薄い高山国家ならではの特殊な逆説的現象と言える。それからまた一方、空気が薄いということが逆に幸いしてボリビアでは今も昔も火災がほとんど発生しない。そのため、この国には近年に至るまで消防という組織も制度も存在していなかったという。考えてみると、燃焼の３要素のひとつとして空気中の酸素の存在が不可欠の条件であるという科学的真理を空気の希薄なラパスの街が計らずも証明している。とはいえ、いやしくも独立したひとつの近代国家たるものが消防組織というものを持っていないというのはいかにも非文明的で恥ずかしいとでも考えたのであろうか。ボリビア政府は対外的な体面を保つべく形ばかりの消防組織を新設するに至ったという。普通、消防とは出動の機会がないのに越したことはないが、この国の場合はたまには出動の機会でもあればと願うのが関係者の偽らざる思いかも知れない。

国民の９割は先住民族が占める

このボリビアという国は歴史的にスペインの植民地支配下の時代があったとはいえ宗主国スペインの影は薄く今も国民の９割は先住民族であるアイマラ族やケチュア族の血を引くインデイオであり、他の南アメリカ諸国とは人種構成の面で大きく異なっている。街を行き交う人たちを眺めていると、確かにほとんどがインデイオ系の顔ばかりでスペイン系の顔を見るのは稀である。従って、そうした点ではこの国はまさにインデイオの国であると言っても過言ではない。ちなみにアンデス山脈に沿ってコロンビア、エクアドル、ペルー、そしてこのボリビアと南アメリカ大陸を北から南下するにつれ白人や黒人、もしくはその血を引く者の比率がしだいに少なくなり、逆にインデイオの占める割合が急激に多くなる。ボリビアはそのインデイオ化社会の終着点と言える。そして、誤解を恐れずに言えばその国の人種構成に占めるインデイオの割合が多ければ多いほど経済発展の面では遅れており、そうした人種構成がそのまま国力の差に直結しているように思われるのである。

この国のインデイオの大半はアイマラ族で、かつてこの地にアイマラ帝国という幻の帝国を築き、チチカカ湖周辺の一帯を支配しながら栄華を極めた民族であると言われている。やがてインカ帝国が勃興し、その勢力圏が拡大するにつれこの帝国はしだいに衰退の道をたどり、栄華の足跡を残すことなく静かに歴史の幕を閉じてしまう。ラパスとチチカカ湖の間の荒涼とした大地の一角にそのアイマラ帝国の中心地であったとされるテイアワナコの遺跡がある。しかし、この古代帝国の廃墟はそこかしこに石材が散乱し、まるで石切り現場のような光景である。石組みの壁に囲まれた神殿跡と太陽の門と呼ばれる一枚岩をくり抜いた門以外にアイマラ帝国の往時の偉容を今に伝えるものは何もない。この古代帝国がいつ頃から始まったのか、またどのような社会体制の下、どのような歴史的興亡があったのか今なお具体的なことはほとんど解明されていない。インカ帝国以上に謎の多い幻の古代国家である。それにしても、かつてインカ帝国よりはるか昔に輝かしい黄金の文化を謳歌したはずのアイマラ族のその末裔たちが今日、なぜこのように無力な窮乏の民に堕してしまったのであろうか。明日への展望もなくただ今日だけを生きるかのようなこの国の人々を見ていると民族としての栄枯盛衰を思わざるをえない。

国家的悲運

スペインの植民地支配から解放し、独立を勝ち取ったシモン・ボリバールの名を取って国名としたこの国は建国以来、悲運とも言うべき不幸な歴史の連続に泣かされてきた。それというのも、この国はこれまで有能な政治指導者やリーダーに恵まれることなく国家としての十分な統治能力に欠けていたことにその根本的な原因があると考えられている。また同時にボリビアのある歴史学者の説によれば自国民の意識や能力の低さにも問題があったとされる。外交能力は稚拙で軍事力も弱体である。それにもかかわらずこの国は無謀にも独立以来、これまで三度にわたり隣国との間で戦火を交えてきたのである。そして、そのたびに惨敗を喫しては賠償として広大な国土を割譲させられたり、権益を押収されたりして国力は疲弊するばかりであった。その最初の戦争というのは独立から34年後の1897年に太平洋沿岸に産出する地下資源の硝石の採掘権をめぐって発生したチリとの紛争であった。後盾とも言うべきペルーの支援を得ながらも軍事力に勝るチリに対して捨て身のゲリラ戦術は失敗し、ボリビアは戦いに敗れてしまう。その結果、硝石の採掘権を没収された上、ボリビア最大の港町であったアントファガスタを始めとする太平洋に面した領土をすべて奪われ、外洋への出口を永遠に失ってしまったのである。そのため、この国は完全にアンデスの高山に閉じ込められた内陸国になってしまった。この戦争により外洋への出口を失ったことはボリビアにとってとりわけ痛手であり、その後の国家建設において深刻な影響を及ぼす痛恨事であった。

そして、二度目はブラジルとの間で勃発したゴムの栽培をめぐるアマゾン上流部の領土紛争が原因の戦争であった。1903年のことで、アマゾン上流部のアクレ地域での紛争であったことから一般的に“アクレ戦争”と呼ばれている。これにはゴムの利権を求めるヨーロッパ諸国の思惑がからみ背後でブラジルを後押しするヨーロッパ諸国の政治的動きがあり、最初からボリビアには勝算のない戦いであった。結局、この戦争でも敗れたボリビアはアクレ地域をブラジルに割譲することになり、アマゾン上流部の領土をほぼすべて失うことになる。その結果、アマゾン川を利用して大西洋へ出る迂回ルートも断たれ、これで内陸国ボリビアには海へつながる道がまったく無くなってしまったのである。さらに1932年、今度はパラグアイとの間で南部のチャコ地方の領有権を巡る紛争が勃発した。三年にわたったこの戦争は“アクレ戦争”同様、地域の名前から“チャコ戦争”と呼ばれている。パラグアイはその約半世紀前にアルゼンチン、ブラジル、ウルグアイの3ヶ国連合軍を相手に三国同盟戦争を戦い、パラグアイ国内の成人男子全体の約8割が戦死するという悲惨な結果を招いていただけに戦争遂行に耐える十分な国力はないものと当初は思われていた。ところが、予想に反しパラグアイ軍の士気は高く、勇猛果敢な戦いぶりでボリビア軍をしだいに圧倒していく。そして、パラグアイ軍はとうとうチャコ地方を完全に占拠してしまい、じりじり敗走を続けるボリビア軍に最後の止めを刺したのである。結局、こうしてボリビアはまたしても戦争に敗れ、自国の領土をパラグアイに割譲することになるのである。このように、ボリビアは独立以来およそ100年の間に周囲の隣国を相手に三度にわたる戦争を経験し、そのいずれの戦いにおいても敗北を喫してきた。そして、敗戦のたびに自国の領土を戦争の相手国に奪われ、そのためこの国は現在では建国時の約4割程度の国土に縮小してしまったのである。

度重なる敗戦によって広大な領土を次々と割譲せざるをえなかったボリビアにとって、最も打撃であったのはやはり海を失ったことである。太平洋岸の領土を失ったことで銀や銅、錫などの豊富な地下資源の輸出、そして食料や日用品の輸入というこの国の生命線とも言うべき交易を他国の輸送路に依存しなければならず、その経済的、政治的ハンデイキャップは極めて大きい。内陸国としての様々な不自由や不利益が重くのしかかっているだけに、この国の海に対する願望や郷愁は今もひときわ根強いものがある。例えば、「海へ行こう」という正式な国の記念日が設けられているほどである。その日は、政府の主導で全国各地において海にまつわる多彩な記念行事が繰り広げられるという。このことからも判る通り、海を失った喪失感や屈辱感、とりわけその海を奪った隣国のチリに対するこの国の怨念は今も消えることなくボリビア国民の共通認識となっているようである。

海を求める国にとってのチチカカ湖

ところで、海のないボリビアにとってチチカカ湖は海を求めるこの国の思いを多少なりとも満たしてくれる代替的な存在であると言えるかも知れない。そのチチカカ湖とは日本最大の湖である琵琶湖の約12倍という巨大な広さを誇り、しかも高度3800メートルの世界で最も高い場所にある湖のひとつである。湖のほぼ中央部には、明確な目印がある訳ではないが、一応ボリビアと隣国ペルーとを分ける国境線が存在する。また一方、この湖はインカ帝国の創世にまつわる神話の舞台でもある。ひとつの伝説によればその昔、太陽の神は地上に住む原始的で野蛮な人々に文化的な生活を教え、人間らしい生活をさせるために後にインカ帝国の初代皇帝となるマンコ・カパックと妹のママ・オクヨをこの世に誕生させ、そしてチチカカ湖には“太陽の島”と呼ばれる島を作ったのだという。二人は神の教えに従い、やがてチチカカ湖から旅に出て都を作るべき場所に行き着き、仮の住居を建てるとそこでまず人々に農業と織物を教えたという。そして、そうした技能を身に付けた人々はようやく文化的な生活を営むようになり、その結果、インカ帝国を形作る基礎が出来上がったのだという。インカ帝国発祥の起源を伝える伝説としてこのボリビアやペルーでは今も語り継がれているが、その物語を構成する筋書きは基本的に世界各地の様々な民族に伝わる多くの創世記と共通するものがある。いずれにせよ、インカ帝国を築いた民族の末裔であるボリビアやペルーの人々にとってチチカカ湖はインカ人の母なる湖としてやはり特別な存在であるという。そのため地元の住民はこの太陽の島とその隣に浮かぶ“月の島”を今でも神聖な場所として崇拝の対象にしているのである。

　地元民のうちウロ族と呼ばれる人々はチチカカ湖の特産であるトトラという葦の一種を束ねたものを幾重にも積重ねた人工の浮き島に住んでいる。水上生活者としてこの世界的にも珍しい植物繊維で出来た浮き島に暮らす彼らの家もまたすべて同じトトラで作られている。歩くたびにフアフアした感触が伝わるこの浮き島には民家ばかりではなく、規模の大きな浮き島になると住民の数も多いため小学校などの共同施設まであるという。また、原則的に彼らはいわば自給自足体制の生活を営んでいるため、このトトラで出来た浮き島には畑もあり野菜類が作られている上、ニワトリやブタなどの家畜も飼われている。そして、陸上との交通手段としては、あの有名なイタリアのベニスの観光名物であるゴンドラに形が似たトトラ製の舟が使われており、そのトトラ舟は同時にチチカカ湖での漁にも用いられている。巧みにトトラ舟を操りながら昔ながらの漁法で漁をする光景はチチカカ湖の風物詩として旅情を誘うものがある。その一方、インカ帝国の時代から豊饒の湖としてアンデスの民に多くの恵みをもたらしてきたこのチチカカ湖はボリビアという国にとっては歴史的怨念を秘めた因縁の湖でもある。というのは、アンデス山脈に位置する内陸国のボリビアが、かつては海洋国家であったことを誇示するかのようにこの国には今もなおれっきとした海軍が存在し、その司令部や海軍基地がこのチチカカ湖に設けられているからである。チリとの戦争に敗れ、海岸部の領土をすべて失ったボリビアにとっては最早まったく存在理由のない組織ではあるが、その無用の長物とでも言うべき海軍を内陸のチチカカ湖に移して温存し、再起を計ろうとしたのである。いつの日か海を奪還し、ふたたび海軍力が必要になる時が来ることを想定してのことであった。しかしながら、その悲願とも言うべき夢はただの虚しい虚勢でしかないことは明らかであった。現実問題として失った海が戻って来る可能性はなく、海のない国に存在する海軍などというのはある意味で滑稽な喜劇とさえ言えよう。実際、内陸部に閉じ込められ二度と海へ出ることのない海軍などまさに張子の虎であり、籠の鳥も同然であった。とはいえ、それでもボリビア海軍はいつの日かあるかも知れない有事に備えて“チチカカ湖艦隊”を繰り出しては今も湖上演習を欠かさないという。その傍らを漁場に向かう地元住民のトトラ舟がのどかに行き交うのである。

チェ・ゲバラを捕らえた国

海軍とは対照的にこの国の陸軍は世界の注目を集める歴史的な出来事に関わり、その存在感を示したことがある。というのは、1959年にキューバ革命を成功させ、今もなおキューバの元首として君臨するフィデル・カストロの最大の同志として、またラテンアメリカが生んだ歴史的な革命家であり、カリスマ的ゲリラ指導者として世界の左翼陣営に勇名を馳せた、かのチェ・ゲバラを捕らえることに成功したのが、実はボリビア陸軍の特殊部隊であったのである。それは、当時のラテンアメリカ各国にとってまさに快挙とも言うべき手柄であった。キューバの政権崩壊を招いたような革命運動が自国にも波及することを恐れるラテンアメリカ各国の軍部や治安当局は当時、ゲバラを危険人物として密かにその行方を追い続けていたのである。ところが、歴戦のゲリラ戦士はさすがに神出鬼没で、どうしてもゲバラの身柄を拘束するには至らなかった。まさしく野に放たれた虎のごとくゲバラという人物はラテンアメリカ各国政府にとって警戒すべき危険な存在であったのである。

その革命運動の闘士、チェ・ゲバラは1928年6月14日にアルゼンチンの首都ブエノスアイレスにほど近いパラナ河沿いのロサリオという町で生まれた。後に苛烈なゲリラ戦で勇猛を馳せた彼も子供時代は喘息という持病に苦しみ、ひどく虚弱体質のひ弱な子供であったという。ゲバラ一家はアルゼンチン第二の都市であるコルドバに居を構えたことから、チェ・ゲバラはそこで学校教育を受けることになる。教育熱心な両親の影響を受けて早くから読書に親しみ、その頃から非凡な才覚の片鱗をうかがわせていたという。そして、今にして思えば、1936年に勃発したスペイン内戦などは、まだ幼かったゲバラにとっても強く印象に残る出来事として革命運動に身を投じるその後の人生に何らかの影響を及ぼしたのかも知れない。フランコ将軍が率いる反乱軍と共和国政府軍との間で繰り広げられたスペイン内戦はラテンアメリカの人々にとって、いわば自分たちのルーツとも言うべき本国での政変であるだけにその戦況の推移には当時、誰もが皆一方ならぬ関心を寄せていた。そして、周囲の大人たちの熱い議論を日々聞くうちに幼いゲバラにも反ファシスト闘争などという言葉の意味がおぼろげにも理解できるように思えたのである。やがて、高校を卒業したゲバラは一端、道路建設の仕事に就いたものの実社会の不条理に失望し、大学へ進学することを決意する。しかも、かつて喘息で苦しんだ自分を優しく世話してくれた祖母がその頃、病床に伏していたことから医者になって祖母を看病しようと考えたのである。思えば、純真で心根の優しい青年であった。こうして、ゲバラは心機一転、猛烈な受験勉強の末にブエノスアイレス大学医学部に進学し、医者の道を歩み始めるのである。ゲバラがちょうど20歳の時であった。

　医学生となったゲバラは、しかし、学業の傍らもっぱらあてのない旅に出ることに熱中するようになっていた。特に医学部を卒業する前年の約一年間というものは友人と二人で南アメリカ大陸を縦走する放浪の旅に出たまま帰国せず、周囲を心配させるような有様であったという。アルゼンチンを出発した二人はチリからペルー、コロンビア、ブラジル、ベネズエラと辿りながら、いうなれば“弥次喜多道中”さながらの旅を続け、南アメリカ大陸の多種多様な自然に触れるとともに、一方では行く先々で社会の現実に直面することにもなる。政治的な不正や腐敗がはびこり、救いようのない経済格差の中で貧困に苦しむ悲惨な人々の姿を目の当たりにして、ゲバラはそうした南アメリカ各国の日常風景に絶望する。そして、いつしかこみ上げるような憤りを覚え、心中密かにある決意を固めていた。やがて、長い旅から帰国したゲバラはまた大学に復帰し、学業に専念することになる。そして所定の課程を終えて医学部を卒業したゲバラは晴れて医師の資格を取得する。だがしかし、ゲバラにはもう医者として生きていくつもりはさらさらなかった。どうしてもラテンアメリカ世界をさらにもう一度見てみたいという思いが募り、心はすでに次なる旅に出ることを決めていたのである。しかも、それはゲバラにとって二度と故国アルゼンチンへ帰ることのない旅路への出発であった。

1956 年 12 月、ゲバラは同志と共に、潜入したキューバのシエラ・マエストラという山中にある革命軍基地にいた。その頃、革命闘争のリーダーであるカストロはバチスタ軍事独裁政権を打倒し、長年の圧政からキューバ国民を解放するため反政府革命軍を組織して遠くメキシコの山中でキューバ侵攻に向けての軍事訓練を重ねていたのである。そして、革命軍のゲリラ戦士を養成しては密かにキューバ国内へ潜入させ、政権打倒の戦いに備えていた。そうしたカストロの理念や行動に共鳴したゲバラはいつしかカストロの信頼厚き同志として革命軍に参加し行動を共にしていたのである。反政府革命軍が拠点として立て籠もったシエラ・マエストラ山系は平均して海抜 1300 メートルを超える山間部のためゲリラ戦には適した地形であった。しかし、その反政府革命軍が拠点とした一帯はいつの間にか政府軍によって大きく包囲されていた。その上、政府軍側の攻勢は激しくなるばかりで、戦闘のたびに革命軍側の犠牲者が増えていくのであった。しかしそれでも、革命軍の士気は高く、脱落する者はいなかった。時にはジャングルの沼地や川を泥まみれになりながら行軍し、野営で束の間の休憩を取っては一進一退の攻防を続けていたのである。だがやはり、革命軍にとっては毎日が辛く困難な戦いの連続であり、軍事独裁政権を打倒してキューバを解放するという本来の目的を成就することができるのか、まだ誰も確信を持ってはいなかった。ところが、そのうち予想も期待もしていなかったことが起り始めた。革命軍を支持し同調する農民や学生の動きがしだいに活発化して、方々でそうした反政府運動が盛り上がりを見せ始めたのである。そして、革命軍と一体化した反政府運動はやがてキューバ全土に拡大し、国民の不満や怒りの矛先が一気に政府へ向かい始めた。もはやその勢いを止めるのは難しいほどの事態に発展し、政権の崩壊が現実味を帯びてきたのである。そうした情勢の下、負け戦を悟った政府軍側の兵士の中には早々と軍服や武器を捨てて逃亡する者まで出始めた。動揺する政府軍はすでに内部の秩序や統制を欠いていた。そして、軍部の後ろ盾を失った政権は、とうとう雪崩を打つように崩壊へと向かう。1959 年 1 月 1 日の早朝のことであった。軍事独裁でキューバを支配してきたバチスタ将軍はついに家族と数名の側近を伴って専用機で密かに首都ハバナを脱出し、隣国のドミニカへと亡命したのである。かくして、カストロが率いる革命軍は最終的な勝利を収め、ここにバチスタ軍事独裁政権は終焉の時を迎えたのである。キューバ革命成功のニュースは瞬く間に世界中に流れた。

ゲバラは革命成功の甘美な余韻に浸る間もなく、樹立されたばかりの革命政権の指導者としてカストロを補佐しながら社会主義路線の確立に向けて政治、経済、外交などの各種施策を矢継ぎ早に打ち出していった。このキューバを舞台に理想の社会主義国家を建設することがゲバラにとって当面の目標である以上、全霊を傾けてその大仕事に取り組まなければならない。そのことをゲバラは十分認識し、決意を新たにしていた。そのため、革命政権発足と同時に彼は祖国であるアルゼンチンの国籍を捨ててキューバ国籍を取得し、自らの退路を断ったのである。一方、時はまさに東西冷戦構造が続く国際情勢の只中にあった。東側陣営を選択したキューバにとって必然的に隣国アメリカとの関係悪化、そしてそれに続く断交への流れは避けがたく、結果として東側陣営の両大国であるソ連と中国との友好関係の構築が急務であった。モスクワ、北京とゲバラの往来は続く。国家元首として国内体制の確立に奔走するカストロとは、いつしか役割分担をするかのようにゲバラは外交面の責任者として東側諸国をはじめ、アジア、アフリカの非同盟諸国などとの外交、通商協議に東奔西走することが多くなっていた。ところが、そうした中で、ゲバラの胸中には理想とすべき社会主義国の先輩であるソ連という国が、時として見せる尊大な大国主義に対する不信感や失望感のようなものがしだいに募り始めていた。それはまた一方で、ソ連との関係強化を指向するカストロの政治路線に対する不満であり、意見の食い違いでもあった。ところが、それとは対照的に、貧困や飢餓にあえぐアジアやアフリカ諸国の現状を知るにつけ、ゲバラはひとつの使命感を胸に抱き始めていたのである。それは人間社会の矛盾や不条理に対する深い憤りと怒りであった。特にアフリカ諸国の実態はあまりにも悲惨で、その貧困と混乱は絶望的でさえある。人々をそのような状況から解放することこそ自分の使命ではないか、ゲバラはそう考えていた。行動と実践を鉄則とするゲバラに迷いはなく、ほどなくして自らキューバ軍を率いてアフリカの地へと赴くことになるのである。そして早速、アフリカでの活動が始まった。しかしながら、アフリカ諸国の現実はあまりにも複雑であった。即効性のある救済策などなく、理想と現実のはざ間で無力感にとらわれながらゲバラには自問自答の日々が続く。その上、民族解放闘争という一応の大義を掲げてはいるものの、いうなればキューバによる社会主義革命の輸出とも言うべき実態に対して旧植民地としてアフリカ諸国を支配してきたヨーロッパ各国からの反発や圧力も日増しに強まるばかりであった。結局、ゲバラは自らの陣頭指揮で派兵し、駐留したコンゴからの撤退を決断することになる。かくして、志し半ばにしてゲバラは数年にわたって滞在したアフリカの地を離れたのである。

撃つなら早く撃て！　臆病者！

キューバの革命政権が発足してから六年経った1965年に開催された共産党大会でのことであった。冒頭、挨拶に立ったカストロは、最大の同志であるゲバラから別離の手紙を受け取ったことを発表し、ゲバラがすでに政権を離れて姿を消したことを明らかにした。曲がりなりにも社会主義国家の確立という目標を達成したキューバでは、もはや自らが果たすべきすべての役割は終わったものと、ゲバラは一種の充足感に似たものを感じていたのである。彼にとって次なる目標は、胸に温め続けてきた南アメリカ各国の政治革命と政治統合にほかならなかった。かつて、南アメリカ全体の統合を夢見たシモン・ボリバールのようにゲバラは革命戦線を南アメリカ各国に拡大し、革命政権の下で南アメリカ各国全体を統合する壮大な構想の実現に向けて動き始めていたのである。その活動拠点としてゲバラはボリビアを選んだ。南アメリカ大陸の中央に位置し、アンデス山脈という自然の要塞に囲まれたこの国の地理的条件は革命闘争を展開するには打ってつけの場所と思えたのである。その上、ボリビアは当時、キューバと同じように軍事独裁政権が続き、その圧政下、国民の多くが人権や自由を束縛されていた。そのため、鉱山労働者や学生を中心とする反政府運動が急速に広がり始めていたのである。ところが、ボリビアでの情勢もまた予想に反してゲバラに味方することはなかった。すでに警戒態勢を取っていたボリビア軍事政権は、ゲバラが率いる革命勢力のゲリラが国内に潜入したことをいち早く察知していた。そして、その活動を空からも地上からも徹底的に追跡していたのである。やがて、ボリビア政府軍の本格的なゲリラ掃討作戦が開始され、人里離れた山中の革命軍のベースキャンプにまで迫ってきた。しだいにゲバラは追い詰められていく。1967年10月上旬、とうとうゲバラたちはボリビア政府軍部隊に完全に包囲されてしまった。そして、政府軍との激しい銃撃戦の末、革命軍はついに弾薬が完全に尽きてしまった。いよいよ最後の時が来たのである。突如、茂みから機関銃を構えた数名のボリビア軍兵士がゲバラの目の前に現れ、銃口を突きつけた。兵士は興奮気味にゲバラ本人であることを確認すると、手荒く両手を縛って近くの村へ連行して行った。翌日、村の広場にヘリコプターが舞い降り、ボリビア政府軍幹部がやって来た。早速、丁重な尋問が始まったが、どうやらこの場でゲバラを処刑するつもりのようであった。ほどなく、村の小学校に連行されると、突然、数発の銃声が聞こえた。ゲバラと一緒に捕らえられた仲間の二人のゲリラ兵士が処刑されたのである。次はゲバラの番であった。「撃つなら早く撃て！臆病者！」、それがゲバラの最後の言葉であったという。1967年10月9日の午後1時を少し過ぎた頃であった。

処刑されたゲバラの遺体は軍用ヘリコプターでバージェ・グランデというボリビア政府軍の駐屯地へ運ばれたが、その後どのように処理されどこに埋葬されたのか、まったく真相は不明で長年の謎であった。駐屯地へ運ぶ途中、ヘリコプターから遺体をジャングルへ投げ捨てたという説や駐屯地の井戸に沈めたという説やら様々な憶測が飛び交っていた。ところが、ゲバラが処刑されてから約30年後、ようやく真実が判明したのである。余命いくばくもないことを悟った当時のボリビア国軍司令官のマリオ・バルガス・サリーナスが固く口を閉ざしてきた積年の秘密を吐露したのである。あの場で即日、ゲバラの処刑を命じたことは本当に正しいことであったのか、元司令官は思い悩み、いつも心の重荷になっていたという。自責の念にさいなまされてきた元司令官は、真相を墓場まで持っていくわけにはいかないと、ついに重い口を開いたのである。「ゲバラの遺体はバージェ・グランデ飛行場の滑走路の横に埋めた」と、元司令官は告白した。その現場から発掘されたゲバラの白骨化した遺体はその後、故国アルゼンチンへ戻ることなく、革命闘争の師とも言うべきカストロのいるキューバへ無言の帰国を果たしたのである。キューバは国を挙げてこの英雄的ゲリラ戦士の無言の帰国を迎えた。実に30年振りの帰還であった。

定刻から2時間以上も遅れてボリビア航空機は海抜4500メートルの世界一高い地点にあるエル・アルト国際空港を飛び立った。機上から見るこの国の国土は、地上から見た光景と同じく無味乾燥な茶褐色の山ばかりで、ボリビアは国の大半が緑のない高山や荒地からなっているのがよく判る。貧しいこの国においては、やはり選ばれた特権的職業なのかボリビア航空のスチュワーデスもスチュワードも、ラパスの街中で見たあの無表情で無気力なインデイオ系とは異なり、みな白人の血を引く若者ばかりであった。生き生きと機敏に立ち働く姿が妙に新鮮で印象的であった。

女たちが創った国

パラグアイ

República del Paraguay
Capital: Asunción

あまりに素朴でのどかな国

パラグアイは日本よりやや大きい40万平方キロメートルを超える国土ながら、人口は約500万人を数えるのみである。それにしても、世界にはこのような国もあるものなのかと、感心させられるほどこの国は国家と呼ぶにはいささか非力な、そしてまたあまりにも素朴でのどかな国である。先進国であれ、発展途上国であれ、多くの国に見られる雑踏の喧騒や慌しさのような猥雑なものがない代わりに、この国はまるですべてが眠っているかのように平穏で気だるいほどの静けさに包まれている。まさに「何もない国」と表現すべきかも知れない。それが、パラグアイについての率直な第一印象であった。さしずめ日本の小さなローカル空港のような趣ではあるが、この国では一番大きな首都アスンシオンの国際空港を出発したタクシーは、両側に緑豊かな田園風景が広がる牧野の一本道をのんびりと走り出した。しかし、アスンシオン市内へ入るまでの途中には、一国の首都へ向かっていることを実感させるような気配は何一つなく、時折、放牧の牛なのか数頭連なって悠然とタクシーの前を横切ったりするような始末であった。首都アスンシオンは、もちろんパラグアイ最大の都市ではあるが、人口わずか30万人程度の誠に閑散とした静かな街である。旧市街であるアスンシオンの中心街は碁盤の目のように区画されており、英雄広場を中心に国会議事堂など政府関係の建物が集中している。それ以外はブラジル人建築家が設計したこの国で最も格式の高いとされるグアラニーホテルくらいで特に目立つ建物はない。街路樹が生い茂る緑の街並みを縫うように、磨り減った線路の上をきしみながら旧式の路面電車が時折、思い出したように目の前を通り過ぎて行く。それはどこか懐かしい光景で、かすかな郷愁を誘うものがある。街角のそこかしこには、インデイオの女たちが昔ながらの伝統的手法で編んだニャンドウテイという独特のレース編み刺繍が山のように積み上げられた露店が軒を連ねている。ニャンドウテイとはインデイオの言語であるグアラニー語で“蜘蛛の巣”という意味のようであるが、その名の通り、なかなか手の込んだ繊細な美しいレース編みで、パラグアイを代表する民芸品と言える。積み上げたニャンドウテイを前にインデイオの女たちは特に何をするでもなく、ただ腰を下ろしたまま気だるそうに一日中じっと客を待っているのである。この静かでのどかな街にはいかにも似つかわしい姿であるように思われた。

パラグアイの陰の部分

一方、その眠ったようなのどかな街の裏側では、陰の部分とでも言うべき公然たる密輸取引が横行しており、アスンシオンなどはさながら街全体がひとつの免税市場のような観を呈している。街の至る所でウイスキーやタバコはもとより、世界の一流ブランド品が、ほんの申し訳程度に人目を忍んで売られている。そのため、市民の多くが彼らの実生活にはそぐわぬ高級嗜好品を贅沢に、そして当然のことのように消費しているが、これはやはり異常な現実と言うべきであろう。こうした密輸品を買うために、隣国のブラジルからは連日、買出しツアーの観光バスまでやって来るほどである。ことに、ブラジルと国境を接するパラグアイ南部の街、エステは、イグアスの滝に隣接しておりこの国最大の観光拠点でもあることからアスンシオン以上に密輸品目当てにやって来るブラジルやアルゼンチンなどからの観光客で常にごった返している。しかもそこは、密輸品のメッカであるばかりではなく、麻薬など怪しげな闇取引の舞台でもあるらしく、観光客相手に胡散臭い仲介人や密売人などが水面下で暗躍していると言われている。やはり、人が押し寄せ、集まる場所は多くの場合、稼ぎをもたらす商売の場でもあり、一儲けを目指す様々な商売人が群がってくるのは世の常である。まして、それが許されざる禁制の商売であれば危険な分、儲けも大きいだけに深く静かに潜行し、強固な地下経済を形成しがちである。のどかな国であるパラグアイにしては珍しく、このエステは様々な国々からの観光客や商売人で賑わっており、良くも悪くも国際色溢れる特異な街である。観光と陰の闇経済、その光と陰をこの「南アメリカの香港」などと呼ばれるエステに見る思いがするのである。パラグアイはボリビアと共に南アメリカ諸国の中では例外的に海のない内陸国であるため、こうした密輸品は主に河川を利用した密貿易ルートで取引されている。そうした意味では、パラグアイ川の河畔に広がる首都アスンシオンも、パラナ川に面したエステもいずれも密貿易には適した立地条件にあると言える。そのパラグアイ川もパラナ川もそれぞれ南下しながら、やがてアルゼンチン領内でひとつに合流し、巨大なラプラタ川となって大西洋に通じているのである。一方、そうした密貿易の実態に関して、パラグアイ政府の立場は建前としての取締りは別にして、本音の部分では観光の陰に隠れた貴重な外貨獲得策として奨励はしないまでも当然のごとく容認しているものと思われる。それもある意味で、これといった産業基盤を持たない弱小国家の狡猾な経済政策のひとつと言えよう。

国民の愛国心と尚武の気質

この国には首都のアスンシオン以外、地域の核として経済圏を形成するような大都市は見当たらず、何ゆえひとつの独立国家として存在しなければならないのかと、素朴な疑問すらわいてくる。国の実勢としてパラグアイという国は日本のひとつの県が国家として独立したような規模であろうと思われる。しかしながら、小国とはいえこの国の国民の愛国心と尚武の気質はつとに有名で、その歴史がまさに国を愛する勇猛果敢な国民性を雄弁に物語っている。ちなみに、歴史上、この南アメリカ大陸ではスペインの植民地支配に対する各国の独立戦争以降、領土紛争を原因とする戦争が四度、勃発している。1865年のパラグアイとアルゼンチン、ブラジル、ウルグアイ3ヶ国連合軍との間で起こった「三国同盟戦争」。1879年のチリとボリビア、ペルー連合軍との間の「太平洋戦争」。1903年のボリビアとブラジルとの「アクレ戦争」。そして1932年のパラグアイとボリビアとの「チャコ戦争」である。その四回の戦争の中でもとりわけ、「三国同盟戦争」は南アメリカ史上、最も血なまぐさい悲惨な戦争として今も語り継がれており、その時のパラグアイ軍の勇猛な戦いぶりから「パラグアイ戦争」とも呼ばれている。1862年頃から領土問題を巡って近隣諸国と対立を続けてきたパラグアイは、無謀にも兵力、武器とも圧倒的に優勢なアルゼンチン、ブラジル、ウルグアイの3ヶ国連合軍を相手に勝算なき戦いを挑んだのである。パラグアイ側は男はもちろん、戦える者は女までもが武器を手に決死の戦いを続け、死を恐れぬその勇敢な戦いぶりが最後まで連合軍側を苦しめたという。しかし、しょせんは劣勢な軍事力であり、その力の差はやはりいかんともしがたいものがあった。その上、最高司令官として最前線で自ら武器を手に戦ったロペス大統領が戦死するに及んで、指導者を失ったパラグアイ軍は、最早、組織的な戦いを続けることができなかった。結局、奮戦むなしく抵抗の力尽きたパラグアイは3ヶ国連合軍に降伏することになるのである。いうなれば、初めから負けるべくして負けた戦争であった。約五年に及んだこの戦争が終わった時、実にパラグアイ国民の半数以上が戦死し、男子にいたっては生き残った者はわずかに2万数千人を数えるのみであったという。その結果、戦後数年間は父や夫を失った女たちが荒廃した国家再建の主役を務め、いわば女性による国家統治が続いたのである。その後さらに、ボリビアとの間でチャコ地方の領有権を巡る戦争を行ったため男性の人口激減現象は回復せず、その影響による混乱はしばらく続くことになる。国家復興に必要な人材が絶対的に不足したため、その代役として女性が重責を担わざるをえず、独立以降、近世に至るまでこの国の国家基盤は女性の手によって形作られたと言っても過言ではない。そうした意味では、パラグアイという国はまさに女たちによって創られた国と言ってもいいのかも知れない。このような歴史背景から、伝説によるとこの国ではかつて男が大きな木の下などを通ると上から多数の女が降るように飛び降りてきたものだという。荒唐無稽なそうした逸話がまことしやかに語り伝えられるほど、この国では長い間、極端にアンバランスな男女の人口比率に苦しんだのである。一方、国土防衛のためには全滅に近いほどの甚大な犠牲者を出してでも、果敢に戦いに挑むこの国の伝統的なカミカゼ精神は良かれ悪しかれ、やはりパラグアイ人の特筆すべき国民性のひとつかと思われる。それにしても、このような精神風土を醸成する要因はいったい何であろうか。思うに、ひとつは完全な内陸国家として外界への門戸を閉ざされていることによる一種の閉塞感や孤立感が国民の間に広く鬱積しており、国家の危機に直面するとそれが一気に噴出し、過剰な防衛反応や愛国精神に高揚するからなのかも知れない。実際、国境を接する隣国のブラジルやアルゼンチンから見ると、パラグアイという国はまさに文化不毛の辺境の地であり、近くて遠い隔絶された国と映っているようである。また、この国は独立以来、国際関係において政治経済的に何らかの影響を及ぼすような立場に立ったことがないため外交舞台での経験に乏しく、他国との関係において問題が発生した場合の適切な振る舞いが不得手なのかも知れない。ともすれば衝動的なナショナリズムに走り、武力に訴える南アメリカの田舎国家などと、時に揶揄されるのもやはり故無しとはしないのである。とすれば、これからも理性的で平和な国家として受け入れられるためには、周辺国との交誼を深める平素からの外交的努力が、この国に課せられた課題のひとつと言えよう。例えば、南アメリカの大国であるアルゼンチンやブラジルでは、あまりにも国力の差があり過ぎて、対等な関係を構築するのはいささか荷が重いかも知れない。しかし、同じ内陸国で隣国のボリビアなら国力をはじめ文化や民族構成などの面でも似通っており、友好関係を深める相手としては最もふさわしい国かと思われる。かつて戦火を交えた過去の恩讐を乗り越え、様々な分野でボリビアと協調し、連携することはパラグアイにとって隔絶された辺境の地という閉塞感や弧絶感から脱するひとつの近道になるに違いない。

先住民族の言語グアラニー語

この国が他の南アメリカ諸国と比べて、やや異色な点は言語である。南アメリカにおいてはブラジルだけがポルトガル語で、それ以外の国はすべてスペイン語を正式な母国語としている。ところが、パラグアイの場合はスペイン語の他に先住民族の言語であるグアラニー語も正式な母国語として認められており、南アメリカ諸国の中では唯一の二重言語国家となっている。そのため、当然ながら国民の大多数がスペイン語とグアラニー語の両方を使う二重言語生活の状態にある。日常生活における二重言語制度がどのようなものなのか、またどのような現象を引き起こすのか、その一端を垣間見たことがある。というのは、この国では相手によっては話の途中で、ふいに何を言っているのかまったく解らなくなってしまうことがある。それは、スペイン語で話していたのが途中で突然、なんとグアラニー語に切り替わるからで、まったく予想もできないいきなりの状況転換に外国人としては本当に面食らうことになる。意識的なのか、無意識的なのか定かではないが、彼らは少しも意に介することなく、スペイン語からグアラニー語、そしてグアラニー語からスペイン語へと自由自在に変換しながら話を続けるのである。スペイン語ならスペイン語で、グアラニー語ならグアラニー語で話すという使い分けではなく、どうやらその両方を適宜併用しながら話すのもこの国における二重言語生活の一側面であるようだ。グアラニー語は、言うまでもなくスペイン語やポルトガル語などのようなラテン系言語とはまったく系統の異なる先住民族の土着の言語であり、その文法は難解とされる。とはいえ、パラグアイ人にとってグアラニー語は国語として学校では必修科目であり、またこの国の民族主義の高まりが背景にはあるのか、国民生活の中に益々しっかりと根を張り続けている。今でも、特に農村部などの日常生活では、むしろグアラニー語の方がスペイン語よりも一般的に用いられていると言われている。ところで、パラグアイ以外の多くの南アメリカ諸国においては言語はもとより、先住民族の文化や風習などは、スペインやポルトガルを中心とするヨーロッパからの移住者がもたらした西洋文化によって排斥されたり、吸収もしくは融合されたりして、その大半が今では消滅するか、あるいはわずかにその痕跡を留める程度になっているのが実態である。しかしながら、このパラグアイにおいては、そもそもヨーロッパからの移住者の数が少なくその影響力がそれほど強くなかったこともあり、先住民族の言語や文化がはじめから移住者の言語や文化と対等のものとして併存できる環境にあった。そればかりか、人口の多くを占める先住民族、グアラニー族と移住者との間で混血が進み、一体化するにつれグアラニー語は先住民族の言葉からパラグアイという国全体の共通言語として定着し始めるのである。そして、むしろ逆に移住者の言語であるスペイン語をもうひとつの国語として併用するようになったとさえ言えるのである。考えてみると、この国がヨーロッパ文化に飲み込まれることなく先住民族の言語や文化をそれなりに温存することができたのは、やはりその国土の地理的位置も大きな要因であろうと思われる。南アメリカ大陸の内陸部に位置し、辺境の地としてヨーロッパからの移住者がそれほど進出しなかったことが幸いしたと言える。ただし、今となってはそれがこの国にとっては真に幸運な歴史的展開であったのかどうか、いささか疑問もわいてくるのである。歴史には“もし”という言葉はありえないが、この国が違う場所にあったなら、例えば海に面する国土を持っていたなら、恐らくパラグアイは今とは違う国になっていたかも知れない。

グアラニー音楽とボテヤダンス

パラグアイの先住民族の文化として言語以外に現在も広く普及しているものに伝統的な民族音楽がある。グアラニー音楽として知られるその物悲しいほどに美しい旋律は愛好家を魅了し、人気が高い。先住民の伝統的な民族音楽はもともと笛や太鼓などの楽器が主体で宗教的儀式や祭礼などに結びつくものであったが、17世紀頃、スペイン人によってもたらされたハープが加わることで現在のグアラニー音楽として完成されたと言われている。このインデイアン・ハープと総称される楽器は同じ頃、ペルーやエクアドルなどアンデス山麓の一帯にももたらされ、それぞれの国で先住民族の音楽に取り入れられて独自の民族楽器として発展していく。そして、そうしたハープの中でもとりわけ、パラグアイにもたらされたものはその後、幾多の改良や工夫が重ねられアルパと呼ばれる独特の楽器に発展する。このアルパは楽器としての形も、またその音色も非常に洗練されたものとして愛好家はもとより専門家の間でも評価が高い。今ではこの国を代表する国民的楽器と言っていいほどに広く普及し、愛好されている。グアラニー音楽は風、水の流れ、鳥の鳴き声といった自然を題材にした曲が多いとされ、アルパの美しい音色によって華麗かつ表現豊かに演奏される。その意味では、アルパという楽器はどこか日本の琴にも通じるところがあるかも知れない。アスンシオン市内の有名なレストランやナイトクラブではほぼ毎日どこかでプロの奏者によるこのアルパの美しい演奏を楽しむことができる。

それから、もうひとつのパラグアイを代表する伝統的民族芸能として、ビンや壷を頭にのせて踊る“ボテヤダンス”というのがある。美しい民族衣装を着た若い女性が踊りながら頭に載せたビンや壷を次から次と積み重ねて行くのである。その上、踊り子の手が届かない高さになると周りの者がはしごを使ってビンや壷をさらに積み重ねていくので最後にはビンや壷が6個から7個も重ねられ、2メートルを超えるような高さになる。そのため、重さもさることながら、やはりいかに上手にバランスを取るかが難しく、それなりの技能が必要かと思われる。恐らく、このダンスの踊り子たちは常に厳しい練習を積み重ねているのであろうが、時にはやはり失敗してビンや壷を落下させることもあるに違いない。考えてみると、頭の上に物や水瓶を載せ運んだりする風習は世界各地に見られるが、このように頭にいくつもビンや壷を積み重ね、しかもまったく手で支えることなくバランスを取りながら踊るという形態は他には例がないのではあるまいか。非常にユニークな珍しい伝統芸能であるが、自分の身長よりも背の高いものを体で支え、手を使わず巧みにバランスを取りながら踊るという点では、これは日本の東北三大祭のひとつである秋田の竿灯祭を彷彿とさせるものがある。

親日国家

ところで、日本ではほとんど知られていないが、このパラグアイという国は、実は大変な親日国家なのである。まして、この国の存在すら十分認識していないというのが日本側の実態であるから、パラグアイ側からすればこれはもう完全に一方通行の片思いということになる。例えば、ブラジルやコロンビア、チリなどのように一般的に南アメリカ諸国には親日国家が多いが、このパラグアイの親日ぶりというのはその中でも際立っているように思われる。一例として、それを象徴するのが昭和63年の昭和天皇崩御の際にこの国が取った対応である。当時は約35年にわたってこの国に君臨した独裁者、ストロエスネル大統領の時代であったが、同大統領はかねてより敬愛する昭和天皇の死を心から悼み、パラグアイ全国民が10日間の喪に服することを発令したのである。服喪期間中はすべての官公庁が半旗をかかげ、当事者の日本よりもむしろ厳粛かつ丁重に喪に服したのである。日本からするとちょうど地球の裏側に当たるこの小国が執り行ったその特別な対応に対し、果たして我が日本政府は謝意を表明するなり、何らかの措置を取ったのであろうか。別段、こちらから要請したわけではないと言えばそれまでであるが、ひたすら日本に好意を寄せる友好的な国に対し、もし無関心を通すようなことがあったとすれば、それはあまりにも心ない不粋な行為というものであろう。
この国が地理的には遠く離れた日本に対し特別な好意を示す背景にはいくつか要因がある。

親日国家と言われる国々ではよく指摘されている通り、日露戦争において当時まだアジアの一小国に過ぎなかった日本が大国のロシアを打ち負かしたという歴史的壮挙に対する賞賛や共鳴からくる親日感情がその要因のひとつと言えよう。それから、第二次世界大戦の敗戦国である日本が荒廃した国土から立ち上がり、完全な復興を成し遂げた上、敗戦からわずか数十年で世界第二位の経済大国の地位にまで昇り詰めたその成功物語に対する感嘆の念や尊敬の念もまた親日感情につながるもうひとつの要因であろう。しかし、そうした背景に加え、さらにより具体的、かつより直接的にこの国の親日観を形成することになった大きな要因はやはり日本人移住者の存在である。

他の南アメリカ諸国への移住に比べるとその歴史は浅く、日本人のパラグアイ移住は1936年に始まった。農業を中心に今日まで約8000人の日本人移住者がパラグアイに渡り、今ではこの国の農業生産に欠かすことのできない大きな役割を果たしている。勤勉で真面目な日本人の国民性はこの国においても高く評価され、地道な日々の努力が揺るぎない信頼を勝ち得ていったのである。広大な入植地で小麦や大豆、その他野菜や果物を計画的に栽培しながら品種改良にも積極的に取り組み、この国の食生活に豊かな変化をもたらしたのはまさに日本人移住者たちの努力の結果であった。しかしながら、現在のこの成功に至る過程ではブラジルやペルーなどにおける日本人移住者たちがそうであったように、多くの移住者がやはり様々な苦難に泣かされたのである。営農経験が少なく最初から農業経営に失敗する家族があったり、農産物を大量に消費する国内市場がまだ未発達で販路の確保に苦労したりで、いつしか夢破れて異国の地で望郷の思いに打ちひしがれるケースも少なくはなかったという。ただ、パラグアイの日本人移住者の場合、特に戦後この国に渡った移住者などは他の南アメリカ諸国での日本人移住者が直面した苦労や困難に比べるとまだ多少の救いがあったようで比較的恵まれていたとされる。日本政府の戦前の移民政策というのは有体に言えば、移住先がどこの国であれ一種の棄民的側面を持っており、根底では国内の人減らしが意図されていた。そのため、いったん日本を離れるともう日本政府の庇護や援助などはほとんど期待することはできないのが現実であった。ところがそれに対し、パラグアイの場合は戦後になってからの移住が中心であるため、かつての背信的な移民政策はご破算となり、資金援助を含め制度面で日本政府の各種支援が得られるようになったのである。パラグアイに新天地を求めた日本人移住者たちは幸いにしてその恩恵に浴することができたのである。

この国の国土を一直線に横断するかのように首都アスンシオンから東部のブラジル国境まで一本の国道が走っている。その国道に沿って所々、日本人移住者の入植地を示す立て看板が立っているのが見受けられる。そうした看板にはどれも立派な日本語で入植者の名前と出身地とが書かれている。まるで競うかのようにいずれも大きな目立つ立て看板である。しかし、考えてみるとこの国に住む同じ移住者仲間以外に、日本人同胞が通りかかるとは到底思えない無人のパラグアイ中央部の道路沿いにスペイン語ではなく、あえて遠い祖国の母国語で記した看板を立てている。こうした看板にはどのような意味が込められているのであろうか、あるいは看板の当事者である移住者の胸の内にあるものは一体何であろうか。それは、やはり日本人としての誇りなのか、あるいはまた異郷に生きる開拓者としての矜持なのか。それとも、遠い母国、日本への熱い思いなのかなど、想像できることはいくつもある。しかし、それは、たまたま通りかかった行きずりの同胞としてのやや感傷的な思い込みに過ぎないのかも知れない。それにしても、思いも寄らぬ場所で見かけた日本語の案内看板は妙に印象的で、そのくっきりと記された文字の存在感は今も脳裏に焼き付いている。やはり、この国の大地にしっかりと根を張った日本人移住者の悲喜こもごもの人生模様を見る思いがしたのである。

政変の硝煙と解放の神学

チリ

República de Chile
Capital: Santiago

チリ人の気さくで人懐っこい人情

アメリカの著名なジャーナリストであるジョン・ガンサーは、その著書「Inside South America」(南アメリカの内幕)の中で外国人がチリについて最初に感じる印象は国民性に関することであろうと述べている。まさに同感であり、アメリカの著名なジャーナリストもまたこの国について同じ観察をしていたことを知り、我が意を得たりという感じがしたものである。それは、アンデス山麓にあるアルゼンチンとの国境に近いオソルノという町でのことであった。異国の旅行者が訪れることなど恐らくあまりない、こうした辺境の町では突然、見慣れぬ外国人が現れるというのは、やはり注目を集める出来事なのであろう。どうやら、日本人の旅行者が来ているという噂が瞬く間にあちらこちらに伝わったらしく、街中のとあるレストランで遅い昼食を取っていると、今にして思えば町長であったのかも知れないが、町の当局者と称する頭のはげた小太りの紳士がやって来て、誠にたどたどしい英語で話しかけてきた。「オソルノへようこそいらっしゃいました。わが国をゆっくりと見ていって下さい。わが国と日本は長年の友好国であり……」というような趣旨の話で、食事をしているテーブルの横に立ったまま長々と丁重な挨拶を始めたのである。初めは、一体何事かとは思ったものの、その純朴で善良そうな紳士の振る舞いにははったりやいかがわしさはなく、純粋に遠来の異邦人に対する親愛の情から発する行動のようであった。思いもかけない歓迎の挨拶を聞きながら、チリ人の素朴で友好的な国民性の一端を図らずも垣間見るような気がしたものだった。

それからまた、そのオソルノからチリの首都、サンチャゴへ向かう夜汽車の中でのことだった。チリは太平洋に沿って南北に細長く伸びた国なので列車はひたすら海岸線に沿って夜の闇の中を北上し続けていた。最初はただ好奇の視線を向けていただけの周囲の人たちが、そのうち一人がこれを食べてとトウモロコシで作ったパンのようなものを差し出し、話のきっかけができるとたちまち次から次へとそれぞれが待ち構えていたかのように親しげに話しかけてきた。ある若者などは日本人に会うのは初めてとのことで、家族にも紹介したいのでサンチャゴに着いたらぜひ自分の家へ来てくれと、強引に勧めてくれるのであった。やがて、持ち合わせていたウイスキーと、周りの人たちが差し出す地酒との交換が始まり、アルコールの程よい酔いがまわるに連れて談笑の輪はいつしか夜汽車での大合唱に変わっていた。ギターを持った若者の伴奏でチリの民謡をはじめ、「シェリト・リンド」、「ベサメ・ムーチョ」、「ウナ・イストリア・デル・アモール」など日本でもなじみの深い曲が次から次と薄暗い車中いっぱいに広がっていく。そして、その甘く切ないラテン音楽の調べを聴きながら、夜が明けサンチャゴに着いたら恐らくは再会することのない別れをしなければならないこの見知らぬチリ人たちとの心温まる一夜の交歓にたわいもなく心は酔い痴れていた。猛烈な寒気の中を夜汽車はたまたま出会った人と人の温かい触れ合いを乗せてなおも走り続けていた。

確かに、チリ人の気さくで人懐っこい人情の良さは、この国を訪れる者すべての心をなごませるに違いない。国民性という意味では、この国は南アメリカにおける同じ白人国家のアルゼンチンやウルグアイとはいくぶん、様相が異なるように思える。アルゼンチンやウルグアイの場合、外国人を特に差別したり見下したりはしない代わりに、特別な関心や好奇心を抱くことも普通はない。そのため、必要がない限り自ら進んで外国人に対し親切な対応をしたり好意を示したりするようなことはほとんどなく、ともすれば取りすましたような冷淡さを感じさせる。考えてみると、それはヨーロッパ大陸の文化風習を理想とし、時にはその価値観や生活規範までも取り入れる両国の伝統的な精神風土を背景とするヨーロッパ的遺風のせいなのかも知れない。また、アルゼンチンにしてもウルグアイにしても歴史的には元来、牧畜に生きてきた民族であるから閉鎖的な家族集団を生活単位とし、常に外部からの侵入者に対する警戒を怠らないという気風を持っている。そうした国民性も、あるいは要因のひとつとして影響しているのかも知れない。では、それに対して同じ白人国家ながら対照的なチリの国民性は一体どのような背景から形成されたのであろうか。自然環境や歴史的背景あるいは文化様式など、その国の国民性を形成する要因はいくつか考えられる。ところが、この国の場合、4200キロにも及ぶ長い海岸線に恵まれ、人々はその開かれた海を通していつも外の世界に関心を払っているということ以外、なぜこのように異邦人に対して好奇心を持ち、異邦人にも好意的なのか、実のところ明確な理由は見出せないのである。ただ、強いてもうひとつ考えられる要因を挙げるとすれば、やはりこの国が置かれている地理的条件が関係しているかも知れない。チリもまたアルゼンチンやウルグアイと同じようにヨーロッパ世界こそが手本とすべき憧れの大陸という思いを抱いている。しかし、その反面、自国はそのヨーロッパからは最も遠い隔絶された辺境の地でしかないという意識があり、現実に自由な往来が容易にはできない。そのため、この国には憧れの大陸を見聞し、知己を得たいという一種の飢えにも似た渇望感や焦燥感のようなものがあると言えるかも知れない。そうした潜在的な思いが働いて、逆にこの地へやって来る遠来の訪問者があれば、どこから来たかは別にして、いわば叶わぬ夢の代わりに見聞を広げ、知己を得る機会として誰もが積極的に関心を払い、親交を持とうとするのではなかろうか。ともあれ、たとえその理由がなんであれ、この国の人々が持つ人情の良さと、とりわけ我が日本に対する親日感情だけは確かな事実のようである。

「酒」(Wine)、「女」(Woman)、そして「天気」(Weather)

ところで、この国の特徴を象徴的なキーワードで簡潔に説明するとすれば、「酒」、「女」、そして「天気」といういささか意味ありげな３点に要約することができる。それはチリを表わす“3W”として有名な代表例であるが、すなわち「酒」(Wine)、「女」(Woman)、そして「天気」(Weather)ということになる。まず、「酒」については、知る人ぞ知ると言うべきこの国が世界に誇るチリワインであり、その味と品質は折り紙つきである。16世紀半ば頃、スペイン人がこの地にブドウの苗木を持ち込んだのがその起源とされ、チリの風土が地形、土壌、気候ともブドウの栽培に適していたことから世界有数のブドウ産地に発展するのである。当初は国内向けが中心でやや酸味の強いワインが多かったとされるが、現在では様々な品種改良がなされ、国際的に評価の高いワインが世界各国に輸出されている。その芳醇な味と香りが多くの愛飲家に好まれているが、実はその素晴らしい品質の割りには価格が安いという現実的な理由もまた支持されている要因のひとつのようである。もっとも、チリワインがその真価を一番発揮するのは、やはり海の幸に恵まれたこの国の新鮮な魚介類の料理とともに登場する時であろうと思われる。長い海岸線を有する国だけに、チリは海産物が豊富で、例えば“ロコ”と呼ばれる日本で取れるものの2倍はありそうなアワビをはじめ、カニやエビなど日本人の嗜好にも合う食物が多い。新鮮な魚介類の料理と共にチリワインのグラスを傾けていると時が経つのも忘れ、陶然とした心地に包まれながらいつしかサンチャゴの夜は更けていくのである。次に、「女性」に関してであるが、この国はコスタリカおよびコロンビアと並んでラテンアメリカ世界における三大美人産出国のひとつとしてよく知られている。その3ヶ国とも国名がいずれも“C”で始まることからラテンアメリカの“3C”と呼ばれ、美女にかかわる話題には事欠かない国々である。特にチリ美人は才色兼備の誉れが高く、異色の才能を発揮して話題になる女性も少なくないようである。また、一般的にチリ人女性は白人にしては小柄であり、その性格もどちらかといえば控え目で良妻賢母的なタイプが多いとされる。そのためなのか、この地に住む日系人の場合、その多くがチリ人女性を伴侶に選び、円満な家庭を築いてはこの国の一員として定着しているという。当然、日系人に限らず他のラテンアメリカ諸国の男性陣にとってもまたチリ人女性は魅惑的な存在であり、スペイン語でチリ人女性を意味する“チレーナ”という言葉には単に美人の代名詞という意味合いだけではなく、世話女房タイプの女性というニュアンスも含まれているのだという。何はともあれ、チリ人男性はこの国に生まれたことの幸運をまずは神に感謝すべきかも知れない。

そして、最後の“W”はこの国の「天気」についてである。南アメリカ大陸の大半が熱帯や砂漠地帯、あるいは高山地帯など季節の変化に乏しい気候帯に占められている中で、この国は四季がはっきりしており、春夏秋冬それぞれに規則正しく気候が変化する。とりわけ、春を迎える9月頃の季節は澄み渡った青空が広がり、一年で最も快適でさわやかな天候が続く。しかも、周辺の山野には花々が咲き乱れ、緑に包まれるこの時期は一年で一番美しい季節でもある。清々しくさわやかなこの国の春の気候はまさに桃源郷のごとく心和むものがあり、世界的に見てもたとえようのない最高の季節とされる。実際、その快適さ、美しさはチリを知る者誰もが認めるところでもある。もっとも、正確に言えばチリの中でも四季の変化を享受し、快適でさわやかな気候の恩恵に浴することができるのは首都のサンチャゴを中心とする一定の地域に限られている。南北に細長いこの国の国土には快適さなどとはまったく無縁の多様な気候帯が存在する。例えば、北部はアタカマ砂漠に代表される広大な乾燥地帯であり、南部には対照的に氷に閉ざされた極寒の氷河地帯も広がっている。サンチャゴから飛行機で北へ一時間も飛ぶと、眼下には赤茶けた地肌をむき出しにしたアタカマ砂漠が荒々しく広がっている。チリ北部の交通の要所であるアントファガスタの空港はまさにその砂漠の中にあり、地形的な制約や地上の障害物がまったくないため滑走路などは地平線のかなたまで続いているのではないかと思えるほど実に広々とした空港である。ただし、見渡す限り周囲には一本の草木すら見当たらず乾燥しきった不毛の大地に強烈な日差しが降り注ぐばかりで、誠に殺風景な味気ない景色である。また逆に、この国の南部から南端部にかけてのチリ領パタゴニア地方には複雑に入り組んだフィヨルドが形成されており酷寒の大地が続く。そこは砂漠地帯と同じくおよそ正常な人間生活は不可能とされる極限の大地である。最南端部に至っては所々、万年雪に覆われた氷河地帯も存在する。そして、その海の向こうは南極大陸であり、マゼラン海峡に面した南端部の港町プンタアレナスからはチリ海軍の船で南極大陸へ渡ることができる。マゼラン海峡は空も海も肌を刺すような冷たい空気に包まれ、ひどく荒涼とした灰色の景色が広がっているだけである。

重厚な石造りの建造物が建ち並ぶ首都サンチャゴ

この国の首都、サンチャゴはどこかヨーロッパの都市を思わせるような清楚で落ち着いた雰囲気の街である。南アメリカの大都市の多くがそうであるように、サンチャゴもまた基本的には旧市街と新市街とから成っている。旧市街はアルマス広場を中心にスペインの植民地時代からのこの国の歴史を集約するかのように古い、しかし重厚な石造りの建造物が建ち並んでいる。また、サンチャゴは“博物館の街”と呼ばれるほどに博物館や美術館が多く、旧市街には国立歴史博物館や国立美術館を始め、幾多の由緒ある文化施設が軒を連ねている。一方、新市街の方は高級レストランや洒落た店が点在し、近代的で瀟洒な街並みではあるが、リオデジャネイロやカラカス、あるいはブエノスアイレスなどのようにそれほど高層ビルが林立しているわけではないので活気溢れる都会の賑々しい雰囲気にはやや欠ける。しかし、それが逆に素朴で穏やかなこの国の首都にはいかにも似つかわしい風情であるように思われた。

チリの大統領府である旧市街のモネダ宮殿には、この国の運命を大きく変えたあの日の出来事を印す歴史の記憶として今も所々、銃弾の跡が残されている。旧市街の主要な建物の周辺ではカービン銃を手にした警察官が石畳に靴の音を響かせながら常にパトロールを続けており、この国はまだ軍事クーデターによる政変の傷跡から完全には解放されていないようであった。1970年に行われた総選挙においてチリ国民は南アメリカの歴史上、初めて民主的な選挙によって社会主義政権を誕生させたのである。社会党のサルバドール・アジェンデを大統領とする社会主義路線のアジェンデ政権の誕生である。ところが、この社会主義国家の誕生という予想外の選挙結果はラテンアメリカ諸国はもとより、欧米諸国にも大きな驚きを与え、とりわけ南アメリカ諸国にとっては衝撃的な結果であった。というのも自国への政治的影響を恐れる南アメリカ諸国にとっては一種の危機感すら覚えるような新政権の登場であったからである。アジェンデ政権は“チリ的社会主義路線”を標榜し、この国の重要産業のひとつである銅鉱山の国有化をはじめ、農地改革、所得再分配政策の実施など、いわば労働者優遇の施策を矢継ぎ早に打ち出していった。国民の多くがそうした政策を支持し、アジェンダ政権がこれから描くこの国の将来像に大きな期待を寄せていた。そして、国民がこの国の未来に明るい希望と夢を抱き始めるにつれて、その一方で“第二のキューバ化”を危惧する軍部がしだいに危機感を募らせ、日増しに不穏な動きを見せるようになっていた。アジェンデ政権が発足してちょうど三年経った1973年のことであった。ピノチェット将軍に率いられたチリ国軍がついに大統領府への軍事行動を開始したのである。チリ国軍による軍事クーデターの勃発であった。急展開する軍部の動きは勢いを増し、空軍機による爆撃、戦車の突入など激しい攻撃が無防備の大統領府に加えられはじめた。しかし、その大統領府であるモネダ宮殿に立てこもったアジェンデ大統領以下、政府閣僚は亡命の道を選ぶことなく最後まで政権を守り抜くことを決意して国軍に対し徹底抗戦を続けたのである。アジェンデ大統領自身も側近とともに自ら銃を取り、モネダ宮殿を包囲する国軍の攻撃に対し応戦したという。しかしながら、やがてモネダ宮殿が炎に包まれると、立てこもった政権側の必死の抵抗も止み、ついにアジェンデ政権崩壊の時を迎えた。そして、戦闘中に銃弾を浴びて重傷を負ったアジェンデ大統領は結局、自ら命を絶ち、名誉ある戦死を遂げたのである。かくして、チリ国軍による軍事クーデターは成功し、南アメリカ史上初の社会主義政権はあえなく崩壊してしまった。この社会主義政権の誕生から崩壊に至るまでの政変劇の意義は後世の歴史的評価に委ねるとしても、これはチリという国にとって、またラテンアメリカ世界にとってもやはり社会構造を揺るがすような壮大な政治的実験であったことは確かであろう。他方、この政変劇の顛末を別の角度から見てみると、どことなく明智光秀の謀反により倒された織田信長の、あの本能寺の変に通じるものがある。国軍の反乱によって倒されたアジェンデ大統領の運命はまさに織田信長の最期に重なるところがあるように思われるのである。とすれば、権力を巡る人間社会の本質というものは、やはり古今東西を問わずしょせんは同じであることをこの政変劇は物語っているのかも知れない。

　サンチャゴ市内は平穏な空気に包まれ、表面的にはそうした硝煙と血にまみれた政変劇があったことをうかがわせるものはすでに何もない。ただ、人通りの途絶えた夜の街角には着剣の兵士が立って警戒に当たっており、混乱と緊張がまだ完全に払拭されたわけではないようであった。この軍事クーデターにより崩壊したアジェンデ政権の要人の多くは国外へ脱出したり、地下へ潜行したりして難を逃れたが、政変後も旧政権を支持する国民は決して少なくはなかった。公然と軍事政権へ反旗をひるがえす動きすら見られたという。そのため、そうした一般の旧政権支持者に対する軍事政権側の弾圧は苛烈を極め、嫌疑をかけられ捕えられた者に対しては残虐な拷問が待ち受けていた。それは今もなお密かに行われているという。この国では表面的な平穏とは裏腹にその沈黙の背後で、一体何が起こっているのであろうか。単なる行きずりの旅行者である外国人にとって、その真偽のほどを確かめるすべはないが、サンチャゴに滞在中、現地のあるチリ人からこのような話を聞いたことがある。ある日のこと、旧政権を支持していた一人の青年が何者かによって突然、自宅から連れ出され行方不明になったという。そして、数日後、何と手足の爪をすべて剥がされた上、両目の眼球までくり抜かれた見るも無残な死体となって街はずれの路上に転がっているのが発見されたという。そのあまりにも残酷な血生臭い話に身の毛がよだつようであった。今も1000名を超える多数の旧政権支持者が行方不明になっているとされ、同じような陰惨な悲劇がそこかしこに隠されているのかも知れない。軍事クーデターという暴力によってアジェンデ政権を倒し、権力を握った軍事政権にとって社会主義の亡霊とも言うべき旧政権支持者の存在はやはり目障りであり、軍事独裁政権の体制維持のためには排除し、抹殺しなければならない存在であった。そのため、旧政権支持者に対する弾圧は陰湿な形を取りながら依然として繰り広げられていたのである。一般的に、非民主的な方法により権力を奪取した者の宿命として、権力を握ったその瞬間から常に敵対する反対勢力や抵抗勢力への不安や恐怖を意識せざるをえず、往々にしてそうした不安感や恐怖心が過剰な憎悪に変わって残忍な独裁体制へ走る結果となる。それは、まさに歴史の教訓でもある。実際、軍事政権の大統領として権力の座についたピノチェット将軍もまた、その後旧政権支持者を中心とする反軍事政権勢力の存在に脅えなければならなかった。軍事政権は反政府運動を徹底的につぶす方策として報道や集会の自由をはじめ人権に対する様々な弾圧を繰り返しながら、やがて悪名高い恐怖政治でこの国を支配するようになるのである。ともあれ、1973年の軍事クーデターでアジェンデ社会主義政権を倒し、その後16年もの長きにわたってこの国に君臨することになるピノチェット軍事独裁政権はここにこうして始まったのである。

解放の神学

南アメリカ諸国に共通の構造的社会問題である貧富の格差という問題は、当然このチリにも存在する。その貧困をもたらす根本的な原因は、一部の強い者が弱い一般大衆を抑圧し、搾取する資本主義社会の経済体制にあるとして、そうした社会構造からの解放を唱えて実践的な活動に取り組む一群のキリスト教神父たちが現れた。ラテンアメリカ世界に始まったこの行動する神父たちは、いわば戦う聖職者として貧困に苦しむ人々を貧しさから解放し、救済するため自ら貧困社会の中に身を置き、実践的な行動計画で貧困撲滅に挑んでいる。これまでのようにただ神に祈るだけでは何の解決にもならないと、彼らは主張する。これは、「解放の神学」と呼ばれるキリスト教の新たな考え方のひとつで1968年にコロンビアのメデリンで開催された中南米司教会議において初めて提起され、採択された教義である。今ではラテンアメリカ諸国を中心にカトリック教徒の多い発展途上国にも広く波及し始めている。ラテンアメリカ地域では、実際、こうした神父たちがチリをはじめブラジル、ペルー、ニカラグアなど各国のスラム街に住み込み、それぞれにこの「解放の神学」の考え方に基づく実践活動を行っているという。チリの場合、首都サンチャゴ郊外の荒れ果てた乾燥地帯に1万人以上の貧困層が住むスラム街が広がっている。ここにも、「解放の神学」の伝道師とも言うべき一人の神父がいて住民とともに貧困からの解放のための様々な活動を続けている。その人、ゴンサレス神父は政府の支援や援助など最初から望むべくもない、いわば社会から見捨てられたそのスラム街に一人飛び込み、住民の視線で社会の不条理や不正義に向き合いながら孤独な戦いを続けているのである。「解放の神学」とは極めて革命的であり、また過激でもある。公平な社会の実現と人間の解放こそが神の教えであるとし、聖職者はその基本理念に従って常に実践的な行動で貧しい大衆の先頭に立たなければならないと教える。そして、既成の伝統的なキリスト教の教理を偽善的な教条主義であるとして、時には切り捨ててしまう。例えば、「解放の神学」を実践するある神父などは信者への説教の中でこう述べたという。「盗みはいけないと教会では教える。しかし、貧しい者にすればそれはただのきれい事にしか過ぎない。不公正で不平等な今の社会制度によって貧しい生活を余儀なくされ、飢えに苦しむ人々にはそのような教えは何の意味もない。貧しい者は飢えて死ねばよいというのか。食べ物を得られない者が食べ物を盗むのは許される。生きるためには他に方法がないからである」また、さらにこうも述べたという。「神の教えは人間らしい生活の実現である。その実現の方法は時々の条件や環境によって異なるが、もし平和的な手段や方法でその実現が難しければ、我々は武器を手に戦うこともいとわないであろう」

「解放の神学」とはキリスト教の教理による社会変革を目指すものであるが、その基本理念の根底にあるものはまさしくマルクス主義史観であり、その行動様式は階級闘争路線にほかならない。考えてみると、キリスト教の神父が宗教を否定するマルクス主義者として神の教えを説くわけで、歴史的にもこれまで世界のどこにも前例のない宗教活動であると言えよう。カトリック信者の総本山であるローマ法王庁は「解放の神学」が目指す目標は是としながらも当初からその活動理念やイデオロギーに思想的危険性を察知し、危惧を抱いていた。「解放の神学」がしだいに各国の貧困社会に浸透し、一定の影響力を持ち始めるにつれてローマ法王庁が動き始めた。その第一弾として、この新しい宗教活動が最も活発に実践されていたニカラグア政府に対し、キリスト教徒の信仰を危機に陥れる活動であるとして警告を発するとともに担当閣僚の罷免を求めたのである。それに対し、閣僚の更迭は拒否したものの、ニカラグア政府としては神父という身分でもあるカルデナル教育相のカトリック教徒としての破門を飲まざるをえなかった。しかしながら、ローマ法王庁の圧力が強まろうとも急速に拡大する「解放の神学」という流れは最早、止めることはできないであろう。階級闘争的イデオロギーなどマルクス主義思想による宗教活動はキリスト教本来の教理に反するという当然の非難があるにしても、飢えや貧困からの救済を求める人々の現実を前にした時、伝統的キリスト教の教えでは有効な解決策がなく、あまりにも無力だからである。

クエッカでお別れ

チリの民族舞踊に一組の男女がそれぞれハンカチーフを振りながら音楽に合わせて軽快に踊る“クエッカ”と呼ばれるダンスがある。この国での最後の夜、その“クエッカ”を見にとあるレストランへ行った。民族衣装の若い男女がハンカチーフを振りながら楽しげに踊っている。それを眺めつつ、この国で見聞した様々な事柄を取りとめもなく頭に思い浮かべては物思いに耽っていた。例えば、チリ人の気さくで温かい人情に溢れる国民性は異国からの旅人にとっては印象的でことのほか心に沁みた。サンチャゴへ向かう夜汽車の中でいつまでも語らい、歌い続けたあの若者たちとの再会はやはり叶わぬ願いなのであろうか。また、太平洋に沿って南北に細長く続くこの国の国土には多種多様な環境がパノラマのように連なっており、北の砂漠地帯から南の氷河地帯までその景観や風土の変化は本当に興味が尽きない。もう少し時間があれば更なる発見や出会いがあったに違いない。しかし、それにしても、軍事クーデターによる社会主義政権の崩壊とその後の血生臭い事件や混乱はいったいこの国に何を残したのであろうか。社会主義政権時代の支持者に対する軍事政権側の容赦ない弾圧の実体を語る時、人々は声を潜めその表情には心なしか自分の国に対する悲しみ、諦めそして憤りのようなものがこめられているように見えた。チリという国がこの数年、直面し経験した出来事というのは、ある意味でこの国がいつかは克服しなければならない歴史の試練であったのかも知れない。

　ふいに肩をたたかれ我に返ると、“クエッカ”を踊っていた若い女性のダンサーが横に立っていて、一緒に踊ろうと誘いにきたのであった。白いハンカチーフを渡され、その若く愛らしいチレーナに引きずられるようにしてダンスフロアに出ると音楽が始まった。照れ笑いを浮かべながらパートナーの女性ダンサーの見よう見まねで“クエッカ”をぎこちなく踊る羽目になってしまった。チリの民族舞踊の体験を最後に、明日はこの国ともお別れである。

República Argentina
Capital: Buenos Aires

哀愁のタンゴとパンパス大平原

アルゼンチン

南米のパリ、首都ブエノスアイレス

降るともなく、また晴れるともなく霧雨に煙るブエノスアイレスの街は、重く垂れ込めた灰色の空と肌寒いほどの冷気に包まれていた。その落ち着いた静かな佇まいは、まるでどこか西欧の都市にでもやって来たような印象を与える。特に、隣国ウルグアイからの大型フェリーが発着するラプラタ河に面した船着場などは、霧が立ちこめる北欧の港町にでも降り立ったような気がしてくる。その船着場の雑踏に身を置き、行き交う人々の群れを眺めていると、ふと南半球のアルゼンチンにいることを一瞬、忘れてしまうほどである。それもそのはずで、この国の人々は南アメリカ大陸にありながら、いかにヨーロッパ風の街並みを再現し、そして日々の生活の中でいかにしてヨーロッパ的に振舞うかということに誰もが心血を注いでいるからなのである。国民の大多数がヨーロッパ各国からの移住者、もしくはその子孫であるこの国では物心両面においてヨーロッパをそのまま丸ごと、この南半球の新大陸に持ち込むことはごく自然な成り行きであった。

この国の首都であり、最大の都市でもあるブエノスアイレスの賑わいは、世界の多くの大都会に見られるような喧騒と活気に溢れるそれとは、多少趣きを異にしている。ブエノスアイレスは紛れもなく大都会ではあるが、そのヨーロッパ風の街並みはあくまでも端正で整然としており、清楚な落ち着きに包まれているのである。マロニエやアカシアなどの街路樹がそれぞれの季節を彩る街並みにはどこか気品に満ちた都会の風情が漂う。そして、その風情は時として詩的でさえある。ブエノスアイレスはそのような街であるだけにいつの頃からか“南米のパリ”と称えられ、人々はそれを誇りとしてきた。まさしくその名にふさわしい華麗なる都会であり、この街はやはり南アメリカの都市の中では最も魅惑的な美しい都市のひとつであると思われる。都市の美しさや雰囲気を演出するのは主に街並みの景観であろうが、文化や伝統を含めたそこに住む人々の生活のあり方も関係しているとすれば、ブエノスアイレスはまさに花の都パリに比べても何ら遜色のない立派な都会であると言える。また一方、同じ南アメリカの大都会で、美しく華やかな街として世界的に有名なブラジルのリオデジャネイロなどと比較してみると、ブエノスアイレスという街の特徴的な姿がより一層はっきりと浮かび上がってくる。例えば、リオデジャネイロを一言で表現すれば、まさに“太陽と若人”の街というようなひたすら明るく開放的なイメージが浮かぶ。それに対して、ブエノスアイレスの方はさしずめ“霧雨と大人”の街とでも形容すべきしっとりとした哀愁が漂うイメージが浮かんでくるのである。さらにまた、例えばリオデジャネイロの女性には、降り注ぐ太陽の下、浜辺に寝そべる水着姿が最も似合うとすれば、ブエノスアイレスの女性には、まったく対照的に毛皮のコートに身を包み、落ち葉を踏みしめながら並木道を散策するような姿が最も似合うのである。実際、お洒落に着飾ったポルテーニョと呼ばれる地元の紳士、淑女たちが夜霧の街をそぞろ歩く様などはこのブエノスアイレスならではの優雅な光景である。

大きく46の行政地区に分かれるこの街の中心は官公庁などが集まるモンセラート地区と、繁華街として賑わうサンニコラス地区で、その両地区をつなぐように幅が世界一広いと言われる7月9日大通りが走っている。なかでもモンセラート地区にある5月広場はこの街の心臓とも言うべき由緒ある場所で1580年代にこの広場から現在のブエノスアイレスの建設が始まったのである。今でも、大統領就任式から反政府抗議デモや政治的決起集会、果てはサッカーの試合終了後の乱痴気騒ぎに至るまで何か事があるたびに人々はこの広場に集まり、様々に気勢を上げるのである。それから、サンニコラス地区を南北に貫くように1キロ以上にわたって続くフロリダ通りは、いうなればブエノスアイレスの銀座通りであり、数多くのレストラン、バー、ブテイック、ショッピングセンターなどが軒を連ねている。一日中、人出で賑わうこの通りは流行の発信基地でもあり、闊歩するポルテーニョたちのお洒落なファッションがここから広がっていくのである。

アルゼンチンタンゴ発祥の地ボカ地区

この街の中心部から南へ下がった海辺に古い港町として有名なボカ地区がある。その昔、アルゼンチンを目指したヨーロッパからの移住者がまず最初に上陸するのがこの港町であった。一方、このボカ地区という港町は元はといえば、怪しげな酒場やいかがわしい売春宿が軒を連ね、仕事を求めてやって来る流れ者や陸に上がったばかりの船乗りなど、荒くれ男たちが常にたむろする殺伐とした界隈であったという。ところが、実はこのボカ地区こそがあの官能的で切々たるリズムで人々を魅了する、かのアルゼンチンタンゴ発祥の地なのである。今でこそ広く世界的に知られたアルゼンチンタンゴではあるが、もとをただせば場末の酒場で荒くれ男たちと娼婦とが戯れながら踊ったダンスの伴奏音楽であったとされる。その頃、この港町ではキューバからもたらされた黒人たちのダンス音楽であるハバネラが流行しており、貧しい荒くれ男たちが場末の酒場で酔いしれては束の間の憂さ晴らしにハバネラのステップを踏んでいたものだという。やがて、ヨーロッパからの移民たちによってワルツやポルカといった古典的な舞踏曲のリズムがもたらされ、いつしかハバネラにワルツやポルカのリズムが取り入れられるようになる。こうしてヨーロッパのワルツやポルカと合体したハバネラは新しいダンス音楽として進化していくのである。これがアルゼンチンタンゴ誕生の源流となるのであるが、この新しいダンス音楽は当時、ミロンガと呼ばれ軽快で歯切れの良いリズムが大きな特徴であった。そしてその後、そのミロンガを演奏する楽器のひとつとしてアコーデイオンの一種であるバンドネオンがドイツ移民によってもたらされた。このバンドネオンを用いた演奏が定番となって今日のアルゼンチンタンゴの原型が完成するのである。古い港町の場末に始まった底辺に生きる人々の生活のリズムとでも言うべき音楽が市民権を得て上流階層の心の琴線に触れる音楽へと発展するためには、やはり長い道のりが必要であった。また、元々はダンスの伴奏音楽として始まったアルゼンチンタンゴではあるが、しだいに洗練された音楽へと変貌するにつれ歌としてのアルゼンチンタンゴも作曲されるようになった。名曲とされる「カミニート」を始め、これまでに数多くのアルゼンチンタンゴの歌が作曲されている。ところで、アルゼンチンタンゴの作曲者には母国、アルゼンチン出身ばかりではなく意外な事実として外国人の作曲者も少なくはない。例えば、アルゼンチンタンゴといえば誰もが知っているあの有名な名曲、「ラ・クンパルシータ」も、実はウルグアイ人のヘラルド・ロドリゲスという人物がカーニバルの行進曲として作曲したものだと言われている。また、作曲者のみならずアルゼンチンタンゴはその哀調を帯びた、しかし小気味よいリズムが世界中の多くの人々に受け入れられ、幅広い愛好者が存在することから頻繁に世界各地で演奏会が催されている。こうした事実は、社会の底辺から誕生した一地域の卑俗で退廃的な音楽にしか過ぎなかったアルゼンチンタンゴがその後、洗練された音楽性を完成させ、完全にひとつの音楽ジャンルを形成するに至ったことを示す何よりの証左にほかならない。

ブエノスアイレスでは大きなナイトクラブならどこでも、アルゼンチンタンゴのショーをやっており、毎日、夜11時過ぎから朝の4時頃まで続く。予想に反してコミカルな調子のものもあるが、やはり荘重で哀愁を帯びた曲が多く観客はいつしか切々たるタンゴのリズムに陶酔し、官能的な夜の世界へと引き込まれていくのである。

国を支える生命線パンパ

この国の国土の中央部にはパンパと呼ばれる広大で豊かな大平原が広がっている。このパンパはアルゼンチンにとってまさに国を支える生命線であり、富を生み出す源泉でもある。というのは、農牧業を最大の産業とするこの国にとってパンパは昔から農産物や畜産品の生産拠点であり、世界の食料基地のひとつとして穀物や食肉を海外へ輸出することによって得られる外貨収入が国家財政の基盤となっているからである。見渡す限り地平線まで続く平坦で広大な草原にはこの国の人口をはるかに上回る牛や羊、馬などの家畜が放牧されており、パンパ全体がいわばひとつの巨大な牧場と化していると言っても過言ではない。平均的な牧場の広さは10キロ四方くらいとされているが、中には100キロ四方を越えるような途方もない規模の牧場もあるとかで、その広さは日本の関東平野よりも広いことになる。今も昔もそうした牧場で放牧されている牛などの世話をするのが“ガウチョ”と呼ばれる南アメリカ版カウボーイで独特の生活風習を持った職人集団である。彼らは、夜明けから日暮れまで一日の大半を馬にまたがり家畜の世話などをしながら広い放牧場の中を往来する毎日である。従って、そうしたガウチョにとっては馬上こそがまさに仕事の場であり、生活の場でもあると言える。彼らはいつもつばの広いカウボーイハットを被り、腰の革ベルトには柄の部分が銀細工でできた短剣を差している。ファッカというその短剣は、主食である肉を食べる時のナイフの役も果たすのでガウチョにとっては必需品のひとつとなっている。日常生活での彼らの食事は普通、塩をまぶしただけの牛肉のバーベキューであり、焚き火を囲んで焼けた肉をファッカでそぎ落としては黙々と口に運ぶ。それからまた、ガウチョの日常に欠かせないのがマテ茶である。マテ茶とはアルゼンチンのパンパ一帯からウルグアイ、ブラジル南部などにかけての南アメリカ大陸中南部において広く一般的に飲まれているお茶で、その飲み方がいささかユニークである。茶碗やカップに注いで飲むのではなく、装飾を施したヒョウタンやヒョウタン型の丸い容器にマテ茶を入れて、それを先端が丸くふくらんだ銀製のストローでチビチビと吸うのである。しかも、誰もが自分専用のマテ茶セットを持っており、いつもそのマテ茶の入った容器と銀のストローを持ち歩いている。マテ茶はガウチョにとって仕事の合間に一息入れるためのお茶であると同時に、時には大平原の寒風に吹かれて冷えた体を温めるための飲み物でもある。しかし、その一番の効能は肉食中心の彼らの食生活を考えるとどうやら脂を落とす役目を果たしているところにあるのではないかと思われる。

　肉を主食とするガウチョもさることながら、この国の人々の肉の食べっぷりはやはり半端ではない。見ていると日本人には三人分はあろうかと思われるようなビーフステーキを老若男女誰もがまったく当たり前のように平らげてしまうのである。実際、ブエノスアイレスのとあるレストランでテイーボーンステーキを注文したところ優に1キロ以上はあるかと思われる巨大なステーキが出てきた。皿をはみ出すほどのその大きなステーキを前に一瞬、注文を間違えたのかと心配になり、ナイフとフォークを手にするのがためらわれるほどであった。そしてさらに、意を決して食べ始めると今度は、もしこのステーキを一口も残さず完全に食べ切ってしまったら腸が詰まって腸ねん転にでもなるのではないかと、そんなことが気になるような始末であった。米食を中心とする農耕民族の日本人には想像を超える牧畜民族の肉食文化であり、この国の人たちの健啖ぶりは見事と言うほかはない。平均して国民一人当たり年間100キロ近い肉を食べるとされるこの国は恐らく世界一の肉食国家ではないかと思われる。それにしても、それだけの量の肉を食べるとすれば当然、国民のカロリー摂取量も半端ではなく、それに伴う栄養過剰状態は国民の健康維持という面ではいい影響があるとは思えないが、どのようなことになっているのか実態はよく判らない。この国ではそれほど肥満体の人を見かけないところを見ると何か秘策や対処方法があるのかも知れない。ともあれ、それにも増して疑問なのは国民の多くが毎年これほどの量の肉を食べ続けると、いかに国民の人口よりも家畜の数の方が多い国であるにしても、いつかは肉の消費需要が肉の供給量を上回る状況になるのではないかということである。そして、もしかすると毎日これほどふんだんには肉を食べられなくなる時がやって来る。そうした事態はこの国にとってまさに悪夢であり、そのようなことが起こったならば国中がたちまち深刻なパニック状態に陥るに違いない。もっとも、外国人のそうした心配をよそに、この国の人たちはその時はその時で海外から輸入すればいいと、ラテンアメリカ流発想で単純明快に考えるのかも知れない。

アルゼンチンの肉食文化を代表する名物として“アサード”と呼ばれる野趣味溢れる豪快な焼肉料理がある。炉端の周りに、内臓部分を取り除きまるで魚の干物のように開いた羊が丸ごと専用の支柱に張り付けられ、何枚か並んでいる。このアサードは肉を火で直接焼くというより炉端の遠火でじっくり時間をかけて火を通すという料理なのですっかり脂が落ちて燻製に近い食感である。率直なところ、味自体ははなはだ大味で格別推奨に値するほどのものではない。ただ、パンパの大平原に暮らすガウチョの生活振りの一端を擬似体験できるという趣向が名物たるゆえんである。ラプラタ川の河畔に沿ってアサード専門のレストランがいくつも並んでいる。どの店も牛や羊のアサードが中心であるが、中には日本人にはなじみのない豚の血のソーセージなどというエキゾチックなメニューもある。味を試してみる勇気はなかったが、その豚の血のソーセージは決してゲテ物料理の部類に属するものではなく由緒正しき肉食文化が生んだ伝統的な料理のひとつである。とはいえ、美しく着飾った妙齢のご婦人がそのソーセージにかぶりつき口元を血で赤く染めながら食事をしている様はさすがに目をそむけざるをえなかった。

この国は農産品や畜産品の輸出以外に国際競争力のある産業はほとんど見当たらず経済的停滞が長年、常態化している。しかも、様々な経済政策もほとんど成果を挙げることはなく、隣国のブラジルのように高度経済成長を期待することは難しい。どう見ても国家としての経済状況は深刻な事態にあり、苦境に直面していることは紛れもない事実である。ところが一方、平均的な国民生活はといえば事態は一変し、成長著しいブラジルはもとより経済大国、日本と比べてもむしろアルゼンチンの一般的な生活水準の方がおおむね豊かであり、余裕があるように見えるのである。何しろ普段の昼食でもごく当たり前のように多くの人がビーフステーキを食べるようなお国柄である。たとえいかに肉の値段が安いとしても豊かでなければできることではない。国家としての経済状況と国民の生活レベルとの間に横たわるこの大きな落差は一体何を意味するのであろうか。さらにまた、経済発展からは取り残されたはずの低迷するこの国が逆により豊かな生活水準を国民に提供しているとすれば、対照的に急速な経済成長で発展するブラジルのような国が未だ国民の経済格差を解消できず貧困問題を抱えているという現実を考えると、こうした逆転現象をどのように理解したらよいのであろうか。結局のところ、どうやらそれは国家の豊かさとは何かという根本的な価値観の問題に行き着くのかも知れない。例えば、国家にとって経済発展こそが豊かさをもたらすものであるというごく常識的な発想や、そのための政治経済政策は無条件で正しいとする論法に注目する必要がある。極論すれば、そうした前提や考え方自体が実は初めから幻想にしか過ぎず、一種の神話でしかないのかも知れないからである。実際、この国の現実を目の当たりにして、これまで疑う余地のない当然の常識として考えていたことに対し根本的な疑問がわいてきたものである。たとえ国家としては低迷状態にあり、経済発展の軌道に乗ってはいないとしてもこの国のように国民が豊かに暮らしているのなら、それはそれで国家としてのひとつの現実的なあり方であるに違いない。国家財政は疲弊していても国民の多くが豊かで幸福であるのなら、最早それ以上の是非論は不要であろう。やはり、日本や欧米諸国のような工業先進国の尺度や視点だけで物事を判断していたのでは、見えてこない国家としてのあり方や態様というものがそれぞれの国にはあるに違いない。そのことをこの国は示しているように思えるのである。

それからまた、一国の発展ということを考える時、ともすれば工業化による急速な経済発展を目標として想定しがちであるが、果たしてそれは本当に最善の方策なのであろうか。そうした発想もまた、すべからく短兵急に事を運ぶ先進国側の論理に偏った考え方であるような気がするのである。思うに、国の発展の姿には様々な選択肢があってしかるべきであり、先進国たらんとする国すべてが画一的に工業立国による経済発展を目指すべき必然性はないのであろう。一方には、高度な農業先進国や水産先進国、あるいは畜産先進国があってもいいはずである。この国の場合、そうした国としての目指すべき方向性を容易に描くことができるように思われる。ともあれ、国としての活発な経済発展はなくても豊富な蓄積の下、人間らしい豊かな生活の営みができるこのアルゼンチンという国がなんとなくうらやましく思えたものである。

サンニコラスの国営製鉄所とペロン政権の遺産

ブエノスアイレスからアルゼンチン国鉄の日本製列車で約3時間ほど北上するとサンニコラスという町がある。ここには通称「SOMISA」と呼ばれる国営製鉄所があり、その建設には日本企業も何社か参加している。この製鉄所を訪問した際、案内してくれた日本人技術者から聞いた話の中にまさしくこの国が今も直面するひとつの大きな社会的課題が含まれていた。この製鉄所では生産設備や生産技術のような技術的な問題以前にまず労働者の労務管理や労務対策が経営上の大きな課題であるという。この国では労働者の権利意識が極めて強く、処遇を巡ってのストライキやサボタージュが頻発するため操業をいかに安定的に維持するかという点で苦労するという。その上、この製鉄所の生産規模からすると本来、3000名程度で十分操業が可能であり、それくらいが適正な労働力ではあるが、実際には1万人をこえる従業員を抱えていることから、その遊休労働力をどうするかという問題にも悩んでいるという。実は、こうした問題の背景にあるものこそがまさにこの国の経済的低迷をもたらす元凶となった“ペロニズム”といわれるこの国の一時代を支配した独特の国家政策であり、それが残した後遺症なのである。

他のラテンアメリカ諸国と同じようにアルゼンチンもまた、長年にわたり軍事クーデターによる政変が繰り返され、政治的には不安定な国家であった。しかし、第二次世界大戦が終了した翌年の1946年に勃発したペロン大佐が率いる軍事クーデターによりペロン政権が誕生するに至ってようやく国家として政治的に安定するのである。就任と同時にペロン大統領が打ち出した施政方針は、労働者を中心とする社会の底辺にいる一般大衆を徹底して優遇する各種の保護政策の断行であった。社会保障制度の拡充に始まり、企業に対しては労働組合の結成や賃上げのための団体交渉を義務化するなど、それまでは政府から見捨てられ社会的弱者であった労働者や一般大衆にとってはまさに画期的とも言うべき労働者保護政策ばかりであった。さらにまた、大統領夫人のエバが果たした役割も大きかった。彼女は慈善事業を目的とする財団を創設し、政府や企業から集めた寄付金により労働者専用住宅や病院、養老院、孤児院などのような福祉施設の建設を積極的に進めたのである。こうして、思いもよらぬ様々な権利や恩恵を与えられた労働者階層や一般大衆は熱狂的にペロン大統領を支持し、ペロン時代とも言うべき黄金時代が築かれるのである。一方、経済政策の面においてもペロン大統領は労働者優遇政策と同じように大胆な施策を次から次と打ち出していった。鉄道、海運、航空、通信などの公共性の高い事業分野をすべて国有化し政府主導の運営に変えた上、国内の主要産業や外資系企業についても国有化し政府の管理下に置いた。ペロン政権は労働者層を中心とする国民の圧倒的な支持を得ているだけにその政治的背景を武器に強力な政府主導の経済運営を押し進めていったのである。ところがその反面、経済原則や経済合理性といった原理原則を無視するかのような強引な経済運営にはやはり無理があり、しだいに政策面での限界を見せ始めていた。公共事業の肥大化による財政赤字の拡大、そしてその対症療法としての通貨増発によるインフレの誘発など、この国はいつしか抜き差しならない泥沼に足を踏み入れていたのである。気がつくと最早、ペロン大統領には起死回生のための時間も妙案も残されてはいなかった。そのため、その後はまるで坂道を転げるかのようにこの国の政治経済状況は悪化の一途を辿り、ついに回復の光を見ることはなかった。労働者優遇政策により国民大衆の圧倒的な支持を得ながらもその大衆迎合的な政権運営は経済政策の破綻をきたし、一世を風靡したペロン時代はこうして幕を閉じることになるのである。軍事クーデターにより権力を握ったペロンもまた最後は軍事クーデターによって政権の座を追われ、スペインへ亡命することとなる。1955年のことであった。しかし、ペロンに対する国民大衆の人気はその後も衰えず、危機に直面するたびに亡霊のごとくペロン待望論が浮上するのであった。今も語り継がれるそうしたペロン神話を知るにつけどことなく日本の一時代を築いた宰相田中角栄のイメージが重なるような気がするのである。ペロン時代の国家政策には功罪相半ばする面があり、その評価は即断できないが、労働者階層に対する特別な保護優遇政策は労働者階層に過剰とも言うべき権利意識を植え付けたため、その風潮は今も根強く残されている。それが、一種の社会的後遺症としてこの国の経済発展の妨げになっていることはやはり否定できない事実であろう。

夏のマル・デル・プラタ、冬のバリローチェ

広大な国土を持つこの国は美しい自然と多様な風景に恵まれ、数多くの有名な観光地やリゾート地が点在する。例えば、12月から2月頃にかけての夏場はマル・デル・プラタの海岸が一番人気があり、夏のバカンスを楽しむ内外からの観光客で賑わう。平均すると、その数200万人という観光客が毎年この海岸を訪れるという。海岸線に沿ってホテルやマンションなどの高層ビルが建ち並ぶこの海洋性リゾート地はブエノスアイレスから大西洋に沿って400キロほど南下した場所に広がっている。ブラジルのリオデジャネイロの海岸と並んで南アメリカ大陸では最も有名な人気のある美しい海岸である。一方、冬場の観光スポットとしては、チリとの国境に近いアンデス山脈の山並みを望むバリローチェがよく知られている。19世紀にスイス人移民によって開かれた地域であるだけに山小屋風の店やホテルなどが多く、街並みはまさにアルプス地方の山村の景色そのままに“南米のスイス”といった風情を漂わせている。また、このバリローチェ一帯というのは寒風が吹き募るパタゴニア平原の入り口に位置するため冬の寒さは厳しく、街も山々も深い雪に包まれる。雪に覆われた周囲の山々は、そのまま広大なスキーゲレンデと化し、それほど多くはない南アメリカのスキーヤーたちの天国となるのである。

このバリローチェを訪れたのはスキーシーズンにはまだ早い秋の終わりであった。この辺り一帯は湖沼地帯とも呼ばれ雄大なアンデスの山並みを仰いでナウエル・ウアピ湖を中心に大小様々な湖に分かれている。春、夏、秋、冬と一年中、四季それぞれの自然の魅力を堪能できるこのバリローチェ一帯はアルゼンチン最大の国立公園に指定されており、75万ヘクタールにも及ぶとされる公園内には湖、渓流、滝、山、氷河などがまったく自然のままに広がっている。ナウエル・ウアピ湖に面したホテルの窓から眺める景色はそのまま絵葉書になるような美しさで、とりわけ眼下に広がる湖面の目に染み入るような藍色はあくまでも青く、湖全体が

神秘的なほどの静寂に包まれている。街は閑散としており、人影もまばらなメイン・ストリートを歩いてみると、バリローチェのシンボルなのか石造りの時計塔が湖を見下ろすように超然とそびえ立っていた。そして、同じようなくすんだ灰色の石造りのアーチをくぐって通りに出ると、手編みのセーターを売る店や、鹿の皮や角でできた民芸品を売る店が並んでいる。季節はまだ秋だというのに吹き抜ける風は冬の北風のように冷たく、冷え切った体で一軒のとある小奇麗なレストランに入ってみた。寒冷な風土が生んだ土地の味なのか、薦められた山菜のスープは素朴ながら心地よく冷えた体を温めてくれた。清浄な冷気を胸いっぱいに吸いながらさらにそぞろ歩いてみると、俗化されていない大自然の息吹に包まれ、身も心も洗われるような思いがしたものだった。車で1時間も山道を行くと、そこはもう溢れるばかりの自然が織り成す別世界が大きく広がっている。アンデス山脈の万年雪が溶けて流れ出たせせらぎが小川となって林の中を縫い、いつしか急流に成長した川はやがて荒々しい滝となって水しぶきを上げる。坂道を上り詰めると、そこには文字通り計り知れないほどの風雪を堆積した万年雪の空洞が澄み渡った青空に口を開けている。また、森の小道に分け入れば突然、森の住人である野生の狐が目の前に飛び出し、俗世界からの不法侵入者である人間をびっくりさせたりするのである。

湖を巡り、森を歩き、滝を眺め、そして万年雪に触れ、そうした自然が持つ圧倒的な美しさや豊かさを前にした時、あらためて人間の非力さを思い知らされたような気がして妙に感傷的な心境になったものである。このバリローチェ一帯の自然の美しさ、素晴らしさはアルゼンチンが世界に誇るべき貴重な宝であるように思われる。世界的に見ても恐らくこれほど美しい自然に恵まれた場所はそう多くはないに違いない。単に美しいとか素晴らしいとかいう一言では片付けられないが、残念ながらそれ以外に表現の仕様がないというのも事実である。この一帯をさらに南下すると、烈風が吹きすさぶ酷寒の不毛の荒野へと変貌するが、そこもまたなぜか同じアルゼンチンの大地なのである。

過去の栄華に生きて
ウルグアイ

República Oriental del Uruguay
Capital: Montevideo

首都モンテビデオの朝

ウルグアイの首都、モンテビデオの朝はどんよりと立ちこめる霧雨とともに始まった。そして、朝のモンテビデオは予想外に肌寒く不用意な夏の軽装ではいささか手に負えないほどの寒さであった。考えてみると何の予備知識もないまま、ただブラジルの隣国であるという安直な先入観から特別な準備などせずこのウルグアイへやって来たが、それが失敗であった。どうやら初めから未知の国に対する認識が足りなかったようである。

ともあれ、まずは降り立った国際線バスのターミナル駅のコーヒーショップに暖を求めて飛び込んだ。さすがに暖房のよく効いた店内はコーヒーの香りが漂い、居心地のよさそうな店であった。カウンターの奥では黒いチョッキに黒い蝶ネクタイの威厳に満ちた顔をした老ウエイターが手慣れた仕草でテキパキとコーヒーを入れていた。注文したコーヒーを受取ると早速、窓際の席に座ってその温かいコーヒーをすすりながら、ほっと一息入れる。ようやく寒さから解放されて人心地がついたところで、窓越しにモンテビデオの朝の光景をぼんやりと眺めていた。モンテビデオという地名は、その語源がもしポルトガル語であるとすれば“我、山を見たり”という意味に解釈できる。船からこの地を初めて眺めたポルトガルの探険家がそう叫んだことから名付けられたとされているが、ウルグアイは元々、山のない平坦な国であり現在のモンテビデオにしてもセーロという要塞跡のある小高い丘以外に山らしきものはまったく存在しないのでこの言い伝えの真偽のほどは定かではない。

独立広場に見え隠れするこの国の現状

モンテビデオの中心部には新市街と旧市街を分ける緩衝地帯のように独立広場があり、そこにはこの国の建国に活躍した独立の英雄であるアルテイガス将軍の騎馬像が立っている。植民地時代の面影を今なお伝える旧市街には石畳の道と古い歴史的な建物が建ち並び、その街並みはまるで時の流れが静止したかのように静寂なたたずまいに包まれている。一方、近代に入ってから建てられた建物にはこの国が繁栄を極めた栄光の時代を象徴するかのように重厚で華麗な建造物が多い。例えば、独立広場に隣接して建つコロニアル風のサルボ宮殿などは、当時にしては珍しい24階建ての高層建築で、かつて南アメリカ大陸では一番高い建物であったという。また、大理石造りの豪壮な建物である国会議事堂などは内部の天井一面に金箔が鈍く光り、この国の当時の権勢ぶりがうかがえる。モンテビデオにはそうした栄華の歴史をしのばせる建物が他にもいくつも存在する。ちなみに、このような歴史的な建造物は単に豪華で立派であるばかりではなく、建築作品としての芸術的価値も高いとされている。ともあれ、その輝かしい過去の繁栄が築き上げたモンテビデオの街並みは静かに落着いた風情を漂わせ、アルゼンチンのブエノスアイレスと同じように、古き良き時代のヨーロッパの都市が持つ雰囲気を随所に色濃く残している。ヨーロッパ的品格に満ちたこの街の歴史と伝統の空気に触れながらそこかしこを歩いてみた。すると、意外なことに通りを行き交う車の大半がひどく時代がかった旧式のレトロ調のものばかりで、箱型のクラッシックカーも目に付いた。しかしながら、その古めかしい車の流れも古風なこの街の景色には自然に溶け込み、さながら古い洋画の一シーンでも見るかのようで、むしろ情緒のある光景に思えたものである。また、それと同時に、その既視感のある光景はある意味で、歴史の流れに取り残され、過去の栄光に生きるしかないこの小国が今置かれている現実的な状況を示しているようにも思われた。

このウルグアイは、第一次および第二次世界大戦を通して中立国の立場を取り、いずれの戦争にも参戦することはなかったが、その一方で、いうなれば戦時中の食料供給基地としてヨーロッパへ大量の食肉を輸出していた。特に、その食肉の輸出により巨額の利益を得たこの国は、隣国のアルゼンチンと並んでその時代、南アメリカでは最も豊かな恵まれた国のひとつであった。だがしかし、今日その昔日の富と繁栄をこの国のどこにも見出すことはできない。その時代の面影だけが古い街並みの重厚な建造物にただ、残されているだけである。それからまた、経済的低迷状態が続く中、この国では今や国内の新規雇用需要がほとんど期待できないため、職を求めて国外へ流出する若い世代が後を絶たないという。これは、停滞からの出口を見出せないこの国の混迷状態をさらに悪化させる憂慮すべき現象である。その影響なのか、道行く市民を見ていると確かに老人の姿が多く目に付き、例えば、レストランなどでももう隠居して孫の世話でもするのが相応しいような高齢者がボーイとしてかいがいしく働いていたりする。そうした光景は、まさに国家としての黄昏時を迎えたこの国の姿を象徴しているかのようであった。

かつての理想郷

この国は日本の約半分くらいの面積であるが、国土全体がなだらかな草原から成っており、高い場所でも海抜500メートル程度で高い山や峰がまったくない。そのため、昔から広い草原を利用した牧畜が盛んであり、現在も300万人の人口に対して約1000万頭の牛と約2000万頭の羊がこの国では飼育されている。従って、平均すると国民一人当たり約3頭の牛と約7頭の羊を所有している計算になる。繁栄を極めた昔ほどではないにしても、このように現在でも牧畜がこの国の経済を支える中心的産業であることに変わりはない。ところで一方、この国は国土の面積や人口規模からすると南アメリカ諸国の中でも最も小さな目立たない国である。まして国際的には今ではほとんど存在感のない無名の小国にしか過ぎない。ところが、実はこの国は狭い国土とはいえ肥沃で広大な牧野に恵まれているため、かつてはその放牧地で生産する家畜類の食肉や羊毛を海外へ輸出することで巨万の富を築き、1960年代半ば頃まではまさに裕福な経済大国としてそれなりの地位と影響力を誇っていたのである。南アメリカの小さな国でありながら当時、その経済力は大国に匹敵するほど強大で世界の経済動向に一定の影響を及ぼすことも少なくはなかった。ちょうど日本が戦後の復興期を脱して、ようやく経済成長路線を目指し始めた頃のことである。それからまた、この国はその時代、経済大国として繁栄を謳歌していただけではなく、豊かな経済力を背景に北欧諸国をもしのぐ高度な福祉国家として充実した社会福祉制度を構築していたことでも知られている。失業保険や老齢年金を始め、就労者を保護する各種社会保障制度が完備され、国民が豊かで健康な生活を享受できる体制が整えられていたのである。また、政治的にも民主的な国家を確立するための工夫がなされており、この国独特の統治体制で国家運営が行われていた。すなわち、この国では独裁者や特定党派による独裁政治体制が出現する危険性を防止するため、この国独特の執政官と呼ばれる9名の最高指導者による集団指導体制が敷かれていたのである。この9名の最高指導者で執政協議会という行政執行機関を構成し、その議長がいわば総理大臣的役割を担っていた。そして、その議長職は9名が交替で務める輪番制であった。この9名の執政官と上院、下院の両院議員は四年ごとに比例代表制による直接選挙で選出され、執政官については任期満了後の再選は認められていなかった。しかしながら、健全な国家運営のために創出されたはずのこうした制度も一方で、常に複雑な手続を伴うため迅速な意思決定ができず、時に政治的停滞を引き起こすという欠陥を抱えていた。そのため、この国はその後、国民の総意に基づき国の統治制度を従来の執政官による集団指導体制から大統領制へと転換することになる。結局、こうして大統領制という統治制度を選択したこの国は1966年に初の大統領選挙を実施する。そして、初代大統領として選出されたのは、主に都市部を基盤とする政党のコロラド党から立候補したバッジェ大統領であった。それ以来、この国は大統領制の下で国家統治が行われているが、国家の基本方針に変更はなく今も民主主義を国是として守り続けている。

凋落の原因

かつて南米のスイスと呼ばれ、経済的にも政治的にも理想郷のような国家であったこの国が、それではなぜこのように凋落し、経済的繁栄から転落してしまったのであろうか。それについては様々な原因が考えられる。まず第一の原因として指摘できるのは、この国の最大の経済的基盤であった食肉や羊毛の国際価格が大幅に下落し、それらの輸出が不振に陥ってしまったことである。特に羊毛は、化学繊維の出現により壊滅的なダメージを受けることになった。しかも、畜産以外にこれといった見るべき産業がないこの国にとって主力産業である食肉や羊毛の輸出が駄目になることは、結果としてそのまま国の経済的衰退につながっていったのである。やがて、財政危機による外貨借入の増大に伴いインフレの嵐がこの斜陽国家を襲い、ウルグアイペソは事実上、貨幣的価値を失うことになる。こうしてこの国の繁栄の時代に幕が下り、経済的転落が始まったのである。それから、次に指摘できることは、高度な福祉国家として理想的とも言えるこの国の社会保障制度を維持するための財政負担の大きさである。従来、この国では所得税というものがなく、また学校の授業料にしても小学校から大学に至るまで無料であった。食肉や羊毛の輸出で国家財政が豊かな時代には問題にならなかったそうした財政負担もこの国の急速な経済的衰退により、ついに限界を超える重荷になってしまったのである。これもまた、ボデイーブローのようにこの国の経済状況の低迷、悪化に拍車をかけることになった。とはいえ、この国が築いた社会保障制度そのものが間違っていたわけではなく、そのような制度を維持するためには、やはり相応のコストがかかるという厳然たる事実認識に欠けていたことが問題であった。結局、理想の国家像というのは財政的裏づけがあってこそ初めて成立するものであるという当然の原理をこの国の事例が証明する結果となった。さらにもうひとつは、国の繁栄や恵まれた社会保障制度に安住し、いつしか進歩や変化を求めなくなった国民の意識構造にも原因があると思われる。この国では国民の多くが国によって提供される快適な社会環境を当然の既得権益としてそれを固守し、さらにはより多くの権利を要求することにのみ汲々として個人や国家のあるべき明日を考えなくなってしまったのである。現状を肯定し、何事にも保守的になった国民からは、より良い未来を切り開いていく活力や情熱はすでに失われていた。思えば、こうした国家の栄枯盛衰は人類の歴史の中にいくつも見出すことができる。例えば、ローマ帝国の興亡の物語はまさにその好例である。繁栄の絶頂にあったローマ帝国がやがて“パンとサーカス”を求め、すべてを国家に依存するようになった民衆によって内部崩壊を始め、滅亡へと至った歴史が思い出される。かつて栄華を誇ったウルグアイの国家的衰退にどことなくローマ帝国滅亡の歴史的教訓が重なって見えるのである。

不偏不党の中立主義

この国は地政学的観点から見ると特殊な場所に位置している国家である。というのは、アルゼンチンとブラジルという南アメリカ大陸における ふたつの大国に挟まれているため、時としてその緩衝地帯としての機能を果たさなければならないからである。両大国の狭間にあってこの小国は両大国の利害対立や軋轢、さらには内政干渉などに翻弄される運命にある。実際、この国は植民地時代以来、これまでアルゼンチン、ブラジル両国による領土争奪の草刈場になったり、あるいは両国それぞれの後押しを受けたふたつの支持勢力に分裂した上、国論を二分しての政治抗争を繰り広げるなど幾多の歴史的苦難を経験してきた。覇権を求める両大国の政治的圧力をかわし、その利害対立を緩和したり、調整したりせざるをえない緩衝国家としての役回りは決して容易な仕事ではない。そうした小国としての悲哀を味わいながら、伝統的にこの国は小国の知恵とも言うべき国家方針を堅持してきた。

それは不偏不党の中立主義に徹することで、いかなる場合も特定の立場や特定の国に一方的に肩入れすることはない。別の角度から見れば、常に等距離外交を展開するということである。それが、結局は大国の狭間で小国として生きていくための最善の方策であることをこの国は熟知しているに違いない。自由で中立的な立場を国家の基本方針とするこの国の政治環境は一方で、迫害から逃れたり、自由を求める人々にとって好都合な環境である。そのため、この国へ政治亡命を求めるケースは少なくはない。しかも、この国は政治亡命に対しすこぶる寛大な立場を取っており、亡命を求める者の絶好の聖域とさえなっている。とりわけ、軍事クーデターが頻発するラテンアメリカ諸国の政治家や軍人にとっては、この国は一種の駆け込み寺的な存在となっているようである。例えば、1964年に軍事クーデターで政権の座を追われ、ブラジルを脱出したゴラール大統領が政治亡命を求めてこの国へ緊急入国した例などはよく知られている。ちなみに、同大統領はその後、故国を捨ててこの国を安住の地に選んだという。

シュペー号の最後

ウルグアイが中立国であるがゆえに第二次世界大戦の最中にモンテビデオ港を舞台にして展開されたひとつのドラマテイックなエピソードがある。それは、ナチス・ドイツの海軍に属する「シュペー号」という小型戦艦とイギリス海軍の巡洋艦隊の間で繰り広げられた攻防と、それにまつわる海軍士官の海軍魂の物語である。「シュペー号」は小型戦艦ながら長い航続能力と高速の機動性を持った当時としては高性能の最新艦船であった。しかし、圧倒的に優勢なイギリス海軍に対し、ドイツ海軍はこの「シュペー号」のような機動力のある小型戦艦でゲリラ戦術を展開して対抗するしかなく、「シュペー号」も主に大西洋上で連合国側の輸送船や一般商船を攻撃し、海上輸送を妨害することを任務としていた。それに対し、神出鬼没の「シュペー号」による海上輸送の被害があまりにも大きいため、業を煮やしたイギリス海軍は追跡のための艦隊を編成して密かにその行方を追っていたのである。そして、1939年12月13日、イギリス海軍の執念が実り、ついにウルグアイ沖で「シュペー号」を発見する。早速、3隻の巡洋艦隊で「シュペー号」を包囲し、攻撃を開始したのである。激戦の末、イギリス巡洋艦隊3隻のうち「エクゼター」が甚大な被害を受けたが、「シュペー号」もまた大きく損傷し、戦闘継続は不能な状態に陥った。そのため、「シュペー号」は傷を負ったまま中立国であるウルグアイ政府の庇護を求めてモンテビデオ港へ緊急避難したのである。ここからモンテビデオを舞台にしてイギリスとドイツとの間で激しい外交戦による駆け引きが展開される。しかし、ウルグアイ政府は、イギリスとドイツ双方の対立する要求事項に対し中立の立場を貫き、72時間を限度として「シュペー号」がモンテビデオ港に停泊することを認めるという独自の裁定を下したのである。ちなみに、国際法の規定では、中立国の港に避難入港した交戦当時国の艦船はそのまま中立国に拘束、抑留されるか、速やかに港外へ出て交戦相手国の艦船に降伏するか交戦を再開するか、いずれかを選択しなければならないことが定められている。ウルグアイ政府の裁断により、72時間の猶予が与えられたとはいえ「シュペー号」艦長のラングスドルフ大佐にとっては、それは短いようで長い苦悩と苦渋の時間であった。様々に思いを巡らしたところで、結局、ラングスドルフ艦長には、国際法の規定に従い「シュペー号」の全乗員とともにこのままウルグアイ側に抑留され、捕らわれの身となるか、モンテビデオ港を出て沖合いで待ち構えるイギリス巡洋艦隊に再度戦いを挑むか、そのいずれかの選択肢しかないはずであった。ところが、ラングスドルフ艦長の決断はそのいずれでもなかった。まず、たとえ敵国ではない中立国のウルグアイとはいえ、戦うことなく捕らわれの身となることはドイツ海軍の軍人としての誇りがそれを許さなかった。さりとて、傷ついた「シュペー号」には最早、このモンテビデオ港を出港し、再度イギリス巡洋艦隊と一戦を交えるような力があるはずもなく、それはいたずらに900名近い部下の乗員を死に追いやるのに等しい無謀なことであった。無情にも時間ばかりが過ぎ去り、決断の時が刻一刻と迫っていた。そして、モンテビデオ港に入港してからちょうど72時間が経過した12月17日、「シュペー号」はついに錨を上げ、イギリス巡洋艦隊が待ち受ける沖合いに向かって静かに出港していった。最後の決戦に向けて出港した勇敢な「シュペー号」を当日、数多くのモンテビデオ市民が固唾を飲んで見送ったという。ところが、意外にもウルグアイの領海外へ出たところで「シュペー号」は突然停船し、しばらくすると大爆発と共に水しぶきを上げて自沈したのである。誰もがまったく予想もしない結末であった。この最後の出港にはラングスドルフ艦長以下、機関長など幹部乗員40数名だけが乗船しており、艦内に自爆装置を取り付けた後、「シュペー号」に別れを告げて全員が密かに下船していた。また、その他のすべての乗員は最後の出港に乗船することなく艦長の命令ですでに海軍軍人としての任務を解かれ、全員が自由の身となっていたのである。その解放された乗員の中には故国ドイツへ帰国することなくその後、そのままモンテビデオに住み着いた者もいたという。一方、「シュペー号」の最後を確認して上陸したラングスドルフ艦長は、二日後“シュペー号を自沈させたすべての責任は自分にある”という内容の遺書を残して、自ら命を絶ってしまったのである。発見された遺体はナチスのハーケンクロイツ旗ではなくドイツ海軍旗に身を包んで横たわっていたという。こうして、自らの死をもって900名余の人命とドイツ海軍の名誉を守り通したこの海軍軍人の葬儀には戦火を交えた敵国のイギリス海軍をはじめ多数の関係者が参列し、その死を悼んだという。モンテビデオのラプラタ河沿いに海軍博物館という小さな博物館が建っている。その館内の一角には「シュペー号」とラングスドルフ艦長に関する資料や遺品が展示されており、今も往時の記憶を伝えている。

最後のチャルーア

ウルグアイは南アメリカ各国の中でアルゼンチンと共に数少ない完全な白人国家である。国民の大多数がスペイン、ポルトガル、イタリア、フランスなどヨーロッパ大陸からの移住者やその子孫で構成されており、黒人や先住民族のインデイオの血を引く者は見られない。歴史上初めて、この地に足を踏み入れたヨーロッパ人はスペインの探検家ソリスという人物であったとされている。それは、1516年のことで、現在では南アメリカ有数のリゾート海岸として人気のあるプンタ・デル・エステに近い海岸に上陸したものと考えられている。かの有名なコロンブスの新大陸発見から24年後の頃のことである。それ以来、多くのスペイン人などヨーロッパからの植民者が続々とこの地に移り住んできた。しかしその一方、他の南アメリカ諸国もそうであるように、この地にもヨーロッパ人が来航する遥か以前からチャルーア族やグアラニー族と呼ばれる先住民族のインデイオが住んでおり、独自の社会を築いていた。そして、南アメリカの場合、程度や濃淡の差はあるにしてもどの国にも先住民族やその血を引く者が国民として今も少なからず存在するのが普通である。ところが、それに対しこのウルグアイは先住民族がかつては住んでいた土地であるにもかかわらず現在は、先住民族はおろかその血を引く者も、彼らの痕跡さえもまったく存在しない。どうやら、この背景には歴史から抹殺された秘められた過去が隠されているようである。モンテビデオ市内のプラド公園の一角に「最後のチャルーア」という説明のついた民族として絶滅したチャルーア族の最後の生き残りの姿をかたどった銅像がある。人知れず花束が捧げられているこの銅像こそ、実はその隠されたこの国の歴史の真実を伝えているのである。銅像に捧げられた花束にはこの国の懺悔と悔悟、そして贖罪の思いが込められており、銅像はこの国の民族としての忘れられない心の傷を象徴するものである。記録によれば、チャルーア族というのは元々、狩猟採集民族としてこの地に暮らしていたが、スペイン人の入植が始まり、この国がスペインの植民地になると彼らの生活や行動様式も大きく変化していったという。とりわけ、馬を知り乗馬の技術を身につけると、彼らは勇猛果敢な戦士として時にスペイン人植民者の傭兵の役を果たし、植民地開拓に少なからぬ貢献をしたという。しかし、一方、生活習慣や民族性の違いが大きい上、彼らが文明化するにつれしだいに様々な利害対立も目立つようになり、植民者たちとチャルーア族の間に軋轢が生じるようになっていく。そして、お互いの関係は険悪化するばかりで、時として些細なことで植民者たちがチャルーア族に懲罰を加えて彼らを征伐するようなこともあったという。その頃、もう一方の先住民族であるグアラニー族はスペイン人植民者の横暴を嫌ってすでにこの地を離れ、多くが現在のパラグアイへ移動していた。やがて、そうした植民者側の理不尽な虐待に反発して、蜂起するチャルーア族のグループも現れるようになった。それに対し、植民者側は血の制裁で鎮圧に当たり、チャルーア族の殺戮を繰り返すようになる。さらにその挙句の果てに、植民地のスペイン人にとって危険な集団であるという一方的で身勝手な理由によってチャルーア族の殲滅作戦が行われるまでにエスカレートしていった。こうして、植民者側による殺りくや虐待のため急速に減少したチャルーア族の人口は1800年代初めには、ついに約1000人ほどの最後の集団を残すのみとなっていたという。そして、この国がスペインの植民地から独立を果たすや、またもチャルーア族は暴動を起こす危険な集団であるという理由で、事もあろうに時の政府によって全員抹殺する方針が決められる。1831年4月、この戦慄すべき非道な計画が実行されることになり、とある草原に騙して集合させた最後の約1000人に及ぶチャルーア族を皆殺しにしたのである。ところが、そのうち数名が奇跡的に生き残り、今も「最後のチャルーア」としてプラド公園の銅像にその姿を留めている。こうして、チャルーア族という先住民族は完全に抹殺され、その存在自体がこの国から、そしてこの地上から永遠に消え去ってしまったのである。

経済的停滞が常態化し、いうなれば過去の栄華に生きる今のウルグアイと政治、外交的に特別な利害関係を持つ国は恐らくほとんどないものと思われる。また、国際社会においてもこの国は何らかの影響を及ぼすような地位を占めているわけではない。とすれば、この国に常駐する外交使節団にはいかなる役割が求められているのであろうか。平穏な日常の中でこの国の何を見るべきなのか。たまたま訪問した日本大使館も事情は同じらしく、ある書記官は当地での主要な任務はただ大使館が存在するがゆえに発生する管理業務だけであると、半ば自嘲的に告白していたのがなぜか印象に残った。この国は当面、それでいいのかも知れない。

エピローグ

南アメリカという大陸を思えば

思い出の扉を開き、遠いあの日のブラジルという国、そしてまた南アメリカという世界について心に描いていた長年の夢や思いをようやく今ここに書き終えた。ゴールに辿り着いたような達成感と高揚感を覚えつつもその一方で正直なところ今は一種の虚脱感に捉われてもいる。思い出の中に散在する様々な出来事や出会い、あるいはその当時の心境や感想といった心象風景も含めた記憶の断片をひとつひとつつなぎ合わせながら脳裏にある全体像をこつこつと復元していく。そして時には関連の資料や文献を調べながら事実関係を確認しては全体像の肉付けをする。ここ数年来密かに続けてきたそれら一連の作業はどことなく知的で充実感に満ちた体験ではあった。しかし、同時にやはりなかなか骨の折れる仕事でもあった。何はともあれ、そうした悪戦苦闘の時間とその結果を凝縮した集大成がこうして一冊の本となって完成した。そもそもこの著作は、いうなれば個人的な自分史の１ページを綴ったものではあるが、また同時にラテンアメリカ世界という異文化体験の中で見聞したその社会や人々について考察した自分なりのラテンアメリカ観をまとめたものでもある。そして、当初よりその考察結果を私見として広く世に問うことを意識しながら書き綴ったものである。そうした意味では、この本は一種のラテンアメリカ論とでも言うべき著作として位置付けられるものかと内心自負してはいる。だが、果たしてその目論見が成功したのかどうかはひとえにこの本を手にした読者の判断に委ねるほかはない。

思えば、南アメリカという大陸、とりわけブラジルという国に私が見たものはいったいどのような世界であったのだろうか。また、そこで過ごした日々の中で私は当時どのようなことを思っていたのであろうか。この本を書き終えた今あらためてそうしたことを自問自答しながら脳裏に浮かぶ幾多の思い出を振り返っている。様々な場面が様々な顔と共に浮かんでは消えていく。ブラジルでの日常生活においてはブラジル人たちの思いも寄らぬ心くばりや温かい好意に感激し胸を熱くすることもあった。あるいはまた、見ず知らずのブラジル人の何気ない優しさに思わず心が和むようなこともあった。しかしその一方で、彼らのあまりにもいい加減なでたらめ振りに腹を立てたり、約束を守らない無責任さに苛立っては語気荒く詰め寄り相手を罵倒するようなことさえあった。実際、日常生活の中では時には笑ったり、時には怒ったり落胆したり、はたまた後悔したりと、そうしたことの繰り返しが日々の常であったように思う。だが考えてみれば、それはおよそ人間が暮らす社会である以上たとえ民族や文化が違っていてもどこの国にも共通する日常的な人間関係の喜怒哀楽にほかならないのかも知れない。いわば、どこにでもあり得るごく普通の日常風景である。とすれば、言語も文化も風俗習慣も異なってはいてもブラジル人はもとよりこの大陸に住むすべての人々もまた我々日本人と少しも変わることのない同じような日々の人間模様の中に生きていると言える。南アメリカ大陸というこの大地にはまさに我々と同じ人間が暮らし、そしてそこには同じような日々の生活がある。結局のところ、そうしたあまりにも当たり前と言えば当たり前のことが今さらながら実感として思い浮かんでくるのである。“人類はひとつ”などという陳腐で安直なスローガンの受け売りをするつもりはさらさらないが、やはり人間という根本的な部分においては国境など存在しないという思いが今あらためて蘇えってくる。そしてさらに、この異文化体験を通して得た成果と言えば、当然ながら南アメリカという未知の世界を知ったことやポルトガル語という外国語を学んだということを挙げることができる。しかし、それ以上に大きな成果というのは、実は少なくとも人間が暮らす文明社会である限りどのような環境の下でも自分は生きていけるという自信を得たことではないかと思っている。

　それからまた、ブラジルで過ごした日々の中でこの国の人々や社会の在り様に接して見たものは必ずしも美しく楽しいことばかりではなかった。むしろ逆に醜い現実や不愉快な状況に接することも少なくはなかったと言えるかも知れない。それは、例えば美しい自然や歴史的な名所旧跡を訪ねて通り過ぎるだけの旅行者には決して見えない陰の隠れた部分であり、そしてまたこの国に生まれ育ちこの国に生きる人々にとっては思いもつかない自分たちの後姿であるに違いない。そうした欠点や短所と思われる隠れた現実というのは、この国の日常生活の中に溶け込みながらも一方で文化や価値観の異なる異邦人として目盛の異なる物差しを当ててこの国を眺めるからこそ見えてくるものなのであろう。しかしながら、様々な場面で遭遇するそのような欠点や短所をあげつらい、殊更その是非をあれこれ論じたところであまり意味はない。そもそもそれぞれの民族が持つ固有の文化や伝統に関する絶対的な判断基準や価値の比較などというものはあろうはずがない。そうであればこそ、それぞれの社会に根付いている風俗習慣や行動様式の違いを一方的に理解しがたい異様なものとして批判したところで、それはそう思う者の勝手ということでしかないであろう。とすれば、この国の人々や社会の在り様に関する様々な批判や不満などもしょせんは日本人としての尺度で見た異文化の相違点にほかならない。つまり、私は日本人としての自分の価値観や発想をブラジルという社会に投影しながらこの国のいい面も悪い面も見ていただけなのであろう。同じ人間が住む世界とはいえ国や民族が違えばその生き方の流儀やルールについてはやはり自ずと違いがあるのは言うまでもないことである。ところが、当時はやはりそのような認識に欠けていた。この国の好ましからぬ現実や違和感を覚えるような状況に対しては反感や不満を抱き、事あるごとに批判や不平を口にしたものである。とはいえ、もちろん嫌なことや不愉快なことばかりが目に付き私は不平不満だらけの日々を送っていたわけでは決してない。それどころかこの国の数々の素晴らしい伝統や風習などに接してはいつも感服したり、大いに認識を新たにしたりしたものである。そのため、今でもなお忘れられない楽しい体験として、あるいは美しい思い出として多くのことが心に残っているのも事実である。私はやはりこの国が好きである。ところが、その一方で嫌いでもある。結局どうやら、私はひとりの異邦人としてこの国を愛する熱心なブラジル信奉者であると同時にその反面どこか妙に覚めた傍観者であり批判者でもあったようだ。

広大な大地と豊富な天然資源に恵まれたこの南アメリカは大きな可能性を秘めた未来の大陸と言われている。その中でも特にブラジルは今後の経済発展が期待されており中国、インド、ロシアと並んでまさに２１世紀の大国として今や世界の脚光を浴びるほどの存在となっている。その未来への足取りは確かなものとして今後もたゆみなく着実に前進していくものと思われる。一方、急速な少子高齢化が進み成熟社会を迎えつつある日本が国際社会においてこれからも名実ともに名誉ある地位や立場を維持しようとするならばブラジルを始めとするこれら南アメリカ各国との関係を強化し友好国としての支持を得ていくことは国益上極めて有意義な戦略のひとつかと思われる。幸いにしてこれら各国とは政治的な軋轢や利害対立もない。しかも日本人移民や日系人の存在という歴史的基盤が有形無形の好環境を形成している。障害があるとすれば遠い地球の裏側に位置しているという地理的な距離の問題だけである。しかし、グローバル化が進行しネット社会で世界がひとつに繋がっている今日の時代環境を考えると、それは必ずしも絶対的な制約条件とはならないであろう。日本のこれからのために、この２１世紀の大国たるブラジルや可能性を秘めた未来の大陸である南アメリカ各国との緊密な結びつきをやはり期待したいものである。

この本の中で描いたブラジルという国の実像やその他の南アメリカ諸国の素描を通してこの不可思議で魅惑的な南半球の大陸に私が見たものは何であったのか、そしてまた何を思っていたのかその一端をもし読者に伝えることができたとしたら筆者としてはこれほど嬉しいことはない。さらにまた、この本が日本では馴染みの薄い南アメリカという世界の知られざる側面を紹介することにより読者の方々が何らかの興味や関心を抱くきっかけにでもなればそれはまさに望外の喜びというものである。ただ、その一方でこの本の中で描いたブラジルや南アメリカ諸国に関する記述内容には恐らく記憶違いによる事実誤認や正確さを欠く叙述、あるいは独断的解釈による曲解と言うべきものなどが少なからず含まれているものと思われる。その原因は、ひとえに私の思い込みや認識不足によるものなので今後の勉強のためにも多くの指摘や意見をぜひともお寄せいただきたいものと思っている。

時あたかもブラジルのリオデジャネイロで２０１６年に南アメリカ大陸では初めてとなるオリンピック開催が決定したところであり、これからブラジルをはじめ南アメリカ大陸そのものに対しまさに世界の注目が集まるものと思われる。偶然とはいえそのような状況を背景にこうした本を出版し世に問うことになったのは時宜にかなったことであり、ある意味で幸運な機会に恵まれたものと思っている。また同時に、そこには何かしら因縁めいたものさえ感じるのである。というのも、ブラジルや南アメリカ各国で見たこと、思ったことなどをこのような形でこの時期に上梓することになったのはまさに初めから定められたひとつの巡り合わせであったのではないかと、なぜかそう思えてくるからである。

もっとも、東洋出版編集部の石田副編集長との出会いがなければこの本が世に出るようなことはなかったであろう。実際、原稿段階での石田副編集長からいただいた思いも寄らぬ評価と出版を勧める熱意に後押しされてこの本は完成したと言える。ここにあらためて出版の労を取っていただいたことに対し心から感謝を申し上げたい。また、最初に出版に際しての相談に乗ってくれた学生時代の友人である文芸春秋の五井取締役の貴重な助言にも大いに励まされ、勇気付けられたことを銘記して本書出版のきっかけになったことを感謝したい。

それからまた、ブラジルの地で共にあの時代を体験したかっての同僚であり盟友でもある飯島勝昭氏（元石川島検査計測取締役）、吉田泉氏（現民主党衆議院議員）、松沢清隆氏（元ＩＨＩマリンユナイテッド取締役）、稲津一芳氏（現神奈川大学教授）の諸氏には若き日のよすがを偲ぶ記念としてこの本を捧げたい。これら諸氏と共有する同時代の懐かしい思い出の世界はもうすでに遠く過ぎ去ってしまったが、いささか甘酸っぱくもほろ苦い思いを噛み締めながら今も当時を思い出す。若さゆえの稚拙な自意識あるいは純朴な情熱や奔放な衝動など、それもこれもみなまさに異郷での“されど我らが日々”であった。

最後に、いつ終わるとも知れぬ執筆作業を絶えず温かく見守り、そして最初の読者となった妻美恵子にあらためてこの本を捧げると共にこれまで長年にわたり私を支え続けてくれたその内助の功に対し心からの感謝とねぎらいの言葉を贈りたい。

２０１０年５月　　春爛漫の季節に

著者

参考文献

John Gunther 「Inside South America」 Pocket Books New York 1968
Arnold Greenberg 「South America on $10 a day」 Arthur Frommer,Inc 1975
Sergio Buarque de Holanda「Raizes do Brasil」Livraria Jose Olympio Editora 1973
Jacques Lambert 「America Latina」 Companhia Editora Nacional 1972
Aroldo de Azevedo 「O Brasil e Suas Regioes」 Companhia Editora Nacional 1971
Victor Civita 「Guia Quatro Rodas do Brasil」 Editora Abril Ltda 1976
Victor Civita 「Almanaque Abril 1976」 Editora Abril Ltda 1976
Victor Civita 「Brazil come along」 Editora Abril Ltda 1974

斎藤　広志「新しいブラジル」サイマル出版会　1974
斎藤　広志「ブラジルの政治」サイマル出版会　1976
ﾌﾞﾗｼﾞﾙ特派員ｸﾞﾙｰﾌﾟ「ブラジルの解剖」サイマル出版会　1977
桑村　温章「ブラジル」時事通信社　1975
東田　直彦「ブラジル経済と日本」日本経済新聞社　1973
大原　美範「ブラジル経済の旅」東洋経済新報社　1973
M. ｼﾓﾝｾﾝ「ブラジル経済の奇跡」新世界社　1974
田宮　虎彦「ブラジルの日本人」朝日新聞社　1975
斎藤　広志「外国人になった日本人」サイマル出版会　1978
鈴木　一郎「ブラジル社会と日本人」三修社　1980
斎藤　広志、駒井　洋、中川　文雄「ブラジル社会と日本」日本国際問題研究所 1978
大野　盛雄「ラテン的日本人」日本放送出版協会　1969
醍醐　麻沙夫「南半球のザ・ジャパニーズ」文藝春秋　1981
ﾋﾟｴｰﾙ・ﾓﾝﾍﾞｰｸ「ブラジル」白水社　1975
鈴木　一郎「ブラジルの黒人密教」第三文明社　1976
神田　錬蔵「アマゾン河」中央公論社　1963
斎藤　広志、中川　文雄「ラテンアメリカ現代史Ⅰ　総説・ブラジル」山川出版社　1978
鈴木　一郎「誰も書かなかったブラジル」サンケイ出版　1980
開高　健「オーパ！」集英社　1981
山田　智彦「南米原色紀行　女族大陸」集英社　1981

佐野　泰彦「ポルトガル・ブラジル文化への誘い」同朋社　1983
醍醐　麻沙夫「アマゾン・クライマックス」新潮社　1985
川田　順造「ブラジルの記憶」NTT出版　1996
中隅　哲郎「ブラジル学入門」無明舎出版　1994
鈴木　孝憲「目覚める大国ブラジル」日本経済新聞社　1995
西沢　利栄「熱帯ブラジルフィールドノート」国際協力出版会　1999
桑野　淳一「ブラジル夢紀行」彩流社　2000
高野　秀行「巨流アマゾンを遡れ」集英社　2003
ｱﾝｼﾞｪﾛ･ｲｼｲ「ブラジルを知るための５５章」明石書店　2001
藤原　清美「感動！ブラジルサッカー」講談社　2006

泉　靖一「インカ帝国」岩波書店　1959
中屋　健一「ラテンアメリカ史」中央公論社　1964
高野　悠「ラテンアメリカ」日本放送出版協会　1968
F.G.ヒル「ラテンアメリカ」東京大学出版会　1971
向　一陽「アタカマ高地探検記」中央公論社　1974
菊池　育三「ラテンアメリカ見聞録」朝日ソノラマ　1977
寺田　和夫「アンデス一人歩き」日本経済新聞社　1977
塩田　長英「ラテンアメリカ」新評論　1977
倉迫　一朝「中南米周遊記」鷹書房　1979
向　一陽「アンデスを超えた日本人」中央公論社　1980
五木　寛之「異国の街角で」集英社　1984
竹内　宏「民族と風土の経済学」角川書店　1984
真鍋　博「異文化圏遊泳」中央公論社　1985
小西　章子「スペイン女王イサベル」朝日新聞社　1985
G.ｶﾞﾙｼｱ･ﾏﾙｹｽ「戒厳令下チリ潜入記」岩波書店　1986
椎名　誠「パタゴニア」情報センター出版局　1987
伊藤　千尋「燃える中南米」岩波書店　1988
増田　義郎「略奪の海　カリブ」岩波書店　1989
ﾍﾝﾘｰ･ｼｭｯｸﾏﾝ「ボリビア・アンデスの旅」心交社　1991
小里　仁「風の国　人の夢―ラテンアメリカ」岩波書店　1992
下村　泰子「ラパスの青い空」福音館書店　1995
高野　ひろし「アンデス遥かなり」総合行政出版　1995

兼高　かおる「私の好きな世界の街」新潮社　1996
山内　昌之「世界の民族・宗教地図」日本経済新聞社　1996
伊藤　千尋「狙われる日本」朝日新聞社　1997
地球の歩き方編集室「アルゼンチン、チリ」1997
青木　盛久「ペルーからの便り」学生社　1997
田中　裕一「パラグアイに住む」アゴスト　1999
鈴木　孝壽「ラテンアメリカ探訪１０カ国」新評論　1999
ｸﾞﾗﾊﾑ・ﾊﾝｺｯｸ「神々の指紋」小学館　1999
青木　玲二「南米」ＪＴＢ　1999
高野　潤「インカを歩く」岩波書店　2001
井上　忠恕、後藤　信男「ビバ！ウルグアイ」ＳＴＥＰ　2003
竹村　淳「ラテン音楽パラダイス」講談社　2003
戸井　十月「チェ・ゲバラの遙かな旅」集英社　2004
岩根　國和「物語スペインの歴史」中央公論新社　2004
山本　紀夫「ラテンアメリカ楽器紀行」山川出版社　2005

和田　進（わだ　すすむ）

1948年　北海道苫小牧市生れ
1973年　早稲田大学政経学部卒
石川島播磨重工業（現ＩＨＩ）入社
船舶海洋営業部門にて船舶輸出、海外経済協力案件、海洋石油開発等の業務に従事、その間2年間ブラジルにて海外研修
その後、事業企画部門にて新規事業、新技術開発等の企画、立案業務に従事
2005年　同社を退職、港湾設備関連の会社を設立し独立
2007年　集成社建築事務所の副社長を兼務、現在に至る
幅広い人脈を活かし各種社会交流活動やノンフィクション分野の文筆活動に取り組み中
千葉県東金市在住

青春随想録《せいしゅんずいそうろく》　南《みなみ》アメリカの街角《まちかど》にて

二〇一〇年一〇月二二日　第一刷発行

定価はカバーに表示してあります

著　者　和田《わだ》　進《すすむ》
発行者　平谷茂政
発行所　東洋出版株式会社
東京都文京区関口1-23-6, 112-0014
電話（営業部）03-5261-1004　（編集部）03-5261-1063
振替　00110-2-175030
http://www.toyo-shuppan.com/
印　刷　モリモト印刷株式会社
製　本　岩渕紙工所

 ISBN 978-4-8096-7630-7
JASRAC 出 1012222-001